数字经济时代跨境电商的
运营与发展

罗 依 著

武汉出版社

图书在版编目(CIP)数据

数字经济时代跨境电商的运营与发展 / 罗依著． -- 武汉：武汉出版社，2024.9--
ISBN 978-7-5582-7105-2

Ⅰ．F713.365.1

中国国家版本馆CIP数据核字第2024R7F120号

数字经济时代跨境电商的运营与发展

SHUZI JINGJI SHIDAI KUAJING DIANSHANG DE YUNYING YU FAZHAN

著　　　者：罗　依	
责任编辑：杨　靓	
封面设计：周瑞丹	
出　　　版：武汉出版社	
社　　　址：武汉市江岸区兴业路136号	邮　编：430014
电　　　话：(027)85606403　85600625	
http://www.whcbs.com　E-mail:whcbszbs@163.com	
印　　　刷：武汉绿色印务有限公司	经　销：新华书店
开　　　本：787 mm × 1092 mm　1/16	
印　　　张：12.5	字　数：240 千字
版　　　次：2024年9月第1版	印　次：2025年2月第1次印刷
定　　　价：78.00 元	

版权所有·翻印必究

如有质量问题，由本社负责调换。

前言

在21世纪的今天，我们正身处一场前所未有的变革之中——数字经济的浪潮以前所未有的速度和规模重塑着全球经济的版图。这股力量不仅跨越了地理的界限，更是深刻地影响着商业的每一个角落，其中，跨境电商作为数字经济时代的一颗璀璨明星，正引领着国际贸易的新风潮。本书《数字经济时代跨境电商的运营与发展》，旨在探讨这一时代背景下，跨境电商如何乘势而上，把握机遇，以数字科技为翼，翱翔于全球市场的广阔蓝天。

数字经济，以其独特的方式定义了新时代的经济模式，其核心在于信息技术的深度应用和数据的高效利用，从而驱动生产效率的提升、商业模式的创新以及经济结构的优化。这一概念的内涵远远超越了简单的在线交易，它涵盖了从消费端到生产端，从服务提供到价值创造的全链条数字化转型。在这样的环境下，跨境电商不仅仅是国际贸易的一种形式，更是全球经济一体化、信息共享与协作的集中体现。

跨境电商作为数字经济的实践者，借助互联网的无边界特性，打破了传统贸易的时间与空间限制，使得中小企业乃至个人也能参与全球市场，寻求前所未有的商业机会。本书以此为契机，深入剖析跨境电商在运营模式、市场环境、产品管理、物流策略、营销推广以及数据分析等方面的最新趋势与实战策略，旨在为从业者提供一套全面、系统的知识体系，助力企业在复杂多变的国际环境中稳健前行。

在探索跨境电商的运营模式与环境时，我们关注其如何在数字经济的框架下，通过B2C、B2B、C2C等多种模式，灵活适应不同市场的需求；同时，我们也审视国内外市场的差异性，分析政策、文化、消费习惯等因素如何影响跨境电商的战略布局。在产品与店铺管理方面，本书强调在数字化工具的辅助下，如何高效进行产品发布、店铺装修以及商机的挖掘与维护，以提升品牌识别度和市场竞争力。

此外，本书还特别重视对跨境电商运营的分析与评估，指导读者撰写商业计划书，进行成本与利润分析，以及运用数据分析工具洞察市场动态，优化运营决策。这些知识和技能的掌握，对于在快速变化的数字经济时代中保持竞争力至关重要。总之，《数字经济时代跨境电商的运营与发展》不仅是理论与实践的结合，更是对未来趋势的预判与把握。它旨在成为每一位跨境电商从业者手中的指南针，引领大家在波澜壮阔的数字经济海洋中，发现新大陆，开创属于自己的辉煌篇章。

  本书在写作过程中，参考借鉴了一些专家、学者的研究成果，并得到了各方的帮助和支持，在此表示最诚挚的谢意。由于时间仓促，加之作者的知识水平有限，书中难免有许多疏漏、不足之处，希望广大读者不吝赐教。

目 录

第一章 数字经济概述 1
第一节 数字经济的概念与特点 1
第二节 数字经济的基本原理 7
第三节 数字经济发展的重要意义 22

第二章 数字基础设施和数字技术基础 27
第一节 数字经济的设施基础 27
第二节 数字经济的技术基础 35

第三章 跨境电商的运营模式与环境 47
第一节 跨境电商运营的概念 47
第二节 跨境电商运营的模式 63
第三节 跨境电商海内外市场环境 74

第四章 跨境电商的产品、店铺与商机 79
第一节 产品发布与管理 79
第二节 店铺装修 93
第三节 商机的获取与管理 97

第五章 跨境电商物流的进出口 111
第一节 跨境电商海外仓出口 111
第二节 跨境电商保税进口 120

第六章 跨境电商的营销推广 131
第一节 搜索引擎营销 131
第二节 社交网络营销 137
第三节 品牌营销与推广 141

第七章 跨境电商运营分析 ... 165
第一节 商业计划书的撰写 ... 165
第二节 运营成本与利润分析 ... 170
第三节 跨境电商数据分析 ... 182

参考文献 ... 191

第一章 数字经济概述

第一节 数字经济的概念与特点

数字经济(Digital Economy)是继农业经济、工业经济之后的一种新的经济社会发展形态。其发展速度之快、辐射范围之广、影响程度之深前所未有,正推动生产方式、生活方式和治理方式深刻变革,成为重组全球要素资源、重塑全球经济结构、改变全球竞争格局的关键力量。

一、数字经济的概念

(一)数字经济的定义

目前,对于数字经济尚没有明确的定义。

国外的一些代表性定义有:①2013年澳大利亚政府提出数字经济是通过互联网、移动电话等数字技术实现经济社会的全球网络化。②2015年欧洲议会将数字经济描述为通过无数个且不断增长的节点连接起来的多层级或层次的复杂结构。③2018年3月美国商务部经济分析局首次发布报告,对美国的数字经济进行了定义和测度,将数字经济定义为包括信息与通信技术(Information and Communications Technology, ICT)行业、计算机网络存在和运行所需的数字基础设施、通过计算机系统产生的数字交易(电子商务)以及数字经济用户创造和访问的数字内容(数字媒体)在内的一系列事物。

下面列举一些国内学者对数字经济有代表性的定义。①数字经济的具体内涵可界定为以知识为基础,在数字技术(特别是计算机和因特网)催化作用下,在制造领域、管理领域和流通领域以数字化形式表现的新经济形态。②数字经济就是在数字技术的基础上形成的经济,是数据信息在网络中流行而产生的一种经济活动,其基本特征主要有三点:第一,数字技术在大范围内被推广使用,使得经济环境与经济活动发生了根本性改变；第二，经济活动在现代信息网络中发生的频率增多；第三，信息技术使经济结构得以优化，并有效地推动了经济增长。

以上定义虽各有侧重且范围不同，但都认为数字经济是一种基于数字技术的经济。目前，较为权威的定义是2016年二十国集团(G20)峰会在其发布的《二十国集团数字经济发展与合作倡议》中提出的，本书亦采用该定义。数字经济是指以使用数字化的知识和信息作为关键生产要素，以现代信息网络作为重要载体，以信息通信技术的有效使用作为效率提升和经济结构优化的重要推动力的一系列经济活动。

一般认为，数字经济有狭义和广义之分。狭义的数字经济是指完全或主要由数字技术、数据要素或者基于数字产品或服务的商业模式所引起的那部分产出，即所谓"数字产业化"，其涉及的数字经济核心产业主要有计算机通信和其他电子设备制造业、电信广播电视和卫星传输服务、互联网和相关服务、软件和信息技术服务业等，是数字经济发展的基础。广义的数字经济——数字化经济(Digitalized Economy)，包括一切基于数字技术的经济活动，即除了狭义的数字经济外，还包括智慧农业、智能制造、智能交通、智慧物流、数字金融、数字商贸、数字社会、数字政府等。

(二)数字经济与相关概念的区别和联系

20世纪90年代以后，数字技术对整个社会的影响随着科技的发展而逐步加深。人们对数字技术融入经济社会发展这一过程的定义，在不同发展阶段产生了不同的认识。除了早期的"信息经济"和近年的"数字经济"外，还存在网络经济、知识经济等概念。这些概念产生于数字经济发展的不同阶段，从不同角度反映出人们对数字技术所引起的社会经济变革的理解。弄清楚这些概念的联系与区别，有利于更加深刻地认识数字经济的内涵和特点。这些概念在定义和内涵上有细微的差别，但它们都是在描述信息技术对人类社会经济活动产生的影响与革新。

1. 信息经济

信息经济是指以生产、获取、处理和应用信息为主的经济，其强调信息活动和信息产业的重要性。信息经济可以从宏观和微观两个角度进行理解。前者研究信息作为生产要素的特征、功能以及对经济系统的作用条件和作用规律，同知识经济相通，属于同一个范畴；后者分析信息产业和信息产品的特征、其在整个国民经济中的地位和比重以及信息对国民经济的贡献，强调的是信息产业部门经济。

信息经济是与"数字经济"最相似的概念，也是引起广泛研究的概念之一。事实上，二者既存在着时间上的顺承关系，也存在着显著的内涵差异。数字经济由信息经济发展而来，是信息经济发展的高级阶段。

首先，二者分别由不同的技术创新所驱动，存在着时间上的顺承关系。20世纪40年代，信息科学的发展驱动了低成本电子元器件的出现，催生了信息技术创新集群和以信息技术为主导的新兴产业集群。技术变革引发经济范式变革，经济结构的重心开始由物理空间向信息空间偏移，到20世纪50～70年代中期，信息经济已在发达国家的国民经济中占有重要地位。20世纪80～90年代，互联网技术日益成熟，生成了全球范围的海量数据，使基于分散终端运作的数据处理能力遭遇了极大挑战，推动了数字技术的发展。20世纪末，大数据、云计算等新兴数字技术发展迅猛，数字技术逐渐成为通用技术，在促进传统产业数字化的同时，也催生了新的产业和新的经济运行模式。一般认为，21世纪10年代之后进入数字经济时代。

其次，二者的内涵存在差异。信息经济是一种以新技术、新知识和新技能贯穿于整个社会活动的新型经济形式，其根本特征是在经济运行过程中，信息成分大于物质成分，占主导地位，以及信息要素对经济有重要贡献。而正如本书所述，数字经济是指以使用数字化的知识和信息作为关键生产要素、以现代信息网络作为重要载体、以信息通信技术的有效使用作为效率提升和经济结构优化的重要推动力的一系列经济活动。其内涵并不仅仅局限于用"比特"（Bits）代替"原子"（Atom）的信息化过程。

最后，二者对经济社会的影响程度存在差异。20世纪50年代，数字技术扩散至其他领域，其在其他产业的应用过程，对产业结构和经济社会的发展产生了深远影响。进入21世纪，数字经济的概念不断传播，被广泛接受和使用。经济合作与发展组织（OECD）的相关研究报告使用数字经济展望取代了之前的通信展望、互联网经济展望和信息与通信技术（ICT）展望。数字化产业和产业数字化现象超越了之前学者提出的"第一信息部门"和"第二信息部门"范畴。从信息经济概念到数字经济概念的使用上的变化，体现了数字经济的发展演化过程，在数字技术在经济部门更加广泛的渗透、应用及融合的背景下，数字经济将以更广泛、更深入、更高级的方式为经济社会的发展带来更为深刻的变革。

2. 网络经济

网络经济又称互联网经济，是指基于因特网进行资源生产、分配、交换和消费的经济活动新形式。得益于互联网的商业化普及和网络技术的创新发展，网络经济于20世纪90年代中期兴起，经历了千禧年前后的互联网泡沫之后进入蓬勃发展阶段，并从网络宽带逐渐发展到移动互联网的新阶段。互联网是网络经济存在的基础条件，电子商务是其核心。在互联网经济时代，经济主体的生产、分配、交换和消费等经济活动，以及金融机构和政府职能部门等主体的经济行为，都越来越多地依赖网络,越来越多的人们从网络上获取经济信息,依靠网络进行预测和决策以及直接在信息网络上进行交易。

在20世纪90年代初期,基于互联网的商业模式以新闻门户网站、电子邮件业务、电子商务为主,实现了信息的分类与聚合,这一阶段也被称为Web 1.0阶段或者门户时代。随着网络信息的爆炸性增长,信息过载问题日益突出,如何帮助用户找到其自身关注的信息成为行业发展的痛点,以搜索引擎为代表的网络经济业态蓬勃发展。用户利用搜索引擎查阅自己感兴趣的话题,"竞价排名"的商业模式由此成为互联网公司盈利的利器。在这种模式下,用户成为企业价值创造的一部分,因而用户创造内容(User Generated Content,UGC)成为2005年前后网络经济的主流商业模式,网络经济进入了以用户为中心的Web 2.0时代。2010年前后随着移动互联网的普及,用户的社交关系沉淀在互联网上,以Twitter、微博、微信为代表的社交平台和即时通信工具发展迅速,社交网络成为网络经济的热点领域。并且,随着生物识别技术、智能定位技术和人工智能技术等的日益成熟,围绕互联网形成的新业态、新模式、新产业层出不穷,并进一步催生了更先进的数字技术,由此最终进入数字经济新阶段。可以说,网络经济是数字经济的重要组成部分之一。

3. 知识经济

知识经济(The Knowledge Economy),通俗地说就是"以知识为基础的经济"(The Knowledge-based Economy)。知识经济是指建立在知识的生产、分配和使用(消费)之上,以知识为基础,以脑力劳动为主体的经济。其中所谓的知识,包括人类迄今为止所创造的一切知识,最重要的部分是科学技术、管理及行为科学知识,包括但不限于电子信息。知识经济是一种以知识为基础要素和增长驱动器的经济模式,是与农业经济、工业经济相对应的一个概念。在工业经济和农业经济时代,生产生活虽然也离不开知识,但总体说来,经济的增长取决于能源、原材料和劳动力,即以物质为基础。

知识经济时代认为教育和研发是知识经济的主要部门,高素质的人力资本是重要的生产要素,其兴起对投资模式、产业结构和教育的职能与形式产生了深刻的影响。知识经济与信息经济有着密切的联系,但也有一定的区别。知识经济的关键是创新能力,信息只有共享,并与人的认知能力——智能相结合才能高效率地产生新的知识。所以,知识经济的概念,更突出人的大脑、人的智能。反过来,人的智能只有在信息共享的条件下,才能有效地产生新的知识。所以,信息革命——数字化、网络化、信息化为信息共享、高效率地产生新的知识打下了坚实的基础。这就是说,信息革命、信息化与知识经济有着密不可分的关系。20世纪以来，知识经济与数字经济都引起了人们的广泛关注，并且在相当长时间内被认为有替代性。

综上所述，数字经济与信息经济、网络经济、知识经济之间的确存在差异。信息经济强调信息技术相关产业对经济增长的影响；网络经济强调借助互联网进行的以资源生产、分配、交换和消费为主的经济活动；知识经济强调知识作为基础要素在经济发展中的作用；数字经济则强调整个经济领域的数字化。数字经济以信息通信技术的重大突破为基础，以数字技术和实体经济融合驱动的产业梯次转型及经济创新发展为引擎，其概念与范畴、特征与边界、运行机理与架构等与其他三者相比均产生了质的飞跃。随着新一代信息技术的颠覆式创新与融合式发展，当前发展数字经济的重点绝不仅仅是发展少数互联网平台企业，而是推动人工智能、大数据和工业互联网等数字技术与实体经济深度融合，充分释放数据要素价值，以数字产业化和产业数字化共同推动生产力变革，并构建适合生产力特点的新型生产关系。

但这四个概念之间也存在着内在的联系。知识经济的产生是人类发展过程中知识积累到一定程度的结果，并最终孕育了信息技术和互联网。同时，信息技术和互联网的广泛应用促进人类知识的积累，并加速人类社会走向数字时代。知识的不断积累是当今世界变化的基础；信息产业、网络经济的蓬勃发展是当代社会发生根本变化的催化剂；数字经济则是发展的必然结果和表现形式。由此可见，这几个概念相辅相成、一脉相承。

二、数字经济的特点

数字经济作为一种有别于农业经济和工业经济的新型经济形态，呈现出一些传统经济所不存在的独有特点，具体表现在以下几个方面。

(一)数字化

数字经济时代，一切信息均能够以数字化的形式进行表达、传送和储存，数据成为驱动经济发展的关键生产要素。从生产要素来看，农业经济的核心要素是土地，工业经济的核心要素是资本、煤炭和石油，而数字经济的核心要素则是数据。数字经济领域时刻有海量数据产生，而且随着移动互联网和物联网的蓬勃发展，人与人、人与物、物与物的互联互通得以实现数据量呈几何级数爆发式增长。全球数据增速符合大数据摩尔定律，大约每两年翻一番。庞大的数据量及其处理和应用需求催生了大数据概念，数据日益成为重要的战略资产。数据资源将是企业的核心实力，谁掌握了数据，谁就具备了优势。对国家而言也是如此。大数据是"未来的新石油"、数字经济中的"货币"以及"陆权、海权、空权之外的另一种国家核

-5-

心资产"。数据是驱动数字经济技术创新与模式创新的核心力量,对数据的分析、挖掘与利用,可以释放巨大价值,数据日益成为重要战略资源和新型生产要素。

(二)智能化

智能化作为数字时代的核心特征,凭借互联网、大数据、物联网及人工智能等前沿技术的融合,正在以前所未有的速度重塑人类社会的方方面面。其本质在于,通过算法这一关键技术要素,使机器能够理解和响应人类需求,实现自主决策与高效服务。自2015年起,随着人工智能在图像识别、自然语言处理、机器学习等领域取得突破性进展,数字经济步入了以智能化为主导的新阶段。

目前,智能化技术的应用尚处于初级阶段,主要聚焦于语音识别、自动驾驶、智能写作、图像分析、医疗辅助诊断等特定场景,这些弱人工智能解决方案已经在诸多行业落地生根,初步展示了技术的潜力与价值。展望未来,智能技术的迭代升级将对数字经济产生深远影响,引发生产力与生活方式的根本性变革。传统企业正积极探索"互联网+"的转型路径,借助数据化思维与工具,构建内外部资源的协同网络,打造数字化协同平台,整合资源、财务、法务等关键职能,实现业务流程的优化与管理的精细化,最终迈向智能化运营的新纪元。

(三)平台化

平台化作为数字经济的核心特征,通过互联网技术构建了一个连接多方参与者的生态系统,其价值随网络规模的扩张而显著提升,体现了强烈的网络效应。在这一模式下,网约车、电商、社交媒体等平台用户基数增加,不仅提高了服务的多样性和质量,同时也吸引了更多用户加入,形成"赢家通吃"的市场态势。数字平台的崛起,已成为推动全球数字经济发展的关键力量。

(四)共享化

在共享时代,数据资源的共享性成为推动数字经济发展的关键驱动力。通过集成、存储、分析和交易数字信息,不仅能释放数据的潜在价值,还能促进技术创新和业务模式的创新,为经济社会发展注入新活力。

数字技术与产业的融合,是实现共享经济价值最大化的重要途径。随着技术的不断进步,传统产业正经历数字化、智能化的转型,产业边界日益模糊,形成了开放发展的新格局。产业间的价值网络也在转型升级中变得更加紧密和高效,为经济的持续增长提供了强大动力。

共享经济的服务功能日益增强,数字技术在服务业中的应用正推动着服务型数字产业快速发展。以数字金融、智能支付、智慧物流、智慧健康、电子商务和数字信息服务为代表的新兴业态,正以前所未有的速度发展壮大。这些服务型数字产业不仅提升了服务效率和用户体验，还创造了大量就业机会，促进了经济结构的优化升级。

(五)跨界融合

在数字经济的浪潮中，跨界融合的趋势日益凸显，彻底颠覆了传统供需关系，催生了既是生产者也是销售者的"产消者"概念。大数据技术的广泛应用，使得企业能够精准捕捉用户需求，通过分析消费行为和习惯，实现产品的个性化设计与生产，如3D打印技术的应用，让定制化产品变得触手可及。同时，消费者参与度的提升和消费模式的革新，促使企业调整原有的设计、推广和交付策略，以适应市场需求的快速变化。更为显著的变化是，人类社会的网络世界与物理世界正加速融合。数字技术的进步，特别是信息物理系统(CPS)的发展，打破了网络世界仅作为物理世界镜像的局限，将其塑造成了人类生活的新维度。CPS集成了环境感知、嵌入式系统、网络通信和网络控制等功能，使物体具备计算、通信、精确控制、远程协作和自组织能力，实现了物理系统与计算能力的无缝结合。伴随人工智能、虚拟现实(VR)、增强现实(AR)等前沿技术的推进，物理世界、网络空间与人类社会之间的界限正逐渐消弭，构建起一个高度互联、全面融合的新世界，人类社会的发展节奏正以前所未有的速度向前迈进，展现出无限可能的未来图景。

第二节 数字经济的基本原理

一、数字经济的供给侧特征

(一)数据成为关键生产要素

1. 数据要素的概念

这里我们要区分"大数据"与"数据要素"两个概念的差异。"大数据"具有数据量大、种类繁多、时效高和价值低的特点。这些特点决定了数字经济时代中的数据就像大海一样广阔无垠，且大多难以直接利用。因此，开启数字经济时代的关键点之一，就是寻找有价值的数据资源以及挖掘其潜在价值。本书提出，数字经济时代，提取、加工、归纳、提炼于大量的数据，具有某种应用价值，能够用于指导实践或商业化创新的信息或知识，可以称为"数据要素"。

人类社会进入信息化时代之后，先后经历了信息经济、网络经济和数字经济三个阶段。伴随着实践的进步，人们对于数据、信息和知识的认识也逐步深化。为了进一步理解"数据要素"这个概念的含义，我们沿用知识经济学中对上述三个概念的解释，并以此为基础引出"数据要素"的概念。

(1)数据、信息和知识

所谓数据，是指一系列非随机的符号组，代表了观察、测量或事实的记录，往往以文本、声音或图像等形式留存。数据本身没有意义，但它是信息的原始资料，即数据通过有目的性地加工处理可以成为信息。

所谓信息，是指已被处理成某种形式的数据，这种形式对接受者具有意义，并在当前或未来的行动或决策中，具有实际的、可觉察到的价值。

所谓知识，是指人类对物质世界以及精神世界探索结果的综合，是系统化、理论化、科学化和专门化的认知结论。经济合作与发展组织在1996年发表的《以知识为基础的经济》报告中提出"4 Know"知识分类体系：①知道是什么(Know-what)，指关于事实方面的知识；②知道为什么(Know-why)，指原理和规律方面的知识；③知道怎么做(Know-how)，指操作的能力，包括技术、技能、技巧和诀窍等；④知道是谁(Know-who)，包括特定关系的形成，以便可能接触有关专家，并有效地利用他们的知识，也就是关于管理的知识和能力。其中，后两种知识被称为"默会知识"(Tacit Knowledge)或"隐性知识"，因为相比于前两种，它们更难进行编码和测度，默会知识一般通过技巧、诀窍、个人经验、技能等实践渠道获得。知识可以看作构成人类智慧的最根本的因素。

信息与知识在本质上是有区别的。信息与知识之间的转化，是一个涉及认知深化与价值创造的动态过程。信息，因其易于编码和传播的特性，构成了知识的基础，但知识本身，作为人类认知能力的高级表现，往往包含着深度理解、情境关联和个人见解，难以被简单编码。从数据到信息，再到知识的转化，是一个层层递进的认知旅程，涉及数据的排序、整合、加工，以及对信息的选择、吸收和转化，最终实现对信息的深度理解和应用。在这个过程中，知识的产生依赖于信息的丰富与多样性，而信息的有效开发和利用，则需要知识的指导和应用。知识与信息之间的互动关系，意味着两者相辅相成，缺一不可。知识不仅指导着信息的筛选和解读，还决定了信息如何被转化为具体的行动和价值创造。同时，信息处理的工具和方法也深刻影响着知识的创造过程，相同的原始信息，在不同的分析框架和目的下，可以转化成不同种类的知识，这体现了知识创造的灵活性和多样性。

以上四个基本转化过程可以视具体情况组合成简单或复杂的形式，用来详细描述知识(信息)的生产过程，即"数据—信息—知识—创新"过程。

(2)大数据与数据要素

我们正处于一个信息大爆炸时代，近几十年来，由互联网、物联网、移动终端所产生的海量数据已经超过了人类之前所产生的数据之和。这些具有碎片化和非结构特征的海量数据并不完全有利用价值，需要对其进行搜集、加工、整理、分析和挖掘。经过处理后的数据便成为数据要素，进而成为重要的资源或产品。

基于上述分析我们认为，从要素的价值属性上来看，将"大数据"本身作为一种新的生产要素是不合理的，应当将"数据要素"作为新的生产要素。二者的区别在于：①大数据是对社会生产、消费或生活的电子化原始记录，由移动互联网或物联网上的各个终端生产出来，总量增长迅速，数据种类繁多，时效性很高，大多不能直接利用，价值密度较低；②当使用一定数字技术在较短时间内对大量电子化数据进行搜集、加工、整理、归纳和提炼，形成了格式规范相对统一、价值密度相对较高的信息或知识的时候，后者可以称为"数据要素"。数据要素可以被用来指导某一领域的实践或者用于进行商业化创新。考虑到不论是信息还是知识，都具有一定的价值属性，因此在后文的分析中将统称它们为"数据要素"。

数据要素与数据、信息、知识、大数据的概念比较见表1-1。

表1-1 数据要素与数据、信息、知识、大数据的概念比较

数据的类型	数字经济时代之前			
	名称	形态	价值	与创新的关系
原始的数据资料	数据	电子或纸质	价值含量低	一般不能直接刺激创新,但技术创新可以提高数据搜集效率
经过加工、处理之后的信息	信息	编码化	能够消除或缓解不确定性,有一定价值	技术创新可提高数据处理效率
经过归纳、总结的经验	知识	显性或隐性知识	可以刺激创新,有很高价值	二者互动性强,技术创新也可以带来新知识
数据的类型	数字经济时代			
	名称	形态	价值	与创新的关系
原始的数据资料	大数据	4V,电子化	价值密度很低	一般不能直接用于指导创新,但技术创新可以提高数据搜集效率
经过加工、处理之后的信息	数据要素(含信息和知识两类)	对大数据进行加工处理、归纳总结	价值含量较高	可用于指导实践或创新,同时技术创新可以提高大数据处理效率或带来新知识
经过归纳、总结的经验					

2. 数据要素是一种高级生产要素

一种观点认为大数据时代数据规模呈指数式增长，其总量将趋近于无穷大，

数据生产的边际成本为零或者趋近于零,也就是说数据是非稀缺资源。但实际上,这种观点并不准确,因为混淆了大数据和数据要素这两个概念。实际上,数字经济中人们关注的并不是繁杂无章、没有利用价值的海量数据,而是从海量数据中提取的规律性、启示性或预测性的信息或知识,这正是本书当中所指的"数据要素"的含义。

生产要素是经济学中的一个基本范畴,是指进行社会生产经营活动时所需要的各种社会资源,是维系国民经济运行及市场主体生产经营过程所必须具备的基本因素。生产要素分为初级生产要素和高级生产要素。初级生产要素是指土地、自然资源、非技术工人等,仅需要继承或者简单的投资就可以获得;高级生产要素包括高技术人才、资本、技术等,需要在人力、资本和技术上先期大量和持续地积累才能获得。所谓高级生产要素,是指一个经济体需要经过多年积累才能够实现的、具有更高生产效率的投入要素。一般认为,自然资源和简单劳动力属于低级生产要素,因为其生产或开发并不需要很高的技术水平,容易被其他同类要素所替代,技术进步较慢,边际产出较低。而高级生产要素一般包括资本、高级劳动力、技术、卓越企业家等,其生产或开发需要耗费大量的人力、物力,且需要长期的积累才能实现,具有不易替代、边际产出较高且容易发生效率改进等特点。当一国的要素禀赋结构从初级要素转向高级要素,就能够建立起拥有更多话语权的竞争优势地位。

数据要素是一种高级的生产要素。随着多年信息化建设的深入推进以及移动互联网的迅猛发展,源源不断的海量数据产生了。特别是智能手机的出现,使得每个消费者都成了重要的数据生产者,而以智能手机为代表的智能终端所拥有的各种传感器便是新的数据源。智能手机等设备能够随时随地在需要的时候生成图像、视频、位置、健康等数据,而这些数据在 PC 时代只有靠专用设备才能生成。这样海量而杂乱无章的数据需要在很短的时间内搜集、整理、加工和利用,甚至创新,这需要耗费大量的高级人力要素和资本要素。不同类型的数据要素在利用上有差异,专用性较强的数据要素边际生产成本可能相对较高;而通用性较强的数据要素初始成本相对较高,而边际成本则相对较低。同时,数据要素的供给并不是无限的,受高级人力要素的制约,大数据中蕴含的信息和知识的挖掘工作总量仍然是有限的,而这也造成了目前诸多行业对大数据领域高级人才的需求非常旺盛,"知识付费"也逐渐成为网络主流。

值得注意的是,技术革命所带来的信息流动和处理方式的根本变化,在信息的传递与处理方面极大地降低了成本且提高了效率,使得人类历史性地在极大程度上克服了信息传递与处理能力资源的稀缺性限制,同时也使得这种资源稀缺性更集中地体现在人类自身的有限理性层面。

(二)数据要素的使用价值

数字经济通过以下四种路径对经济发展产生影响：第一，数据要素作为一种高级生产要素，具备生产性和稀缺性两个特征，当其进入生产函数之后，可以通过改变资本和劳动的投入结构实现成本节约，从而提升企业的产出效率；第二，信息不对称会对经济效率和竞争产生负面影响，数据要素通过降低搜寻成本缓解不完全信息问题；第三，数字产品的成本结构决定了其具有显著的规模经济特征，随着数字企业从初创期进入扩张期，对规模经济的追求将重塑企业竞争格局和产业组织形态；第四，与传统时代相比，数字技术创新周期加快，一方面通过技术创新提升了全要素生产率，另一方面通过刺激多样化、个性化的需求提升了消费水平。

1. 数据要素能够缓解不完全信息问题

受限于工业时代网络空间的发展程度，经济行为主体对经济系统内各类信息的搜集、整合、分类、加工和处理的能力相对有限。在数字经济时代，大数据、云计算和人工智能技术的发展大大拓展了经济行为主体获取信息的能力。一个基本的观点是线上搜寻成本低于线下搜寻成本，这是因为线上更容易搜寻和比较潜在的交易信息。数字技术带来了搜寻成本降低对价格及价格离散度、产品种类、市场匹配、平台商业和组织结构的影响。

数据的产生源自网络空间对物理和社会空间内各种关系的映射。在工业化时代，受信息技术水平的制约，网络空间和物理空间的映射关系相对松散。在数字经济条件下，通过机器学习和数据挖掘等手段，经济行为主体不仅能够获取正在发生事件的数据，在一定程度上还能对将要发生的事件进行预测。同时，经济行为主体可获得数据的维度也在不断丰富，不仅包含数字化数据，还包含大量非数字化数据（图片、图书、图纸、视频、声音、指纹、影像等）。总之，网络空间的发展和相应技术手段的进步在一定程度上消除了经济系统内信息的不完全性，使生产和服务的供求信息更加精确化，从而为网络化和生态化的创新组织方式变革奠定了基础。

在新古典经济学的分析中，一般假定决策者拥有完全信息，并由此做出生产或消费决策。但现实生活并非如此，决策者在做任何决策的时候都面临着不完全信息的困境，以及由此带来的决策结果不确定性。在数字经济出现之前，商业和金融决策者通常使用"满意和经验法则"进行决策；而随着数字技术的创新和应用，信息的匹配更为有效，虽然不可能完全消除不完全信息问题，但能够在一定程度上缓解这种困境。数据要素缓解信息不完全问题表现为以下两个方面。

(1)更有效地匹配消费者与供应商

在推销阶段，消费者数据库有利于精准定位目标群体和选择适宜广告模式。目前，大数据和云计算已经在部分具有相当实力的公司里发挥作用，如推荐系统、预测产品需求和价值等。企业可以访问消费者日常操作所形成的数据库，然后检查其有效性。这可以大大缩小潜在消费者的范围，使企业变得有利可图。同时，当消费者在查询信息或是浏览网站、视频时，在主页面周边或是狭窄的缝隙里自动弹出消费者近段时间曾经搜索的相关信息的增值业务。例如，你曾经搜索过某一本书，则会有各种购书网站弹出广告以及相关的书籍信息。

在生产阶段，定制化服务有利于企业根据消费者偏好进行个性化生产。例如，在通信业务的流量及通话套餐的选择方面，运营商不再强制消费者开通或购买所有业务，消费者可以根据自己的喜好和实际需求来选择定制业务，新的定价模式变得透明并能自由搭配，使得消费者满意度有所提高，运营商的竞争力也有所提升。企业与客户、合作伙伴在行业之间进行意见交换在极大程度上使消费者与供应商更加匹配。

在售后阶段，数字化资源库为供应商和消费者提供了有效的正反馈渠道。消费者可以很容易地通过点击鼠标或点击触摸屏访问海量信息和选择供应商，从而不再被迫支付他们不希望获取或者不需要的产品或服务，同时可以随时随地与其他消费者进行体验分享，供应商则可以通过跟踪消费者的体验通过返现、退换货等手段消除客户对产品的抵制情绪。

(2)更有效地匹配工作岗位

目前，对优秀人才的需求竞争非常激烈，人才对于企业的价值体现在劳务输出创新能力以及人才吸引等方面。在发达国家，人才创造了绝大部分的价值。随着我国经济转型和产业升级的深化，可以预料到人才的需求竞争将会愈加激烈。但随着互联网化程度的加深，信息资源可获取性加强，企业员工流动性明显加快，员工的平均任期不断下降。

在互联网时代，人才和雇主的关系悄然发生变化，雇主和员工之间从商业交易转变为互惠关系。员工对企业的诉求不仅仅停留在薪资水平这个单一指标上，需要通过科学的人力资源分析，让企业找到"猎取、培养和留住人才"的解决方案。现在已经出现专业公司和专业软件使用数据处理技术进行企业人力资源管理的情况，主要应用包括人员招聘、培训管理、绩效管理和薪酬管理四个方面。但就整个行业而言，大数据人力资源管理尚处于行业探索期。

2. 数据要素的低复制成本决定了规模经济属性

由于数据要素以比特形式存在并在互联网终端设备上存储和传播，一件数字产品被生产出来后,便可以通过低成本或零成本复制无限供给。这一特征决定了数字产品在消费中具有非竞争性,即不同的消费者可以同时使用该产品而相互不受影响。不同消费者可以突破时空的限制使用同一产品的前提是,该产品是在互联网上生产、消费的。

一般认为,数字产品边际成本为零,但边际成本为零的微观经济模型与边际成本为正的模型并无太大的不同。数字产品与非数字产品最关键的区别是非竞争性,这意味着个体消费数字产品并不会降低其他人消费该产品的数量或质量,因为信息的分享并不会减少或损害初始信息。特别是在没有法律或技术限制排他性的情况下,任何人都能以零成本复制任何信息。

数字产品成本特征是研究与开发成本高、生产制造成本低,即高沉淀成本、低边际成本。数字产品多是知识、科技密集型产品,开发过程符合高科技产品的高投资、高风险的经济学原理。如耗资上亿美元的好莱坞巨片只需几分钟就可以拷贝到硬盘上,并且成本极低(几乎为零),这也说明数字产品的固定成本很高,变动成本却很低。而且数字产品的固定成本大多属于沉没成本,若停止生产,前期投入的人力、物力、财力等固定成本将无法收回,不像传统产品那样,停止生产后可以通过折旧等方式收回部分成本。比如投资兴建一幢办公楼,若中途决定放弃的话,可将其转卖出去收回部分成本;但如果正在拍的一部电影突然停下来,可能根本卖不出去电影脚本,自然不可能收回本钱。数字产品的可变成本,也有不同于传统产品的独特性。譬如,如果市场上对 Intel 的 CPU 需求增加,而且超出了 Intel 的生产能力,这时,为了满足更大的需求和获取更多的利润,Intel 就需要组织各种资源建立新的工厂,即当传统商品制造商达到其现有的生产能力时,生产的边际成本将增加。与此相反,数字产品的生产没有容量限制,即无论生产多少个副本,其成本也不会增加。以数字内容产业为例,中国的数字内容产业起步较晚,但经过几年的高速发展已经初具规模,初步形成了以移动内容服务为主,动漫、网络游戏、数字视听、在线学习和数字出版等快速发展的产业格局。目前,中国国民经济分类中还没有单独划分出数字内容产业,其相关内容分散在"电信和其他信息传输服务业,新闻出版业,广播、电视、电影和音像业,文化艺术业"等相关行业中。数字内容产品可以很容易地进行复制和传播,这就导致更多的用户可以通过比较低廉的成本获取产品,规模经济非常明显。

数字产品的成本特征决定了其必然存在规模报酬递增效应(图1-1)。当产量 $Q>1$ 时,其边际成本 MC 极低,因而可以忽略可变成本,仅考虑固定成本。假设生产的固定成本为 FC,则平均成本 AC 函数为 $AC=FC/Q$。可以看出,数字产品的产量越高,平均成本越低,不存在最优的生产规模。因而,数字产品的生产存在规模报酬递增现象。

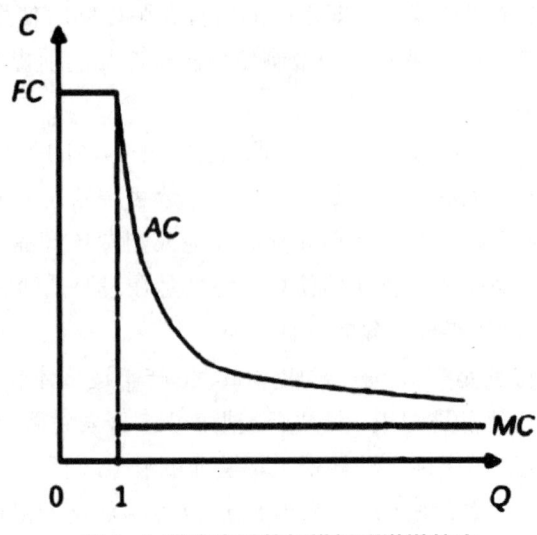

图1-1 数字产品的规模报酬递增效应

3. 数据要素的知识密集型特征有利于刺激创新

数据要素可被看作一种知识密集型的产品，它可作为投入以创新的形式增加产出。创新涉及的是新的活动，但对信息的应用具有很强的不确定性。创新最初都发生于个人的大脑之中，依赖的是对信息的综合和解释，使其符合现有的认知世界。所有解决问题的活动都需要用某种认知模式来评估哪些信息是有价值的，即以某种有效的方式来组织信息。理解和整理新信息的过程要求我们将新信息转化成与个人有关的东西。创新是一个既涉及认知也具有社会性的过程，它要求在知识、信息和认知模式之间进行复杂的互动。一个设想要发展成为真正的创新，需要在这个过程中不断地进行探讨、澄清和重新构思。

数据要素的产生不仅满足了消费者的消费需求，还促进了更多产品和服务的诞生。原本主要用作记录和查阅的生产端数据，逐渐转变为流程和工艺优化的关键依据。这种转变使得数据在产品设计、服务交付等多个环节中扮演着越来越重要的角色。对智能产品和服务而言，从供应链到智能制造再到最终交付用户，所有环节都可以基于数据分析的结果实现价值链整合和系统优化的目的。从企业的角度来看，以数据流引领技术流、物流、资金流和人才流，将深刻影响社会分工协作的组织模式，促进生产组织方式的集约和创新。大数据的发展推动社会生产要素的网络化共享、集约化整合、协作化开发和高效化利用，改变了传统的生产方式和经济运行机制。大数据持续激发商业模式创新，不断催生新业态，已成为互联网等新兴领域促进业务创新增值、提升企业核心价值的重要驱动力。

二、数字经济的需求侧特征

数字经济的一个重要特征就是网络化经济以网络的形式组织起来。不管是有形的还是虚拟的网络，都具有一个基本的经济特征：连接到一个网络上的价值取决于已经连接到该网络的其他人的数量，即只要是网络，就要受到所谓"网络外部性"（也称为"网络效应"）现象的支配。值得注意的是，网络外部性并不是数字经济所独有的特征。有形的网络（如相互兼容的通信网络）或虚拟的网络（如一种产品的销售网络）都或多或少存在着网络外部性。对网络外部性的讨论早在20世纪70年代就已经开始了。但是在互联网广泛普及以后，尤其是5G时代来临之后，经济网络内的信息流动达到了前所未有的速度，生产、交换、分配和消费都与智能化的数字网络息息相关，这就使得网络外部性表现得愈发突出。

（一）经济学关于外部性的解释

经济学中，外部性概念通常指当生产或消费对其他人产生附带的成本或效益时，外部经济效应就发生了；就是说，成本或效益被加于其他人身上，然而施加这种影响的人却没有为此付出代价。更确切地说，外部经济效果是一个理性人的行为对另一个人所产生的效果，而这种效果并没有从货币或市场交易中反映出来。从外部性的产生领域来看，外部性可以分为生产的外部性（由生产活动所导致的外部性）和消费的外部性（由消费行为所带来的外部性）；从外部性的效果来看，外部性包括负外部性和正外部性。

主流经济学认为，外部性是"市场失灵"的主要表现之一。一个有效的市场制度要发挥其经济效率，一切影响都必须通过市场价格的变动来传递。一些人的行为影响他人的福利，只要这种影响是通过价格传递的，即这种影响反映在市场价格里，就不会对经济效率产生不良的作用。然而，如果一个人的行为影响了他人的福利而相应的成本收益没有反映到市场价格中，就出现了外部性。外部性可以是正的，也可以是负的。

总结上面的分析，如果所有的行为都能反映在价格里，就意味着私人的成本收益与社会的成本收益是一致的，市场制度会自动地使资源配置达到帕累托最优。外部性的存在意味着生产者面临的边际成本并不反映增加生产的所有社会成本，或者个人的消费边际收益并不等于社会收益。如果获得的收益并不完全归于直接生产者，或者如果私人生产成本没有反映总的社会成本，那么竞争性市场的选择可能不是社会的效率选择。虽然私人按照边际收益等于边际成本的原则来决策，但外部性的存在使这种决策对整个社会经济效率不利。

那么，外部性是如何对资源配置产生错误的影响的呢？外部性出现时，一个行动给其他人带来附带的收益或损害，而并没有人因此对产生外部性的人进行相应的支付或赔偿,由此产生价格系统对资源的错误配置。外部性产生效率问题是因为外部成本或收益通常不将引起外部效应的消费者或生产者考虑进去。如果某种活动产生了负的外部性,那么生产者和消费者就会低估该活动的社会成本,并且按照社会观点来看过多地选择那种活动;如果消费和生产令那些没有考虑进去的人产生了收益,消费者或者生产者因此低估了社会收益,那么,那种经济活动的选择就会太少。

外部收益的情形如图1-2所示。假定科学家在进行一项研究时,图中的 MPB 和 MC 曲线分别反映了边际私人收益和边际成本。该科学家选择的研究产量为 Q_1,该产量是使边际成本和边际私人收益相等的产量水平,即 $MC = MPB$。此时均衡的价格为 P_1,假定该科学家的研究结果使得工业企业生产的产品更为便宜,而这些企业又不必为使用这一科学研究而支付费用,因为该科研成果是"一般知识"的一部分(如果该科学家有一项发明,那就可以通过专利法部分地保护发明不被无偿使用。但在许多情况下,"纯粹"的研究即使具有商业用途,也很难得到专利的保护)。这样,科学家的生产不仅为自己获得了收益,同时也为社会其他成员创造了价值,而且社会边际收益 MSB 为私人边际收益 MPB 与边际外部收益 MEB 之和。此时,经济效率要求边际成本与边际社会收益相等($MC = MSB$),即要求科研量为 Q^*。由于直接收益低估了整个收益,因此从社会观点看,科研量低于有效水平($Q_1 < Q^*$),此时科研量是不足的。分析的结果是:当个人或厂商的活动有正的外部性时,市场对该项活动或物品往往提供过少,因此有必要通过适当的补贴来解决。政府对于基础科学研究及教育(包括基础教育与高等教育)的补贴均源于此。

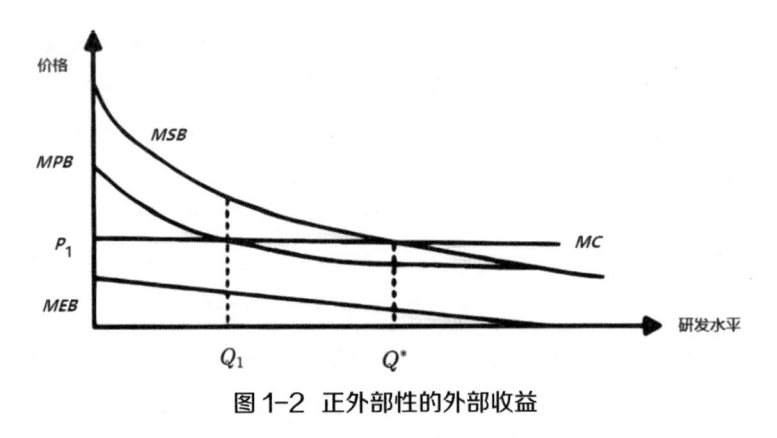

图1-2 正外部性的外部收益

图1-3分析了上文中关于甲对乙造成外部成本的情形。横轴表示产量,由甲的工厂生产,纵轴表示价格,单位是元。MB 曲线表示甲生产每单位产品的边际收益,在这里,假定它是既定值。另一条与单位产量有关的曲线是边际私人成本曲线 MPC。边际私人成本是指甲购买生产要素的支出,在这里,假定它

随产量的增加而增加。工厂的副产品是污染，污染降低了养鱼者乙的福利水平。假定污染随工厂产量的增加而增加，在产量的各个规模上给乙造成的边际损害由 MEC 表示，MEC 向上倾斜是因为我们假定污染对乙的损害是递增的。甲感兴趣的是最大限度地增加利润，那么，他会按照边际原则来确定产量，即利润最大化的产量水平 MPC 与 MB 的交点（$MPC = MB$），在这一点上，产量为 Q_1。而从整个社会的角度看，边际社会成本包括两部分，一部分是甲购置的投入品，其价值反映在 MPC 上，另一部分是乙遭受的边际外部成本 MEC。因此，边际成本 MSC 曲线为在各个产量水平上 MPC 与 MEC 的纵高之和。从社会的角度看，经济效率要求社会边际收益等于社会边际成本，即 $MSC = MB$，所以，有效率的产量水平应定在 Q^* 上。这一社会效率产量水平显然要小于私人利润最大化产量水平。由此，负的外部性的存在，使厂商相对于有效率的产量水平来说，提供的产量 Q_1 显然太多，造成资源配置的扭曲。负的外部性的存在要求政府进行一定的干预以实现经济效率，如征收庇古税或实行政府管制。

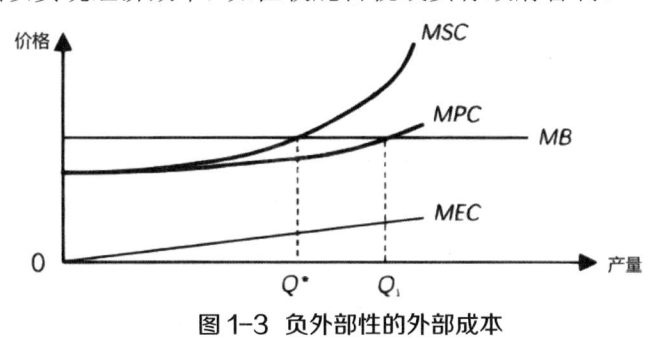

图 1-3　负外部性的外部成本

通过上面两个例子的分析，可以看出，首先，无论是正的外部性还是负的外部性，由于其不通过市场价格反映，都会造成私人收益或成本与社会收益或成本的不一致，从而破坏市场应有的效率，造成资源配置的扭曲。其次，外部性作为市场失灵的主要表现之一，无法完全通过市场手段来使之内部化，必须借助市场之外的力量（政府、法律、道德）解决外部性问题。

（二）网络外部性

1. 网络外部性的定义和分类

（1）网络外部性的定义

网络外部性（Network Externality），也称为网络效应，是由外部性派生出来的概念。随着信息化时代的到来，数字产品所表现的网络外部性更多地表现为消费的正外部性。消费者在选择购买或消费某种数字产品时，不仅考虑该产品本身的效应（比如：功能强大、操作便捷、价格低廉等），更考虑到未来可能实现共享信息的用户数量和适用范围。数字产品的这个特性集中表现为用户购买行为的"从众效应"或"追赶潮流",消费者会倾向于购买那些已经被广泛采用的标准化或普及化的产品。例如高德地图的使用者越多,每个使用者的轨迹和坐标被记录的数据也就越多,基于这些位置大数据所开发出来的数字产品的价值含量就越高、功能也就越强大,就会吸引更多的消费者来使用其数字产品。这就是所谓的网络外部性,是数字产品表现的重要微观经济特性之一。

值得注意的是,数字产品网络外部性的出现对于产品价值的认识提出了新的挑战,产生了重要影响。数字产品的价值已不再集聚于产品本身所具有的属性,而是外延至整个产品网络。如果不存在网络外部性,消费者对产品或服务的效用评价函数仅由产品或服务本身的属性作为变量来决定,如某消费者i对某一产品的效用函数可以表示为式1-1:

$$U_i = U_i(X_1, X_2, \cdots, X_n)$$

(式1-1)

式中,$X_1, X_2, \ldots, X_n$分别为产生效用的一些产品属性。这部分效用价值称为"自有价值",有时这部分价值非常低甚至为零(例如:仅有一个人使用的某种电子邮件)。而当存在网络外部性的时候,消费者选择的不再仅仅是一个产品,而是一个网络。厂商所应做的不是去制造一个产品,而是去建立一个网络。此时的效应函数为式1-2:

$$U_i = U_i(X_1, X_2, \cdots, X_n; C_1, C_2, \cdots, C_m)$$

(式1-2)

式中,$C_1, C_2, \cdots, C_m$为其他消费者的消费活动。当新的用户加入网络时,老用户从中获得的额外价值,可称为"协同价值",而用户是无须为这部分协同价值付费的,这正是网络外部性的经济本质。因此,我们将"网络外部性"定义为:当消费同样产品的其他消费者人数增加时,某一使用者消费该产品所获得的效用增量。

(2)网络外部性的分类

根据来源不同,网络外部性分为直接网络外部性和间接网络外部性。直接网络外部性是指消费相同产品的市场主体的数量增加后通过正反馈效应放大了数字产品的使用价值。即由于消费者对数字产品的需求存在相互依赖的特征,消费者获得产品的效用随着购买相同产品的其他消费者数量的增加而增加。直接网络外部性的基础是梅特卡夫法则;而间接网络外部性则是指市场中介效应(Market Mediated Effects),即通过对互补产品种类、数量、价格的影响,而对原有产品用户产生的外部性,其本质是一种范围经济。间接网络互补性产生的主要原因是产品自身具有互补性,因而基础产品的消费者越多,对互补性的辅助产品需求就越大。例如,即时通信工具微信的消费者之所以选择微信而不是其他的通信工具,除了微信本身的功能强大之外，一个主要的原因是自己的亲朋好友也都选择了微信作为通信工具，这样大家交流起来就很便利，这就是梅特卡夫法则所导致的直接网络外部性；而微信的使用者中有相当的一部分人会使用微信支付、微信理财或微信借贷等其他辅助产品，微信的使用者越多，其辅助产品的使用者相对也会越多，这就是所谓的间接网络外部性。

2. 梅特卡夫法则

梅特卡夫法则（也称"梅特卡夫定律"，Metcalf's Law）是一种网络技术发展规律，是由3Com公司的创始人、计算机网络先驱罗伯特·梅特卡夫提出的。

梅特卡夫法则，是指网络的价值会随着网络里节点数目的乘方而增加，其核心思想可以说是"物以多为贵"。解释网络参与者相互依赖所产生的效用函数见式1-3：

$$V = Kn(n-1)$$

（式1-3）

式中，K为价值系数，n为用户数量。在基础设施成本一定的情况下，使用的用户越多，则其带来的价值就越大，一个网络的经济价值是按照指数级上升的，而不是按照算数级上升的。具体来说，如果一个网络对网络中每个人的价值是1元，那么规模为10倍的网络的总价值约等于100元；规模为100的网络的总价值就约等于10000元。网络规模增长10倍，其价值就增长100倍。

梅特卡夫定律不仅适用于电话、传真等传统的通信网络，也同样适用于具有双向传输特点的像Internet这样的虚拟网络世界。网络的用户增多，信息资源就可以在更大范围的用户之间进行交流和共享，这不仅可以增加信息本身的价值，而且提高了所有网络用户的效用。另外，网络经济条件下，信息技术和信息系统的不完全兼容性及由此带来的操作、使用知识的重新培训等造成的转移成本，往往使用户被锁定在一个既定的用户网络内，从而保证了这一网络的一定规模。网络内的用户则由于信息产品的相互兼容性，彼此之间的文件交换和信息共享就成为可能。而网络用户数量的增加就使得用户之间信息的传递和共享更为便捷，网络的总效用增加且同样以用户平方数量的速度增长，这恰恰符合梅特卡夫法则。总而言之，梅特卡夫法则概括的就是连接到一个网络的价值，取决于已经连接到该网络的其他人的数量这一基本的价值定理，这即经济学中所称的"网络效应"或"网络外部性"。梅特卡夫法则其实是对于"需求方网络外部性（Consumption Network Externality）"的一种简单的表述。

梅特卡夫法则决定了新科技推广的速度，这是一条关于网上资源的定律。使用网络的人越多，数字产品的价值就越大，也越能吸引更多的人来使用，最终提高数字产品的总价值。当一个数字产品已经建立起必要的用户规模,它的价值就会呈爆发性增长。一个新产品多快才能达到必要的用户规模,这取决于用户进入网络的代价,代价越低,达到必要用户规模的速度也越快。有趣的是,一旦形成必要的用户规模,新产品的开发者在理论上可以提高对用户的价格,因为这个新产品的应用价值比以前增加了,进而衍生出某项商业产品的价值随使用人数而增加的定律。从总体上看,消费方面存在着效用递增——即需求创造了新的需求。

信息资源的奇特性不仅在于它可以被无损耗地消费掉(如一部古书从古到今都在"被消费",但不可能"被消费掉"),而且在于信息的消费过程可能同时就是信息的生产过程。数字经济时代,网络消费者在消费数据要素的同时,可以催生出更多的知识和感受,同时其行为活动也被记录下来成为大数据的一部分。互联网的威力不仅在于它能使信息的消费者数量增加到最大限度(全人类),更在于它是一种传播与反馈同时进行的交互性媒介(这是它与报纸、收音机和电视不一样的地方),即网络具有极强的外部性和正反馈性。所以梅特卡夫断定,随着上网人数的增长,网上资源将呈几何级数增长。

(三)具有网络外部性商品的需求曲线

当存在网络外部性时,每个消费者从商品或服务中获得的效用会随着用户规模的扩大而增加。从这个意义上来说,当产品或服务的价格给定时,用户规模会对消费者的需求产生重大影响。或者更准确地说,对于用户规模的消费者预期会直接影响最终需求。

举例来说,假设市场中有100个消费者,并且消费者对于产品的意愿支付等于$n(0 \leqslant n \leqslant 100)$,显然当用户数量不断上升时,每一个用户对于商品的评价机会就越高,因此也会为同样的商品支付更高的价格。同时我们假设消费者预期最终的用户规模为$n^e(0 \leqslant n^e \leqslant 100)$,那么如果消费者对于该商品最终市场规模持有非常悲观的预期,即$n^e=0$,消费者就会认为这一商品的价值为0。进而可以得出这样的结果:在任何不等于0的价格之下,没有任何消费者愿意购买该商品,因此最终的用户规模为0。如果消费者持有很乐观的预期,认为所有人都会购买这一商品,即$n^e=100$,那么商品对于消费者的价值就等于100。由此可见,当价格在0和100之间时,消费者不同的预期会导致两种极端的结果存在:所有消费者都购买和所有消费者都不买。换句话说,网络外部性的存在会让消费者预期对最终需求产生重大影响,即在任意给定的价格下会存在多个需求水平。

为了更加严格地表述上述结果，可以构建一个简单的数学模型来分析网络外部性对于需求的影响（Rohlfs，1974）。假设数量为1的消费者均匀分布在[0, 1]上，对于一个消费者$x(0\leqslant x\leqslant 1)$而言，他的效用函数如式1-4所示：

$$U^x = \begin{cases} nx(1-x) - p & \text{如果他购买商品} \\ 0 & \text{如果他不购买商品} \end{cases}$$

（式1-4）

式中，p为商品的价格，n为用户数量。根据效用函数的定义可知，该商品的消费存在着网络外部性，即消费者从商品中获得的效用会随着用户数量n的增加而增加。同时这里的x衡量了消费者对商品的偏好程度，具有较高x的消费者对于商品的偏好程度反而会比较低，较低的x则表示消费者对于商品的偏好程度更高。这里对x的另一种解释是，它是衡量消费者对网络外部性敏感程度的指标。如果这里的商品是电话，那么x数值低的那些消费者可以被看成商业用户，他们对用户数量更加敏感，更多的使用者意味着电话可以联系到更多的潜在用户。而x数值较高的那些消费者可以被看成个人用户，此时电话用户数量的增多带来的效用提升相对比较有限。

对于某一用户$\hat{x}$而言，当商品价格p满足以下条件时，是否购买该商品对他而言将是完全等效的，如式1-5所示：

$$n\hat{x}(1-\hat{x}) - p = 0$$

（式1-5）

当式1-5成立时，消费者$\hat{x}$购买商品所获得的效用为0，因此是否购买商品对他而言是完全无所谓的，式1-5就是商品需求函数。由此可知，当商品具有网络外部性时，其需求曲线是一条倒U形曲线（见图1-4）。此时，只要商品价格不高于p^m，对于任意的价格$p^0\left(0\leqslant p^0 < p^m\right)$，总会有两个需求水平与之对应。我们将其中一个需求水平称为$\hat{x}_L$，另一个需求水平称为$\hat{x}_H\left(\hat{x}_L < \hat{x}_H\right)$，事实上只有$\hat{x}_H$才是稳定的均衡需求量，此时市场价格等于$p^0$，而$\hat{x}_L$不是一个稳定的均衡。假设商品价格依然维持在$p^0$，同时由于某种外部冲击的存在导致市场中对该商品的需求量略微偏离$\hat{x}_L$，不妨认为需求量将下降到$\hat{x}_L - \varepsilon$，那么此时每个消费者从商品中获得的效用将小于p^0，因此原本打算购买该商品的消费者都会选择不再购买，市场需求量会立刻变成0。但是如果外部冲击带来需求量略微上升到$\hat{x}_L + \varepsilon$，那么位于区间$[\hat{x}_L, \hat{x}_H]$的消费者从商品中获得的效用高于p^0，因此需求量会上升至$\hat{x}_H$。按照同样的逻辑可知，即使外部冲击使需求量略微偏离$\hat{x}_H$，市场力量也会立刻纠正这一偏离，因此$\hat{x}_H$是一个稳定的均衡。

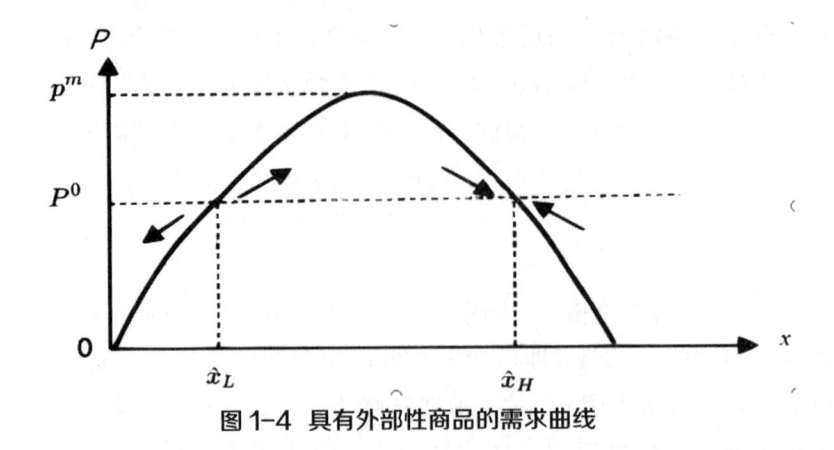

图 1-4 具有外部性商品的需求曲线

这里的 $\hat{x}_L$ 被称为关键数量（Critical Mass），即在给定价格之下，使消费者能从具有网络外部性商品中严格获益的最小用户规模。换句话说，当用户规模高于关键数量时，网络外部性所产生的需求自我强化机制会使用户数量进一步增长到更高的均衡水平，但是如果用户规模小于关键数量，哪怕非常接近，现有的需求水平还是会迅速退化到0。关键数量的存在意味着当产品或服务具有网络外部性时，需求的增长并不是线性的。用户数量突破某一水平后，需求会呈现爆发式增长。

在一个网络外部性很强的市场中，用户数量是一个企业非常重要的资产，很多企业的竞争战略都会围绕扩大用户基数这一核心目标来展开。关键数量的存在意味着用户数量较少时在市场竞争中是非常危险的，而一旦用户规模超过了关键数量，商品需求很有可能会迎来一个高速增长期。

第三节 数字经济发展的重要意义

一、中国发展数字经济的背景

数字经济是新一代信息技术与实体经济深度融合产生的新经济形态。在经济全球化和信息化的大格局下，我国数字经济蓬勃发展。1999年，中国召开了第一届国际数字地球会议，并且发表了《1999数字地球北京宣言》，数字中国、数字地球的相关活动由此展开。2007年，在香山科学会议上，学者第一次从科技层面上对数字中国的内涵和发展进行了探讨。这是中国数字经济发展的初始阶段。

2015年，国务院发布《国务院关于积极推进"互联网+"行动的指导意见》。在第二届世界互联网大会开幕式上,习近平总书记明确提出,"推进《数字中国》建设,发展分享经济,支持基于互联网的各类创新,提高发展质量和效益"。这也被认为是数字中国建设进入新阶段的标志性事件。

2016年9月,在G20杭州峰会上,《二十国集团数字经济发展与合作倡议》的发布,表明发展数字经济已成为全球共识。

2017年3月,在第十二届全国人民代表大会第五次会议上,国务院总理李克强在作政府工作报告时表示,将促进数字经济加快成长,让企业广泛受益、群众普遍受惠。"数字经济"首次被写入《政府工作报告》,既是对近年来以互联网为核心的新兴商业模式的肯定,也是对中国经济未来发展模式的一种新的探索。

2017年5月,习近平总书记在"一带一路"国际合作高峰论坛开幕式上指出,要坚持创新驱动发展,加强在数字经济、人工智能、纳米技术、量子计算机等前沿领域合作,推动大数据、云计算、智慧城市建设,连接成21世纪的数字丝绸之路。同年12月,在第四届世界互联网大会上,中国、埃及、老挝、沙特、塞尔维亚、泰国、土耳其和阿联酋等国家代表共同发起《"一带一路"数字经济国际合作倡议》,进一步聚焦数字互联互通,为"一带一路"数字经济发展增添了新动力。

2018年4月,习近平总书记在全国网络安全和信息化工作会议上指出,"要发展数字经济,加快推动数字产业化,依靠信息技术创新驱动,不断催生新产业、新业态、新模式,用新动能推动新发展"。

2021年3月,十三届全国人大四次会议通过了《中华人民共和国国民经济和社会发展第十四个五年规划和2035年远景目标纲要》。其中,"加快数字化发展,建设数字中国"首次单独成篇,将"打造数字经济新优势""营造良好数字生态"列为"十四五"时期的重要工作目标。

2023年2月,中共中央、国务院印发《数字中国建设整体布局规划》指出,建设数字中国是数字时代推进中国式现代化的重要引擎,是构筑国家竞争新优势的有力支撑。加快数字中国建设,对全面建设社会主义现代化国家、全面推进中华民族伟大复兴具有重要意义和深远影响。

数字经济是一场由信息技术和通信网络不断创新主导的经济革命,它蕴含着特有的经济形态,正在成为培育经济增长新动能、改造提升传统动能的重要途径。近年来,中国在数字经济方面发展非常迅速,所涌现的新领域、新技术、新业态、新产品、新服务,已经成为驱动和引领经济高质量发展的新动力。

二、中国发展数字经济的必要性

当前,数字经济正成为我国经济发展的重要驱动力量。发展数字经济对适应和引领经济发展新常态、中国转型发展、贯彻落实新的发展理念、培育新的经济增长点具有重要的促进作用,同时也是落实网络强国战略的重要内容。

(一)中国发展数字经济是贯彻新发展理念的集中体现

数字经济本身是新技术革命的产物,是新的经济形态、新的资源配置方式和新的发展理念,集中体现了创新的内在要求。数字经济减少了信息流动障碍,加速了要素流动,提高了供需匹配效率,有助于实现经济与社会、区域之间的协调发展。数字经济能够极大地提升资源的利用率,是绿色发展的最佳体现。数字经济最大的特点就是基于互联网,而互联网的特性是开放共享。数字经济是推动高质量发展的重要支撑。数字经济的发展以数据作为关键生产要素,将有效驱动劳动力、资本、土地、技术、管理等要素实现网络化共享、集约化整合、协作化开发和高效化利用。推动互联网、大数据、人工智能和实体经济深度融合,大力发展数字经济,是加快新旧动能转换、建设现代化经济体系,推动高质量发展的重要举措。

(二)数字经济是构建信息时代国家竞争新优势的重要先导力量

全球新一轮科技革命和产业革命孕育兴起,以新一代信息技术为代表的数字产业正在成为实现重塑竞争优势的重要力量,更是实现全球经济社会发展的主要变革力量。近年来,以欧美为代表的发达国家和以中国为代表的新兴经济体,对数字产业战略规划和部署的重视程度不断加大。面对新一轮互联网信息化革命浪潮,我国政府也根据基本国情和整体需要,提出"网络强国"的发展战略,积极推进"数字中国"建设,从而使得数字经济上升到国家战略层面。数字化工具、数字化生产、数字化产品等数字经济形态快速崛起,成为新常态下我国经济结构转型升级和经济发展的新动能。

数字经济是经济一体化的重大机遇。随着世界经济结构经历深刻调整,许多国家都在寻找新的经济增长点,以期在未来发展中继续保持竞争优势,更有效地提高资源利用效率和劳动生产率。全球范围内,数字经济对全球经济增长的引领带动作用不断显现。发展数字经济已在国际社会凝聚了广泛共识,为促进各国务实合作,构建以合作共赢为核心的新型国际关系提供了重大机遇。

(三)发展数字经济是推进供给侧结构性改革的重要抓手

以新一代信息技术与制造技术深度融合为特征的智能制造模式,正在引发新一轮制造业变革,数字化、虚拟化、智能化技术将贯穿产品的全生命周期,柔性化、网络化、个性化生产将成为制造模式的新趋势,全球化、服务化、平台化将成为产业组织的新方式。数字经济在农业领域中不断引领农业现代化,开启数字农业、智慧农业等农业发展新模式。在服务业领域,数字经济的影响与作用已经很好地体现出来，电子商务、互联网金融、网络教育、远程医疗、网约车以及在线娱乐等已经使人们的生产生活发生了极大改变。我国产业成本持续走高，但产业效率提升缓慢，数字化转型需求日益迫切。中国产业高质量发展亟须由要素驱动转向创新驱动，加快数字化转型是必然选择。中国信息通信研究院（简称中国信通院）的测算表明，近年来工业企业的生产效率有所提升，其中有29%是由数字技术贡献的。

随着全球信息化步入全面渗透、跨界融合、加速创新、引领发展的新阶段，我国也借势深度布局，大力推动数字经济的发展。中国特色社会主义已经进入新时代，中国经济已由高速增长阶段转向高质量发展阶段。推动数字经济蓬勃发展，对于拓宽我国经济发展空间、培育发展新动能、满足人民日益增长的美好生活需要，都具有极为重要的意义。

三、中国发展数字经济的优势

（一）网民优势孕育了中国数字经济的巨大潜能

中国数字经济的蓬勃发展，很大程度上得益于国内庞大的网民基础所带来的巨大潜能。尽管传统意义上的人口红利在逐渐减弱，但互联网的普及与网民数量的激增，为数字经济注入了新的活力。截至2023年底，中国网民规模已突破10.92亿，互联网普及率达到77.5%，确立了中国作为全球最大网民市场的地位。这一庞大的网民群体，不仅为数字经济提供了广阔的市场空间，还促进了信息技术的广泛应用与创新，为经济转型与升级开辟了新路径。

基于互联网的数字经济，有效克服了信息不对称的障碍，使边远地区居民与弱势群体能够获取市场信息，学习新技术，开拓创业机遇，实现了经济与社会的包容性增长。分享经济的兴起，更进一步整合了分散的资源，满足了多样化与个性化需求，提升了全社会的资源配置效率与生产效能。随着每个网民的消费、供给与创新能力的增强，数字经济迎来了前所未有的发展机遇。当前，数字经济正从技术创新驱动转向应用创新驱动，中国网民的规模优势在这一进程中扮演了至关重要的角色，为中国数字经济在全球竞争中占据领先地位奠定了坚实基础。

（二）后发优势为数字经济提供了跨越式发展的特殊机遇

1. 数字基础设施建设实现了跨越式发展

中国数字基础设施的建设展现了惊人的跨越性发展，从电话网络尚未全面铺开的阶段，迅速过渡到了光纤通信与移动互联网时代，跳过了固定电话和宽带普及的常规路径，直接开启了4G、5G的高速通信时代。中国互联网络信息中心（CNNIC）发布的最新报告显示，截至2023年末，中国在IPv6地址资源、国家顶级域名持有量、互联网宽带接入端口数量等方面取得了显著进展，物联网发展亦呈现加速态势，5G基站遍布全国地级市和县城，蜂窝物联网终端用户规模庞大；移动通信网络的高质量发展，以5G和千兆光网为核心的"双千兆"网络，正全面推动智能制造、智慧城市、乡村振兴、文化旅游等领域的创新与升级，为国家的数字化转型、质量提升与网络安全提供了坚实的基础设施保障，展现出数字中国建设的强大驱动力。

2. 数字技术应用正在经历跨越式发展

中国数字经济的发展是在工业化任务没有完成的基础上开始的，工业化尚不成熟降低了数字经济发展的路径依赖与制度锁定。工业化积累的矛盾和问题要用工业化的办法去解决，这十分困难也费时较长，但有了信息革命和数字经济就不一样了。工业化的诸多痛点遇到数字经济就有了药到病除的妙方，它甚至可以点石成金、化腐朽为神奇。多数企业还没有达到工业2.0、工业3.0水平就迎来了以智能制造为核心的工业4.0时代。可以说，数字经济为中国加速完成工业化任务、实现"弯道超车"创造了条件。

3. 制度优势为数字经济发展提供了强有力保障

中国在推动数字经济发展的过程中，展现出了独特的制度优势，这体现在强有力的政治保障、前瞻性的战略规划、完善的政策体系、高效的统筹协调与广泛的组织动员能力上。2014年，中央网络安全和信息化领导小组成立，中国信息化建设正式步入国家战略层面，信息化领导体制得以健全，各级领导与政府部门的高度重视，为数字经济的发展构筑了坚实的政治基石。《国家信息化发展战略纲要》的发布，勾勒出了中国信息化发展的清晰蓝图，从提升能力、提高水平、完善环境三个方面，规划了详尽的战略目标与实施路径，为数字经济发展指明了方向。

在此基础上，国家相继出台了一系列与信息化和数字经济相关的政策文件，涵盖了"互联网+"行动、宽带中国、中国制造2025、大数据战略、信息消费、电子商务、智慧城市、创新发展战略等关键领域，形成了全球范围内最为完备的信息化政策体系，彰显了国家对数字经济发展的坚定决心与高度期待。更重要的是，中国制度的优势在于能够迅速将共识转化为行动，让政策落地见效，形成上下联动的强大推动力，为数字经济的蓬勃发展营造了优越的生态环境，展现出大国在数字经济领域中的独特竞争力。

第二章 数字基础设施和数字技术基础

第一节 数字经济的设施基础

一、互联网

(一)从桌面互联网到移动互联网

1. 互联网的诞生

互联网自1960年开始兴起,主要用于军方、大型企业等之间的纯文字电子邮件或新闻集群组服务。直到1990年才开始进入普通家庭,随着web网站与电子商务的发展,网络已经成为人们离不开的生活必需品之一。

互联网起源于20世纪60年代后期美国国防部国防高级研究计划署所建立的ARPANET。ARPANET是由一些被称为接口消息处理器(IMP)的小型机所构成的分组交换网络,每个节点具有接口消息处理器和主机,主机向接口消息处理器发送消息,接口消息处理器将该消息分组,接着向目的节点发送分组。ARPANET已经具备了互联网的一些特点,并迅速成长。

虽然ARPANET成长迅速,但是各个网络的消息格式、接口等缺乏统一标准,多个网络之间的关联和通信成为亟待解决的问题。解决该问题的方案在于统一协议,只要各个网络采用相同的协议,那么相互之间的通信就能够实现。这促进了有关协议的研究工作,最终研究者们提出了TCP/IP参考模型及其协议簇,该模型被专门设计用于处理网络互联的通信。随着越来越多的网络连接到ARPANET,TCP/IP成为互联网的核心协议簇。

20世纪70年代后期,美国国家科学基金会在ARPANET的基础上,建立了美国境内的骨干网络,并且将一些区域性网络连接到骨干网上,这些区域性网络和骨干网构成了NSFNET。随着NSFNET规模不断增长,美国国家科学基金会鼓励 MERIT、MCI 和 IBM 组成非营利性企业 ANS，该企业在 NSFNET 的基础上构建了 ANSNET。随后，ANS 被美国在线公司（AOL）收购，美国在线公司等成为 IP 服务的提供商。可见，计算机网络的发展经历了军用需求推动最初建立、政府资助推动扩大发展和商业运营推动广泛应用的过程。随后，随着文件下载 FTP、远程访问 TELNET、电子邮件乃至万维网的发明，互联网走进了每个人的生活，无论是用户的普及率，还是使用率、新增率，都发展到了一个相当的高度。2018年，全球互联网用户数突破40亿，全球约50亿（约2/3）人口拥有手机，且半数以上为智能设备，人们可以随时随地获得互联网体验。全球互联网用户每日平均在线6个小时，已占据人们清醒时间的1/3。

2. 移动电话系统与移动互联网

人们最初使用的电话是与固定接口连接的固定电话，随着无线通信技术的发展，出现了无须与固定接口连接的移动电话（即手机）。移动电话的使用使人们随时随地进行语音通信成为现实，人们对互联网数据通信的移动性提出了要求，希望随时随地通过手机等移动设备发送或者接收传真和电子邮件或者浏览网页、访问远程文件，希望实现移动办公室、移动管理等。在该需求的推动下，无线移动互联网技术应运而生。

移动电话系统经历了三个发展阶段：第一代的模拟语音通信；第二代数字语音通信的移动电话系统（扩展为2.5G 后可以支持低带宽数据通信），主要采用全球移动通信系统（Global System for Mobile Communications，GSM）和码分多址（Code Division Multiple Access，CDMA）。第三代移动电话系统则支持数字语音与高速数据混合通信。其中，第三代移动电话系统，主要包括 TD-SCDMA、W-CDMA（Wideband CDMA）和 CD-MA2000 等。

移动电话系统和无线移动互联网都是在移动环境下对数字信号进行无线传输的，并且都可以使用移动电话等作为终端设备，但是二者存在很多不同之处。首先，无线移动互联网主要面向数据包传送，而移动电话系统侧重固定带宽的高质量语音传送。其次，无线移动互联网在不同情况下的数据流量和服务质量要求均存在较大差异，而移动电话系统的语音传送则具有固定带宽和服务质量要求。最后，无线移动互联网往往对带宽需求很大，而移动电话系统则没有这样的要求。

移动互联网高歌猛进，极大颠覆了传统互联网的商业模式，催生了共享经济、O2O 等诸多新业态。移动互联网成为互联网产业发展的主要基础设施。移动互联网的使用量在全球范围内首次超过了桌面互联网。这标志着移动互联网时代在全球范围内全面到来。

(二)移动通信技术：从2G到5G

中国在移动通信领域属于后来者，通过不断摸索和尝试，在移动通信技术从2G向5G逐步升级的过程中，逐渐形成了自己的研发标准，并被国际社会所接受。

从1G到2G是从模拟调制到数字调制。1995年，在中华电信的引导下，中国正式挥别1G，进入了2G的通讯时代。相较而言，第二代移动通信具备高度的保密性，增加了系统容量，能实现手机上网。3G是在新频谱上制定的新标准，解决大数据传输速率过低问题。3G与2G的主要区别是在传输声音和数据的速度上有差异。3G能够在全球范围内更好地实现无线漫游，并处理图像、音乐、视频流等多种媒体形式，提供包括网页浏览、电话会议、电子商务等多种信息服务。3G时代，中国移动扛起了中国自主研发的TD-SCDMA标准，这个标准是中国第一次在全球移动通信领域发出自己的声音，也就有了后续的TD-LTE，也就有了现在的5GNR的中国主导地位。4G是指第四代无线蜂窝电话通信协议，能够传输高质量图像及视频，能够实现100+ Mbps下载速度，但覆盖范围有限，数据传输有延迟。在4G时代，我国以华为为代表的多家公司开始全面发力，通过技术的积累和研发的加强，尤其在价格竞争和服务上，我国逐渐成了主力。到了4G时代的中后期，华为基本上在通信领域占据了第一的地位。

第五代移动电话行动通信标准，也称第五代移动通信技术，缩写为5G。与4G相比，5G具有更高的带宽，可以满足消费者对虚拟现实、超高清视频等更高网络体验的需求。5G还具有更高的可靠性和更低的时延，能够更好地满足自动驾驶、智能制造等行业应用需求，实现万物互联，更有力地支撑经济社会的创新发展。5G的广泛应用将重点解决传统移动通信无法很好地支持物联网及垂直行业应用的问题，主要面向物联网的低功耗大连接和低时延高可靠这两个场景。低功耗大连接场景主要包括智慧城市、环境监测、智能农业等以传感数据采集为主要目标的场景，这些场景不仅要求高密度的连接数，而且还要求保证终端的超低功耗和超低成本。而低时延高可靠场景主要面向车联网、智能制造等垂直行业的特殊应用需求，需要为用户提供毫秒级时延和接近100%的可靠性。

我国在移动通信领域是后来者，但在5G标准研发上，我国属于全球的领跑集团。我国企业在5G标准技术上，已经是国际一流水平，并且在服务、价格、效率上具有绝对优势。

(三)千兆宽带的时代

数字经济的全面爆发使得宽带网络的支撑能力日益凸显，宽带已成为当前经济和社会发展中不可或缺的战略性基础设施。

在当今这个数字化时代，信息技术的飞速发展不仅改变了人们的生活方式，也深刻影响着全球经济结构和社会运行机制。其中，宽带网络作为信息传输的"高速公路"，重要性愈发显著。尤其是随着千兆宽带时代的到来，其更是为数字经济的全面爆发提供了强大的支撑力。接下来，我们将从多个维度探讨千兆宽带对经济与社会发展的深远影响，以及这一技术革新的背后所蕴含的巨大潜力。

1. 千兆宽带的技术背景与演进

千兆宽带，顾名思义，是指能够提供每秒1千兆比特（Gbps）下载速度的宽带网络服务。这一速度是传统百兆宽带的十倍，标志着互联网接入能力的一次质的飞跃。技术上，千兆宽带的实现依赖于光纤通信技术的广泛应用和不断优化。光纤凭借其超高的数据传输速率、低损耗和抗干扰能力强等优势，成为支撑千兆乃至未来更高速度网络的关键技术。

从 ADSL 到光纤入户（FTTH），宽带技术的每一次迭代都伴随着用户需求的增长和技术瓶颈的突破。千兆宽带的普及，不仅仅是速度上的提升，更是对未来物联网、云计算、大数据、人工智能等高新技术应用的提前布局，为数字经济的多元化发展打下坚实的基础。

2. 数字经济的全面爆发与宽带网络的角色

数字经济的本质在于利用数字技术和信息通信技术改造传统产业，催生新产业、新业态、新模式，进而推动经济结构优化升级。在这一过程中，宽带网络作为连接物理世界与数字世界的桥梁，重要性不言而喻。千兆宽带的推广使用，极大提升了数据传输效率，缩短了信息交互的时间延迟，为远程办公、在线教育、电子商务、数字娱乐等众多领域提供了更加流畅、高效的网络环境，加速了数字经济的发展步伐。

3. 对经济发展的影响

①产业升级转型：千兆宽带的高带宽、低时延特性，为智能制造、智慧城市、远程医疗等领域的深度应用提供了可能，推动传统产业向智能化、网络化、服务化转型，提高了生产效率和管理效能。

②创新与创业活力：高速网络降低了创业门槛，促进了云计算、大数据、AI 等新技术的研发与应用，为创新型企业和个人提供了广阔的发展空间，激发了全社会的创新活力。

③数字经济新生态：千兆宽带构建了更加强大的数字基础设施，加速了数字经济与实体经济的深度融合，促进了平台经济、共享经济等新兴业态的兴起，形成了以数据为关键要素的新经济生态。

4. 对社会生活的影响

①教育与学习：在线教育借助千兆宽带实现了高质量的教学互动，让偏远地

区的学生也能享受到优质教育资源，缩小了教育鸿沟。

②医疗健康：远程医疗、智慧医疗系统通过高速网络得以广泛应用，提高了医疗服务的可及性和效率，特别是在疫情期间，有效缓解了医疗资源分配不均的问题。

③智能家居与生活方式：千兆宽带为智能家居系统提供了稳定的数据传输通道，使得家庭生活更加便捷、智能，提升了居民生活质量。

5. 面临的挑战与应对策略

尽管千兆宽带带来了诸多积极影响，但在推广过程中仍面临成本投入大、区域发展不平衡、网络安全风险增加等挑战。因此，政府、企业和社会各界需要共同努力，采取以下措施应对：

加大投资与政策支持：政府应出台更多鼓励政策，引导社会资本参与宽带网络基础设施建设，特别是加大对农村及偏远地区的投入，促进数字鸿沟的缩小。

技术创新与合作：持续推动技术创新，加强产学研用合作，降低千兆宽带建设和运营成本，提高服务质量。

网络安全防护：建立健全网络安全保障体系，加强数据保护法律法规建设，确保用户信息安全和个人隐私不受侵犯。

总之，千兆宽带是数字经济时代的重要基础设施，其普及和发展对于推动经济社会全面进步具有不可估量的价值。面对机遇与挑战并存的局面，只有不断创新、协同合作，才能真正发挥出千兆宽带的潜力，开创数字经济更加辉煌的未来。

二、物联网

(一)物联网的含义

物联网（Interne of Things，IoT），顾名思义，就是物物相连的互联网。这有两层意思：第一，物联网的核心和基础仍然是互联网，是在互联网基础上延伸和扩展的一种网络，如果互联网是一棵大树，那么物联网就是它的一根树枝；第二，其用户端延伸和扩展到了任何物品与物品之间的信息交换和通信。因此，物联网是通过信息传感器、射频识别技术、全球定位系统、红外感应器、激光扫描器等各种装置与技术，实时采集任何需要监控、连接、互动的物体或过程，采集其声、光、热、电、力学、化学、生物、位置等各种需要的信息，通过各类可能的网络接入，实现物与物、物与人的泛在连接，实现对物品和过程的智能化感知、识别和管理的。物联网是一个基于互联网、传统电信网等的信息承载体，它让所有能够被独立寻址的普通物理对象形成互联互通的网络。

如果说互联网让人与人的沟通不再受时空限制，那么物联网则让物物相连成为现实。物联网这张大网,在互联网的基础上又添加了无数的设备节点。这些没有生命的设备,一丝不苟地传递着传感数据,冷冷地执行着各种命令。这个无声而古板的网络,不断地把物理世界的信息转成数字放进虚拟世界,把虚拟世界的指令变成物理世界真实的动作,它让共享单车、无人驾驶、扫码零售等不断涌现的应用成为可能。从人与人,到人与物,再到物与物,万物互联的时代正在来临。

当然,真正实现万物互联,需要多种信息技术的融合互推。物联网与互联网、人工智能、大数据、云计算、移动互联这些新兴技术都是密切相关、互相支持、互相推动的。物联网并不是孤立的一环,而是数字经济发展过程中很重要的组成部分。

(二)物联网的起源与发展

物联网这一概念的起源与演化,是技术发展与社会需求相互交织的结果,其历史可追溯至数十年前,并逐步演变为当今数字化社会的基石之一。下面,我们详细探讨物联网的起源、发展历程及其对现代社会的影响。

1. 物联网的起源

物联网概念的形成并非是一蹴而就的,而是经历了长期的技术积累和思想碰撞。1982年,卡内基梅隆大学的一个实验标志着物联网理念的雏形——该校的一台可口可乐自动售货机被接入互联网,能够远程监控库存和温度,这是最早将实体设备与网络连接起来的例子。然而,物联网作为一个明确的概念,直到1991年才由美国麻省理工学院的Kevin Ashton教授正式提出。Ashton在研究RFID(无线射频识别)技术时,首次使用了"物联网"这一术语,他设想了一个世界,其中日常物品通过互联网相连,能够自动交换数据,从而提高效率和便利性。

2. 初步发展阶段

进入21世纪,随着互联网的普及和嵌入式技术的进步,物联网开始从理论走向实践。21世纪初,传感器、微处理器和无线通信技术的成本大幅下降,使得设备互联变得更加可行。这一时期,物联网的概念开始在工业界获得关注,尤其是在制造业、物流和供应链管理领域,通过追踪和自动化流程,企业能够优化运营,降低成本。

3. 高速发展阶段

到了21世纪10年代,物联网迎来了高速发展期。技术标准的制定、云计算和大数据技术的兴起,为物联网的大规模部署提供了必要条件。2012年,ITU(国际电信联盟)发布《物联网全球标准化》报告,标志着物联网标准国际化进程的启动,为不同设备间互联互通奠定了基础。同时,智能手机的普及和移动互联网的兴起,极大地扩展了物联网的应用场景,智能家居、智能穿戴设备、智慧城市等概念迅速成为现实。

4. 技术与应用的深化

进入21世纪20年代，物联网技术进一步深化，操作系统、数据分析平台、安全解决方案等关键技术持续演进。例如，边缘计算的引入，使得数据处理更靠近数据源，减少了延迟，增强了实时响应能力。5G网络的商用部署，为物联网设备提供了更高的带宽和更低的延迟，支撑起大规模设备连接和高速数据传输的需求，推动了自动驾驶、远程医疗、智能制造等前沿应用的发展。

5. 面临的挑战与未来展望

物联网的发展虽然前景光明，但也面临着一系列挑战，包括数据安全与隐私保护、标准统一、跨行业融合，以及如何高效管理和分析海量数据等。随着技术的不断成熟，行业间合作的加强，以及政策法规的完善，这些挑战正逐步得到解决。

未来，物联网将继续深入社会生活的方方面面，从智能家居到智慧城市，从精准农业到远程教育，物联网将成为支撑社会高效运转、改善民众生活质量的关键技术。同时，随着人工智能、区块链等新技术的融合，物联网将开启更加智能、安全、可持续的未来，推动人类社会迈向更高层次的数字化转型。

综上所述，物联网的起源与发展是一段技术与应用相互促进、社会需求驱动创新的历史进程。它不仅是技术革命的产物，更是人类追求更加智能、便捷生活的必然趋势。随着技术的不断演进和应用场景的不断拓展，物联网将继续在构建万物互联的世界中扮演核心角色。

（三）物联网的技术原理

物联网是在计算机互联网基础之上扩展得来的。它利用全球定位、传感器、射频识别、无线数据通信等技术来创造一个覆盖世界上万事万物的巨型网络，就像一个蜘蛛网，可以连接到任意角落。

在物联网中，物体之间无须人工干预就可以随意进行"交流"。其实质就是利用射频自动识别技术，通过计算机互联网实现物体的自动识别及信息的互联和共享。

射频识别技术能够让物品"开口说话"。它通过无线数据通信网络，把存储在物体标签中的有互用性的信息，自动采集到中央信息系统，实现物体的识别，进而通过开放性的计算机网络实现信息交换和共享，实现对物品的"透明"管理。

物联网的问世打破了过去一直将物理基础设施和IT基础设施分开的传统思维。在物联网时代，任意物品都可与芯片、宽带整合为统一的基础设施。在此意义上，基础设施更像是一块新的地球工地，世界的运转就在它上面进行。

三、大数据中心

在移动互联网时代,随着智能设备的普及、社交网络的爆炸性增长以及各行各业数字化转型的加速,数据量呈指数级增长,大数据中心作为数据存储、处理和交互的核心场所,重要性日益凸显,成为数字经济发展的关键基础设施之一。接下来,我们将从大数据中心的基本概念、功能架构、发展趋势、面临的挑战以及其对社会经济的影响等方面进行深入探讨。

(一)大数据中心的基本概念

大数据中心,简而言之,是一个集中存放、处理和分发大量数据的物理或虚拟设施。它不仅包含了成千上万台服务器、存储设备、网络设备等硬件基础设施,还包括了复杂的软件系统和应用程序,如数据库管理系统、数据挖掘工具、云计算平台等。大数据中心通过高速网络连接,实现了数据的快速传输和处理,为用户提供高效、可靠的数据服务。

(二)功能架构

大数据中心的功能架构通常包含以下几个核心部分:

计算层:负责数据处理任务,包括数据的分析、计算、模型训练等。随着云计算技术的发展,越来越多的数据中心采用弹性计算资源,可以根据实际需求动态调整计算能力。

存储层:用于保存海量数据,包括冷数据存储、热数据缓存等多种形式,通过分布式文件系统、对象存储等技术,保证数据的安全性、可靠性和高效访问。

网络层:是数据传输的通道,包括内部网络和外部网络,采用高速网络技术如100 G/400 G以太网,确保数据传输的高速、低延迟。

安全与运维层:涵盖数据加密、防火墙、入侵检测、备份恢复、能耗管理等,确保数据中心的稳定运行和数据安全。

(三)发展趋势

绿色节能:随着环保意识的增强和能源成本的上升,绿色数据中心成为发展趋势。大数据中心应采用自然冷却、高效电源、余热回收等技术,减少碳排放,提高能效比。

边缘计算:为减少数据传输延迟,边缘计算成为热点。通过在靠近数据源的位置部署小型数据中心,可以实现数据的即时处理和分析,适用于物联网、实时视频流等场景。

人工智能融合:AI技术的融入,使大数据中心能够自我优化、预测维护、智能调度资源,提高运营效率和服务质量。

云原生技术：容器化、微服务、DevOps等云原生技术的应用，使得大数据中心更加灵活、可扩展，加速了软件开发和部署的效率。

(四)面临的挑战

数据安全与隐私保护：随着数据量的增长，如何确保数据在收集、存储、处理过程中的安全，防止数据泄露，成为首要挑战。

能源消耗与环境影响：大数据中心庞大的能源消耗和碳排放，要求其采用更加环保的技术和运营策略。

技术更新换代：技术的快速发展要求大数据中心频繁更新设备和软件，保持竞争力，但这也意味着高昂的成本和复杂的技术迁移。

(五)对社会经济的影响

促进数字化转型：大数据中心为各行各业提供了强大的数据处理能力，加速了企业的数字化转型，提高了生产效率和创新能力。

经济增长驱动力：作为新型基础设施，大数据中心直接带动了IT设备制造、云计算服务、数据分析等相关产业链的发展，成为经济增长的新引擎。

社会公共服务提升：在智慧城市建设中，大数据中心支撑的智能交通、公共安全、健康医疗等系统，显著提升了城市治理水平和民众生活质量。

科研与教育：大数据中心为科学研究提供了强大的计算资源和数据支持，促进了新知识的发现；在教育领域，推动了远程教育、个性化学习的发展。

总之，大数据中心是信息时代的"神经中枢"，其规模、效率、安全性直接影响着数字经济的发展速度和质量。面对未来，大数据中心将继续进化，与新技术深度融合，为构建更加智能、绿色、可持续的社会贡献力量。

第二节 数字经济的技术基础

一般认为，数字技术基础主要包括"ABCD"四大类：A——人工智能(Artificial Intelligence)，B——区块链(Blockchain)，C——云计算(Cloud Computing)，D——大数据(Big Data)。从具体功能上讲，云计算的核心功能在于计算能力、存储能力和通道能力；大数据的核心功能在于静态数据之大、动态数据之大以及数据被使用后新生的叠加数据之大；人工智能的核心功能在于将数据通过滤波去除垃圾后变成信息,将信息经过挖掘推送形成知识,将知识通过智能算法形成决策性判断;而区块链则是一种特殊的互联网技术,是对"共识人群的一种管理方式"。如果说云计算、人工智能带来了生产力的提升,大数据让生产资料分发更高效,那么区块链就是对生产关系的变革。在此基础上,区块链技术也可以通过新的信任机制大幅拓展人类协作的广度和深度。

这几者之间的关系,普遍的观点是"融合发展",分不清孰重孰轻,孰先孰后,而是你中有我、我中有你。比如,基于区块链技术的工业互联网,其中既有区块链技术,也有大数据技术,还有云计算技术,三者合成一体,又衍生出了人工智能和物联网的概念。接下来,将重点介绍云计算、区块链和人工智能三类数字技术基础。

一、云计算

(一)云计算的内涵

近十年来,云计算取得了飞速的发展与翻天覆地的变化。现如今,云计算被视为计算机网络领域的一次革命,因为它的出现,社会的工作方式和商业模式也在发生巨大的改变。

1. 云计算的概念

云计算(Cloud Computing)是分布式计算的一种,指的是通过网络"云"将巨大的数据计算处理程序分解成无数个小程序,然后通过多部服务器组成的系统进行处理和分析这些小程序,得到结果并返回给用户。通过这项技术,可以在很短的时间内(几秒钟)完成对数以万计的数据的处理,从而构建强大的网络服务。"云"实质上就是一个网络,有狭义和广义两种理解。

从狭义上讲,云计算就是一种提供资源的网络。使用者可以随时获取"云"上的资源,按需求量使用,这是"云"可以看成是无限扩展的,只要按使用量付费就可以。"云"就像自来水厂一样,我们可以随时接水,并且不限量,按照自己家的用水量,付费给自来水厂就可以。

从广义上说,云计算是与信息技术、软件、互联网相关的一种服务。这种计算资源共享池叫作"云",云计算把许多计算资源集合起来,通过软件实现自动化管理,只需要很少的人参与,就能让资源被快速提供。也就是说,计算能力作为一种商品,可以在互联网上流通,就像水、电、煤气一样,可以方便地取用,且价格较为低廉。

总之,云计算不是一种全新的网络技术,而是一种全新的网络应用概念。云计算的核心概念就是以互联网为中心,在网站上提供快速且安全的云计算服务与数据存储,让每一个使用互联网的人都可以使用网络上的庞大计算资源与数据中心。

2. 云计算的特点

与传统的网络应用模式相比,云计算具有高灵活性、可扩展性和高性价比。

(1)高灵活性

目前市场上大多数IT资源、软件、硬件都支持虚拟化,比如存储网络、操作系统和开发软、硬件等。虚拟化要素统一放在云系统资源虚拟池当中进行管理,可见云计算的兼容性非常强,不仅可以兼容低配置机器、不同厂商的硬件产品,还能够外设获得更高性能计算。

(2)可扩展性

用户可以利用应用软件的快速部署条件来更为简单快捷地将自身所需的已有业务以及新业务进行扩展。如,计算机云计算系统中出现设备的故障,对于用来说,无论是在计算机层面上,抑或是在具体运用上均不会受到阻碍,可以利用计算机云计算具有的动态扩展功能来对其他服务器开展有效扩展。这样一来就能够确保任务得以有序完成。对虚拟化资源进行动态扩展,能够高效扩展应用,提高计算机云计算的操作水平。

(3)高性价比

将资源放在虚拟资源池中统一管理,在一定程度上优化了物理资源,用户不再需要昂贵、存储空间大的主机,可以选择相对廉价的PC组成云,一方面减少费用,另一方面计算性能不逊于大型主机。在这种情况下,倘若服务器故障也不影响计算与应用的正常运行。因为单点服务器出现故障可以通过虚拟化技术将分布在不同物理服务器上面的应用进行恢复或利用动态扩展功能部署新的服务器进行计算。计算机包含了许多应用、程序软件等,不同的应用对应的数据资源库不同,所以用户运行不同的应用需要较强的计算能力对资源进行部署,而云计算平台能够根据用户的需求快速配备计算能力及资源。

(二)云计算的类型

按照服务模式来看,云计算可分为基础设施即服务(Infrastructure as a Service,IaaS)平台即服务(Platform as a Service,PaaS)和软件即服务(Software as a Service,SaaS)三种类型。

基础设施即服务(IaaS):它向云计算提供商的个人或组织提供虚拟化计算资源,如虚拟机、存储、网络和操作系统。IaaS是对计算、存储、网络等资源进行池化,通过自服务门户实现便捷实用。

平台即服务(PaaS):它为开发人员提供通过全球互联网构建应用程序和服务

的平台，使得开发团队能够快速构建、分发和运行应用程序。

软件即服务（SaaS）：通过互联网提供按需软件付费应用程序，云计算提供商托管和管理软件应用程序，并允许其用户连接到应用程序并通过全球互联网访问应用程序。

按照部署模式来看，云计算可分为公有云、私有云和混合云。其中，公有云是云服务提供者拥有所有软硬件资产，使用者将数据导入其平台以运营企业的应用程序；私有云是企业完全拥有所有资产和数据，在自有的平台内使用；混合云是企业根据业务的关键性和数据的敏感性，同时使用公有云和私有云。

（三）云计算的发展历程

云计算这个概念首次在2006年8月的搜索引擎会议上提出，成了互联网的第三次革命。近几年来，云计算已成为信息技术产业发展的战略重点，全球的信息技术企业都在向云计算转型。我们举例来说，每家公司都需要做数据信息化，存储相关的运营数据，进行产品管理、人员管理、财务管理等，而进行这些数据管理的基本设备就是计算机了。

对于一家企业来说，一台计算机的运算能力是远远无法满足数据运算需求的，那么公司就要购置一台运算能力更强的机器，也就是服务器。而对于规模比较大的企业来说，一台服务器的运算能力显然还是不够的，那就需要企业购置多台服务器，甚至配备一个具有多台服务器的数据中心，而且服务器的数量会直接影响这个数据中心的业务处理能力。除了高额的初期建设成本之外，计算机的运营支出在电费上的花费也很高，再加上计算机和网络的维护支出，这些总的费用是中小型企业难以承担的，于是云计算的概念便应运而生了。

云计算的历史，可以追溯到1956年。克里斯托弗（Christopher Strachey）在国际信息处理大会（International Conference on Information Processing）上发表了一篇名为《大型高速计算机中的时间共享》（Time Sharing in Large Fast Computer）的学术报告，他在文中首次提出了"虚拟化"的基本概念。这篇文章被认为是最早的虚拟化技术论述，从此拉开了虚拟化发展的帷幕。虚拟化则是今天云计算基础架构的核心，是云计算发展的基础，而后随着网络技术的发展，逐渐孕育了云计算。

在20世纪的90年代，计算机网络出现了大爆炸，出现了以思科为代表的一系列公司，随即网络出现泡沫时代。2004年，Web2.0会议举行，Web2.0成为当时的热点，这也标志着互联网泡沫破灭，计算机网络发展进入了一个新的阶段。在这一阶段，让更多的用户方便快捷地使用网络服务成为互联网发展亟待解决的问题。与此同时，一些大型公司也开始致力于开发大型计算能力的技术，为用户提供更加强大的计算处理服务。在2006年8月9日,Google首席执行官埃里克·施密特(Eric Schmidt)在搜索引擎大会(SES San Jose 2006)首次提出"云计算"的概念。这是云计算发展史上第一次有人正式地提出"云计算"这一概念,有着巨大的历史意义。

2007年以来,"云计算"成了计算机领域非常引人关注的话题之一,同样也是大型企业、互联网建设着力研究的重要方向。因为云计算的提出,互联网技术和IT服务出现了新的模式,引发了一场变革。在2008年,微软发布其公共云计算平台(Windows Azure Platform),由此拉开了微软的云计算大幕。同样,云计算在国内也掀起一场风波,许多大型网络公司纷纷加入云计算的阵列。2009年1月,阿里软件在江苏南京建立首个"电子商务云计算中心"。同年11月,中国移动云计算平台"大云"计划启动。到现阶段,云计算已经发展到较为成熟的阶段。

二、区块链

区块链开创了一种在不可信的竞争环境中低成本建立信任的新型计算范式和协作模式,凭借其独有的信任建立机制,实现了穿透式监管和信任逐级传递。区块链源于加密数字货币,目前正在向垂直领域延伸,蕴含着巨大的变革潜力,有望成为数字经济信息基础设施的重要组件,正在改变诸多行业的发展图景。

(一)区块链的内涵

1. 区块链的定义

区块链(Blockchain)是一种由多方共同维护,使用密码学保证传输和访问安全,能够实现数据一致存储、难以篡改、防止抵赖的记账技术,也称为分布式账本技术(Distributed Ledger Technology)。作为一种在不可信的竞争环境中低成本建立信任的新型计算范式和协作模式,区块链凭借其独有的信任建立机制,正在改变诸多行业的应用场景和运行规则,是未来发展数字经济、构建新型信任体系不可或缺的技术之一。

区块链技术的原理主要围绕三个基本概念展开。

第一,交易。这是区块链参与方在区块链上进行所有操作的基本形式,从简单的付款到智能合约的执行。每次交易的操作都将导致当前区块链账本状态的一次改变,比如一笔付款交易导致中行户余额发生了改变。

第二,区块。这是区块链账本的单元形式,它记录了一段时间内发生的所有交易以及交易后状态改变的结果,此区块记录的内容需要所有参与方达成共识。

第三,链。每个区块在所有参与方达成共识后,按照发生顺序串联成链,是整个区块链账本状态变化的日志记录。相邻区块之间的链接方式主要是将前一个区块的哈希值放入下一个区块中,以此类推。

总体来说,整个区块链的运作机制就是各参与方发起各种交易,交易被区块生成者收到后,根据交易中包含的操作改变当前区块链记录的相关状态,然后将新的状态结果和交易都记录到区块中,在区块链所有参与方达成共识后链接到当前区块链中。

2. 区块链的特征

第一,去中心化。区块链数据的验证、记账、存储、维护和传输都不是基于中心机构,而是利用数学算法实现的。去中心化使网络中的各个节点能够自由连接,进行数据、资产、信息等的交换。

第二,开放性。区块链具有源代码开源性,即网络中设定的共识机制、规则都可以通过一致的、开源的源代码进行验证。任何人都可以直接加入(公开链),或者通过受控方式加入(联盟链)。

第三,自治性。区块链技术采用的是基于协商一致的规范和协议,使得整个系统中的所有节点都能够在去信任的环境中自由安全地交换收据,任何人为的干预都不起作用。

第四,信息不可篡改。区块链使用了密码学技术中的哈希函数、非对称加密机制来保证区块链上的信息不被篡改。由于每一个区块都是与前续区块通过密码学证明的方式链接在一起的,因此当区块链达到一定的长度后,要修改某个历史区块中的交易内容,就必须将该区块之前的所有区块的交易记录及密码学证明进行重构,这一点有效实现了防篡改。

第五,匿名性。由于节点之间的交换遵循固定的算法,其数据交互是不需要信任的,区块链中的程序规则会自行判断活动是否有效。因此,交易对手无须通过分开身份的方式让对方对自己产生信任。

3. 区块链是一台创造信任的机器

在区块链出现之前,我们通常依据法律规则、市场现状以及习惯和常识等因素来构建一套信任体系。比方说,我们使用支付宝付款,本质上是出于对阿里巴巴公司的信任;我们通过银行存钱理财,本质上是出于对银行的信任;我们相信买到的食品、药品是安全合规的,本质上是出于对国家监管及法律体系的信任。社会的稳定运行,需要大量的信任模型作为支撑。在区块链出现之前,这些信任模型其实都依赖于个人、公司、组织、政府之间的制约、担保、公证,以及社会法律法规等一系列明规则、潜规则。在大多数情况下,信任模型的构建基于多种信任因素的组合。在这些信任体系中,一直以来承担信任成本的机构,被称作中心化系统。

区块链是创造信任的机器。区块链让人们在互不信任并且没有中心化系统的情况下，能够做到互相协作。严格来说，区块链的确实现了社会学层面的信任化，而且是"去基于人的信任化"。或者以更严谨的方式表述，区块链实现的其实是一种"基于代码的信任"。而这种基于代码实现的信任关系，是100%的。有人可能会说，代码也是由人来设计实现的，但在区块链的世界里，代码经过一次验证之后，就已经去除了人的因素，它面向的交互对象只有代码。可以说，这种信任模型是突破性的，它将使社会运行关系产生内部的、深刻的变化。

（二）区块链的应用

区块链通过点对点的分布式记账方式、多节点共识机制、非对称加密和智能合约等多种技术手段建立强大的信任关系和价值传输网络，使其具备分布式、不可篡改、价值可传递和可编程等特性。在应用方面，区块链一方面助力实体产业，另一方面融合传统金融。在实体产业方面，区块链帮助解决传统产业在升级过程中遇到的信任和自动化等问题，以增强共享和重构等方式助力传统产业升级，重塑信任关系，提高产业效率。在金融产业方面，区块链有助于弥补金融和实体产业间的信息不对称，在建立高效价值传递机制，实现传统产品价值在数字世界的流转，帮助商流、信息流、资金流达到"三流合一"等方面具有重要作用。

目前，区块链技术的应用场景不断铺开，从金融、产品溯源、政务民生、电子存证到数字身份与供应链协同，场景的深入化和多元化不断加深。然而，区块链的应用仍旧处于较为初级的阶段，各类应用模式仍在发展中演进，仍需持续探索。

1. 金融服务领域

金融服务产业是全球经济发展的动力，也是中心化程度非常高的产业之一。金融市场中交易双方的信息不对称导致无法建立有效的信用机制，产业链条中存在大量中心化的信用中介和信息中介，减缓了系统运转效率，增加了资金往来成本。区块链技术源自加密货币，凭借其开放式、扁平化、平等性的系统结构，操作简化、实时跟进、自动执行的特点，与金融行业具有天然的契合性，最早在金融领域发挥优势作用。目前国内已有一定数量的金融业应用通过了原型验证和试运营阶段，涉及供应链金融、跨境支付、资产管理、保险等细分领域。在实际业务运营中取得的应用成果，可集中体现金融业运用区块链技术的思路：在多方协作的场景里，用来共享风控信息，跟踪合同类关键证据，进行资产交易和信用传递，目的是扩大规模、提升效率、改善体验并降低风险和成本。

2. 产品溯源领域

日益增长的商品溯源需求迅速推动了溯源行业的发展，区块链作为一种新兴技术打造了一种去中心、价值共享、利益公平分配的自治价值溯源体系。多家企业抓住机遇，进军区块链市场，主要分为两类：一类是新型的区块链创业公司。区块链技术所带来的新的产业与商业模式催生了大量的创业公司，他们先一步进入溯源市场，抢占市场份额。另一类是互联网巨头，他们试图将区块链技术与自己的传统产业相融合，解决企业实际问题，同时向平台化发展，提供多行业服务。根据业务类型，其又可以分为两类，应用方案服务商多和业务方对接，基于需求提供应用解决方案，如阿里、京东、沃尔玛、中食链等；技术服务商为应用方案商提供区块链底层基础设施的搭建及相关开发合作服务，大多可同时服务于多个行业。

3. 政务民生领域

2018年7月25日务院出台的《国务院关于加快推进全国一体化在线政务服务平台建设的指导意见》指出，要在2022年底前，全面建成全国一体化在线政务服务平台，实现"一网办"。区块链技术可以大力推动政府数据开放度、透明度，促进跨部门的数据交换和共享，推进大数据在政府治理、公共服务、社会治理、宏观调控、市场监管和城市管理等领域的应用，实现公共服务多元化、政府治理透明化、城市管理精细化。作为我国区块链落地的重点示范高地，政务民生领域的相关应用落地集中开始于2018年，多个省市地区积极通过将区块链写进政策规划进行项目探索。区块链在政务方面，主要应用于政府数据共享、数据提笼监管、互联网金融监管、电子发票等；在民生方面，主要应用于精准扶贫、个人数据服务、医疗健康数据、智慧出行、社会公益服务等。

4. 供应链协同领域

基于区块链的供应链协同应用将供应链上各参与方、各环节的数据信息上链，做到实时上链，数据自产生就记录到区块链中。典型的采购和销售供应链阶段包括生产采购订单、仓库备货、物流运输、收货确认、商品销售等环节。供应链协同应用通过供应链上各参与方数据信息上链，数据加密存储保证数据隐私，智能合约控制数据访问权限，做到数据和信息的共享与协同管理。区块链在供应链协同领域的主要应用方向包括数据共享与可视性、去中间环节与数据安全、自动验证执行与高效协同。

三、人工智能

（一）人工智能的内涵

人工智能的概念到现在尚未有统一的定义，涉及计算机与生物仿生学的交织，涉及即时仿生反应系统与自主开展行动个体。总体来看，可以认为人工智能是以人类思维完成智能行为应用的统称。

微软人工智能科学家将人工智能划分为以下四个层次。

第一层即最底层是计算智能。在这一层,计算资源、存储资源、网络资源共同构成了基础资源。包括云计算、大数据、区块链和软件定义网络(Software Defined Network, SDN)在内的一系列技术支撑着计算智能的建立和发展。

第二层则是感知智能。目前,绝大多数的人工智能属于感知智能范畴,具体包括人脸识别、语音识别、机器翻译、AR/VR、机器人等。其实,从某种意义上说,致力于模仿或取代人类感知层面能力的智能技术都属于感知智能。

第三层是认知智能。计算机可以建立0和1之间的联系,但不知道为什么这样做。它只有视觉或者分类的功能,没有赋予结果以概念。"赋予概念"是我们人类做的事情。我们在做任何事情之前,首先会建立一个概念,然后用这个概念和我们的语言去对比、映射,再用逻辑去做推理。我们所谓的逻辑推理是构建在概念之上的。那么,这个概念是如何建立的?这不是感知层范畴所能解决的问题。目前整个AI行业的发展成果主要还是聚焦于感知层面,认知层面的突破则较少。认知层面的关键技术包括自然语言理解、语义网、知识图谱,这些技术主要应用于金融、聊天机器人与客服、智能音箱、搜索与大数据商务智能(Business Intelligence, BI)等领域。

第四层即最高层是创造智能,也成为通用层。这一层处于金字塔塔尖的位置。这一层对于现在的我们而言还是黑匣子,可望而不可即。我们无法获知当前的技术水平距离这一层还有多远的路要走。但我们可以知道,在这一层里,机器的智能或许将达到或超越人类的高度。

(二)人工智能发展的四个基础条件

人工智能发展所处的信息环境和数据基础正在发生深刻的变化。日益海量化的数据、不断优化的算法模型、持续提升的计算能力和不断扩展的应用场景,正在推动人工智能的迅猛发展。

1. 条件一:日益海量化的数据

IDC研究预测2025年全球数据量将达到163 ZB,其中20%的数据蕴藏有颠覆性潜力,注重数据价值的时代已经来临。

人工时代的大数据和传统意义上的海量数据是有一定区别的,主要表现在两个方面:第一,智能时代里大数据的本质是大连接。传统意义上的大数据更多的是指其数据体量大,数据处理复杂,数据属于结构化或非结构化。但在智能时代,我们更关注数据的内在关联性。数据之间的关联性越强,意味着数据背后蕴藏的价值越大。

第二,智能时代大数据的重要指标是标注性。目前,机器学习和深度学习主要集中于监督学习,标注数据对于模型训练意义非凡。在弱人工智能阶段,AI能力输出的背后通常有大量人工成本在支撑着规模惊人的数据集的建造。

目前，人工智能正在从监督学习向无监督学习演进升级。在这一过程中，人工智能算法模型需要从各行业、各领域的海量数据中不断积累经验、发现规律、持续优化。可以说，数据是人工智能发展的基础。

2. 条件二：不断优化的算法模型

作为人工智能发展的核心要素，从20世纪80年代开始到现在，"算法"一直在不断地更迭、演进。AI领域的算法有三种流派：符号主义流派、贝叶斯流派以及联结主义流派。目前，人工智能算法也已经广泛应用于自然语言处理、语音处理以及计算机视觉等领域，并在某些特定领域取得了突破性进展。在未来，上述三种算法流派的融合将成为主要发展趋势。

随着算法模型的重要性进一步凸显，全球科技巨头纷纷加大布局力度和投入，通过成立实验室、开源算法框架、打造生态体系等方式推动算法模型的优化和创新。OpenAI、CaffeOnSpark、DMTK等多家公司已开源了深度学习基础计算框架以及专用领域算法框架（如人脸识别等），希望通过多方参与、资源贡献进一步推动技术创新。

3. 条件三：持续提升的计算能力

计算能力是这一波人工智能浪潮的主要推动力。事实上，深度学习算法、神经网络是20世纪七八十年代就被提出来的概念，为什么一直到最近深度学习才有了飞跃式的发展？从技术角度来看，主要原因是原来的计算能力不够。所有深度学习、神经网络里用到的训练过程都可被归结为矩阵运算范畴，而传统的CPU并不能满足计算能力及效率的需求。近年来，更适于矩阵运算的图形处理器（Graphics Processing Unit, GPU）、云、GPU集群的出现，使得使用海量数据训练一个庞大的模型真正成为可能。目前，Amazon、Google、百度、阿里都已经开始提供基于GPU的计算机集群服务。

除了GPU以外，将AI算法注入FPGA这样的轻量级可编程芯片中也能够极大地提高终端的运算速度，这也是人工智能未来发展的趋势之一。在专用人工智能领域，技术人员正致力于进一步优化芯片功能，尽量减少芯片在其他与计算无关的任务上所浪费的开销，包括缓存、存储的功能等。换言之，我们希望打造仅用于满足深度学习这一特定功能需求的专用芯片，然后再进行固化量产。

4. 条件四：不断扩展的应用场景

人工智能的应用领域不断拓宽，从最初的科研实验走向千行百业，深入到日常生活的方方面面。无论是在智能制造、智能医疗、金融科技，还是智慧城市的建设领域，AI都在推动着行业的转型升级，创造新的商业模式和服务形态。在教育、娱乐、交通等领域，智能化的解决方案提高了效率，改善了用户体验，甚至在一些领域实现了从辅助决策到自主决策的跨越。随着技术的成熟和成本的降低，人工智能的应用将更加广泛，深入到社会经济的每一个角落，开启一个智能互联的新时代。

（三）人工智能的应用

如今，人工智能的核心特征不断被提取出来，与医疗、金融等各行业相融合，"AI+"正逐渐成为下一个改变大众生活的概念。AI在医疗、金融、新媒体等方面的应用详见服务业数字化的相关章节，这里以"AI+"安防为例进行介绍。

与其他行业相比，传统安防具有海量和层次丰富的数据，是人工智能最好的训练场，同时也是可以实现应用价值的领域。目前人工智能技术在安防领域已经有诸多成熟案例。

1. 人脸识别与身份验证

人脸识别技术是AI在安防领域的一大突破。通过深度学习算法，系统能快速精准地识别人脸特征，即使在复杂环境中也能有效工作。这项技术广泛应用于机场、火车站、重要建筑入口等场所的身份验证和通行控制，显著提升了安全级别，同时减少了人工检查的烦琐和错误率。此外，它还用于失踪人口查找、犯罪嫌疑人追踪等，极大地增强了公共安全维护能力。

2. 行为分析与异常监测

AI在视频监控中的应用远不止于识别个体，更在于分析人群行为和环境变化，以预防犯罪和安全事故。智能视频分析技术能够识别异常行为，比如徘徊、奔跑、打斗等，及时发出警报，使安保人员能够迅速响应。在商场、学校、银行等场所，这种即时的监测和预警机制对防止盗窃、暴力事件至关重要。

3. 声音识别与预警

除了图像识别，声音识别技术也在安防领域发挥作用。例如，在城市噪声监控中，AI可以识别枪声、紧急呼救声等异常声响，自动定位来源并触发报警。这对于快速响应紧急情况、缩短反应时间至关重要，尤其是在夜晚或人烟稀少的区域，能显著提高应急处理效率。

4. 预测性警务与犯罪预防

借助于大数据分析，AI可以帮助警方分析历史犯罪数据，识别犯罪模式和高风险区域，从而实施预测性警务。通过对大量数据的深度学习，系统能预测犯罪活动的可能性，指导警务资源的合理配置，达到预防犯罪的目的。这种前瞻性的策略转变，使得执法部门能够更加主动地维护社会治安。

5. 无人机与机器人巡逻

在某些偏远或危险地区，人工智能驱动的无人机和机器人正在成为安防巡逻的新选择。这些无人设备能够进行全天候监控，覆盖人类难以到达或不适合常驻的区域，如边境线、核电站周边、森林区域等。它们装备有高清摄像头、热成像仪等传感器，配合 AI 算法，能自动识别潜在威胁并实时反馈，大幅增强监控效能。

综上所述，人工智能在安防领域的应用极大地提升了安全防范的智能化、自动化水平，不仅增强了公共安全，还提高了应急响应的速度和准确性。随着技术的不断进步，未来"AI+ 安防"将会更加精细化、个性化，为构建更加安全、智慧的社会环境贡献力量。

在公安、交管领域，车牌识别是图像识别技术应用相对较早且成熟度相对较高的场景。目前，已广泛应用于公路收费、停车管理、称重系统、交通诱导、公路稽查、车辆调度、车辆检测等各种场合。

人工智能在安防领域的另一个典型应用是通过以大数据分析为代表的智能分析技术，实现舆情监控和恶性袭击事件预警。

第三章 跨境电商的运营模式与环境

第一节 跨境电商运营的概念

电子商务(E-commerce, EC)简单讲就是利用电子网络所进行的商品交易。我们认为,可以从以下角度展开电子商务概念:①电子网络主要是指电话线、计算机网络等;②商品包括有形商品,也包括无形商品;③从交易的功能来看,电子商务可包括利用电子网络进行信息展示、交易洽谈、合同签订、交易执行、售后服务及款项结算等全部商务过程;④从电子商务的效率看,电子商务带来了信息化及自动化的便利,节省商务成本。

跨境电子商务(Cross Border E-commerce)是在传统国际贸易及电子商务的基础之上快速发展起来的,虽然国内外一些政府机构、研究单位或大型平台企业对跨境电子商务给出了不同的定义,但从总体来看,大家对跨境电子商务的不同定义都在一定程度上反映了跨境电子商务的一些本质特征,如在形式上采用电子商务网络交易,在空间上表现为有跨国界(关境)的市场参与主体等。因此,我们可以将跨境电子商务定义为"分属不同关境的交易主体,通过跨境电子商务平台达成交易、进行支付结算,并通过跨境物流送达商品、完成交易的一种国际商业活动"。

一、跨境电商运营概念

(一)跨境电商交易者

简单地说,跨境电商交易者(Cross Border E-commerce Trader)就是分属"不同关境",从事或参与跨境电子商务活动的市场交易主体,主要包括以下几类。

第一类:直接参与跨境电子商务交易活动的买卖双方,主要包括企业、个人及政府等。根据买卖双方交易主体身份的不同,也可将跨境电子商务划分为以下几类。

①B2B模式。企业对企业的跨境电子商务。

②B2C模式。企业对个人的跨境电子商务。

③C2C模式。个人对个人的跨境电子商务。

④B2G模式。企业对政府的跨境电子商务。

第二类：跨境电子商务平台企业，如阿里巴巴、eBay、敦煌网、亚马逊及Wish等。

第三类：广义的跨境电商交易主体还包括与跨境电子商务有关的其他商贸服务业者，如跨境电子商务网络广告商、供应链整合服务商、境外推广服务商、图片及方案处理外包商、网络营销策划及代运营商等。

(二)跨境电商运营

运营(Operation)的实质在于全程的管理，因此跨境电商运营就是跨境电商参与主体对其所从事的跨境电子商务业务进行全面的计划、组织、实施和控制。广义的跨境电商运营是跨境电子商务各项管理工作的总称，还包括跨境电子商务产品推广的内容。

跨境电商运营同时也是传统市场营销学理念在跨境电子商务领域的运用，因此依据传统市场营销学"4P"理论及相关内容，跨境电商运营还可以包括以下核心内容。

1. 跨境电子商务的产品(Product)

其具体包括跨境电子商务产品定位策略、品牌策略、包装策略、产品组合策略、产品线延伸策略及新产品开发策略等。跨境电子商务的产品策略的原则是要根据境外消费者的需求提供相应的产品。

2. 跨境电子商务的价格(Price)

其实质就是跨境电商采取的定价策略，而定价取决于跨境电商自身的内在因素和外在因素两个方面，主要包括定价目标、产品成本、市场需求及竞争者产品定价等。相应地，跨境电商可以根据上述影响因素综合采用以"成本""需求""竞争"为导向的定价方法。

3. 跨境电子商务的渠道(Place)

传统企业渠道(分销策略)注重经销商体系及销售网络体系的打造，特别是线下经销商体系的培育需要花费高额的成本，而跨境电子商务在很大程度上脱离了传统线下网络销售体系，直接采用"跨境电子商务第三方平台"。因此，为了尽可能地拓展渠道，有实力的跨境电商往往会采用"多平台"运营策略。

4. 跨境电子商务的推广(Promotion)

推广也称促销，是促进产品销售的简称。传统的促销策略包括促销组合、人员推销策略及广告策略等。与传统营销推广相比，一系列跨境网络推广工具和方法的应用则是跨境电子商务推广的重要特点。

5. 跨境电商运营其他方面的策略性内容

如跨境电商自身的发展战略规划、跨境电子商务海外市场环境调查、海外网络消费者需求及行为分析、跨境电子商务目标市场的选择及竞争者分析等。

(三)跨境电商运营的特点

与传统国际贸易相比，跨境电子商务及其运营有明显的"电子商务"的特点，而与国内电子商务相比，跨境电子商务及其运营又有明显的"跨境"的特点。具体体现在以下几个方面。

1. 交易商品的虚拟性

与传统国际贸易和实体市场经营相比，跨境电子商务交易对象的商品在很多关键阶段是以网络虚拟的形式进行的，例如：重要的商品展示环节是通过数字化的图片展示和视频传输进行的；交易双方没有实际的人员往来和面对面的商务谈判，取而代之的是各种网络通信工具的应用（网络即时聊天或 E-mail 等）。虽然这些商品展示和商务往来在形式上是虚拟的，但其反映的交易对象的实物商品本身及买卖双方的需求却是现实生活中客观存在的。

跨境电子商务的虚拟性可以大大减少相应环节实物所需的资金投入，如没有必要进行实体店铺的装修、各种规格商品的陈列及销售人员的差旅费支出等。但是，电子商务对现实的虚拟化也需要一定的成本，比如优质图片的拍摄和处理、文字描述的编辑及网络店铺的装修等。

2. 交易范围的全球性

参与传统国际贸易的一个国家或地区，往往将某些国家或地区作为自身重要的贸易伙伴，传统的国际贸易企业的一些产品，也只销往一些特定的国家或地区。由于物流等因素的限制，国内电子商务交易一般只在本国范围内进行。而跨境电子商务则在一定程度上突破了各国"关境"，一个企业的产品可直接销往全球所有的国家或地区，企业或个人也可以在全球范围内进行跨境电子商务采购和消费。

因此，跨境电子商务为企业开拓全球潜在市场提供了可能，同时也为全球的消费者在全球范围内买到其满意的"价廉物美"的商品提供了一个有效的途径，这对跨境电子商务买卖双方来说是"双赢"。但我们应当注意到，由于距离的遥远及文化的差异，跨境电子商务的卖方了解买方的真实需求没那么容易。

3. 交易时间的快捷性

跨境电子商务突破了传统国际贸易渠道的限制，卖家推出的新产品，可以通过跨境网络平台快速进行展示，而买家也可以快速地了解这些产品，在无须长时间的商务旅途劳累的同时，避开烦琐的传统国际贸易交易流程和手续，轻松地制定订单并完成支付。在国际物流给力的情况下，跨境电子商务买家半个月后就可以收到自己期盼的产品。

跨境电子商务交易的快捷性大大提升了海外买家的体验，跨境电子商务网络消费似乎成了越来越多的海外买家的一种"生活习惯"甚至是"潮流时尚"。但我们还是要注意到，国际物流的速度是制约交易快捷性的重要瓶颈。因此，在国际物流成本相对高昂的情况下，选择合理的国际物流方式及合理地控制物流成本将是跨境电子商务卖家需要考虑的重要问题。

4. 交易主体的分散性

交易范围的全球性同时给跨境电子商务带来了交易主体的分散性，一个卖家的产品可以卖给全球的买家，同时，全球的买家也可以从全球的卖家那里购得商品。显然，买家和卖家都可能在全球范围内分散存在。在同质化竞争存在的情况下，对从事跨境电子商务的卖家而言，汇聚全球分散买家的"碎片化"的小额订单不是件容易的事情，因为各国买家在同类商品的定位、款式及价格等方面会存在不同的偏好。

但可喜的是，跨境电子商务买家的广泛性和分散性给那些提供"个性化"或"新颖化"产品的中小卖家提供了机会。避开同质化竞争的一些"新、奇、特"的产品，以及行业内较为偏门的"小众化"产品，似乎会有不错的销路。

5. 交易风险的特殊性

首先，各种第三方平台较为"规范"和"严格"的平台交易规则并不能完全避免跨境电子商务交易潜在的交易风险，在网络虚拟现实下，买卖双方的诚信问题依然存在，如假冒伪劣、恶意纠纷及虚假发货等。其次，国际物流的不稳定也是一个不可忽视的风险。再次，关税壁垒、技术壁垒等风险因素并没有在跨境电子商务中被消除。还有就是，各国间货币汇率的波动也有可能给跨境电子商务交易的双方造成潜在的损失。

跨境电子商务交易主体必须承受那些自身不可控制的风险。实际上，在跨境电子商务市场潜力依然巨大的情况下，那些诚信经营，具有一定产品研发能力及抗风险能力的卖家将会有不错的发展机会。

二、跨境电商平台

（一）跨境电子商务平台

电子商务平台是为企业或个人提供网上交易洽谈机会的平台。企业电子商务平台是在互联网上进行商务活动的虚拟网络空间和保障商务活动顺利进行的管理环境，也是协调、整合信息流、物资流、资金流有序、关联、高效流动的重要场所。

企业、商家可充分利用电子商务平台提供的网络基础设施、支付平台、安全平台、管理平台等共享资源有效地、低成本地开展自己的商业活动。

简单地说，跨境电子商务平台就是面向全球市场运作的电子商务平台。

(二)跨境电子商务平台的分类

根据交易主体身份的不同，可将跨境电子商务平台划分为以下几类。

1.B2C 企业对个人的跨境电子商务平台

这类平台的卖家一般是经过法定注册的企业，其买家是分散在全球的个体消费者，可以简单理解为企业在平台上开设网络店铺，从事全球范围的网上"零售业务"。这类平台中，最为典型的就是美国的"亚马逊"。近年来，虽然B2C平台的流量增长有所减慢（相比于C2C平台），但B2C平台作为国内或跨境电子商务平台的主流，依然是很多企业进行网上跨境销售的首选，也是许多中小卖家拓展网络销售渠道，从事"多平台运营"的选择。

2.C2C 个人对个人的跨境电子商务平台

C2C平台最重要的特征就是允许以个人的名义开设网络店铺，从事网上"零售业务"。比较典型的就是阿里巴巴的"速卖通"。"速卖通"平台于2010年前后上线，并于2013年前完成卖家和买家群体的快速集聚，有"2013年的速卖通就是2003年的淘宝"之说。然而在2013年之后，这类平台的卖家之间的竞争也更加激烈，但基于较低的进入门槛，C2C平台依然是众多"草根"跨境电子商务创业者的首选。

3.B2B 企业对企业的跨境电子商务平台

与B2C平台不同，B2B跨境电子商务平台的销售对象是海外企业买家，也可以简单理解为B2B跨境电子商务平台所从事的是全球范围的网上"批发业务"。比较有代表性的是阿里巴巴的"国际站"，其特点是具有较为严格的卖家准入条件，同时平台会对卖家收取价格不菲的会员费及运营服务费等。但由于平台强大的市场辐射能力，B2B跨境电子商务平台往往是那些具有明显产品优势的生产企业或具有丰富货源优势的传统外贸出口商拓展跨境电子商务市场的首选。

4.其他交易主体参与的跨境电子商务平台

以上B2C、C2C及B2B三种平台是当前跨境电子商务平台的主流，其他的国内电子商务平台，如B2G平台（企业对政府的交易平台）的跨境电子商务似乎没有能够快速发展。

三、跨境电商核心竞争力

国内跨境电子商务经历过一段"井喷式"发展时期，而前文中列举的跨境电子商务巨头由于成立时间较早，或多或少地从国内这一波跨境电子商务的发展中获益，各平台卖家的业务也发展迅速，出现了一个又一个"白手起家"式的个人跨境电子商务创业者。

(一)跨境电商"红利期"的结束

在平台方面,从2013年开始,陆续有更多的企业从事跨境电子商务,有的做跨境平台,有的做跨境延伸业务,其中不乏新生代创业创新型公司。例如,做B2C跨境自采模式的蜜淘、蜜芽宝贝、洋葱淘,做C2C买手模式的洋码头、海蜜,从社区延伸至电商业务的小红书,从物流切入的笨鸟海淘、街蜜,从视频直播切入的波罗蜜等。

在卖家方面,草根卖家"狂欢"式的跨境电子商务"盛宴"似乎不再,在过去几年中积累大量利润的跨境电商玩家纷纷觉得日子越来越难过,随便选一个跨境B2C平台,从国内电子商务供货商那里弄些产品来卖,甚至从淘宝等电子商务平台拿货转卖并能挣美元的可能性变得微乎其微。显然,在同一个跨境电子商务平台,大量涌入的竞卖者导致了价格竞争,蚕食了卖家的利润空间,而不断出现的跨境电子商务新平台除了瓜分老平台卖家的流量之外,并不能显著拓展老卖家的销售渠道。

在形式上,跨境电子商务创业是从认识跨境商务平台开始,然后在跨境电子商务平台的操作中展开,最后在售后服务及进货的过程中增长实力。

通过几个轮回,我们可以总结过去成功的经验,主要是以下几点。

①选对一个(或几个)跨境电子商务平台。过去成功的一些跨境电子商务卖家往往会庆幸于选择了某某平台。实际上,各种跨境电子商务平台在过去几年中,在功能和运作模式上基本是相通的,平台间最大的差别是各自的定位不同,比如有的是B2B,有的是B2C,有的是批发,有的是零售……除了功能及定位上的不同之外,各种跨境电子商务平台在本质上并没有明显的区别,即为海外买家和国内卖家提供一个网络化的交易环境。

②独到的选品。过去成功的一些跨境电子商务卖家往往会得意于自己"眼光独到",选择了某某产品,并迅速将其"打造"成"爆款"。但实际上,"爆款"的寿命是短暂的,重新打造新的"爆款"似乎变得没那么容易。

③对平台功能的"精耕细作"。过去的卖家可以依靠精细的产品页面编辑、售后服务、平台活动及店铺装修等得到回报,但现在看来,这些"精耕细作"只是"基本功"。

(二)跨境电子商务竞争者分析

在过去几年,跨境电子商务这种新型的交易方式快速体现了其价值,海外消费者可以通过跨境电子商务获得满意而且价格低廉的产品,企业也可以快速将自身的产品推向海外市场。因此,人们往往会沉浸在跨境电子商务带来的业务创新

"红利"和"狂欢"中,错误地以为这种"互联网+"的新型跨境电子商务交易模式的运用本身就可以成为企业或个人的核心竞争力。

但时至今日,管理者应当清醒地认识到跨境电子商务本身显然不足以形成所谓的核心竞争力。首先,跨境电子商务的应用并不具备"稀缺性",也就是说大家都可以采用跨境电子商务这种交易方式。其次,跨境电子商务通常是"可替代"的,至少不同跨境电子商务平台之间可以互相替代,甚至传统交易渠道和跨境电子商务本身在一定程度上也可以互相替代。最后,跨境电子商务这种交易模式更为透明,特别是大量跨境电子商务的前期成功模式可能会被轻易地"模仿"。

1. 跨境电商主要竞争者分析

可以预见的是,跨境电子商务行业将会很快进入高度的市场竞争阶段。跨境电子商务大大小小的卖家将要面对来自大量新卖家的加入、客户讨价还价、产品更新和替代、上游供货商及现有跨境电子商务卖家五个方面的竞争,即跨境电子商务竞争的五力模型,如图3-1所示。

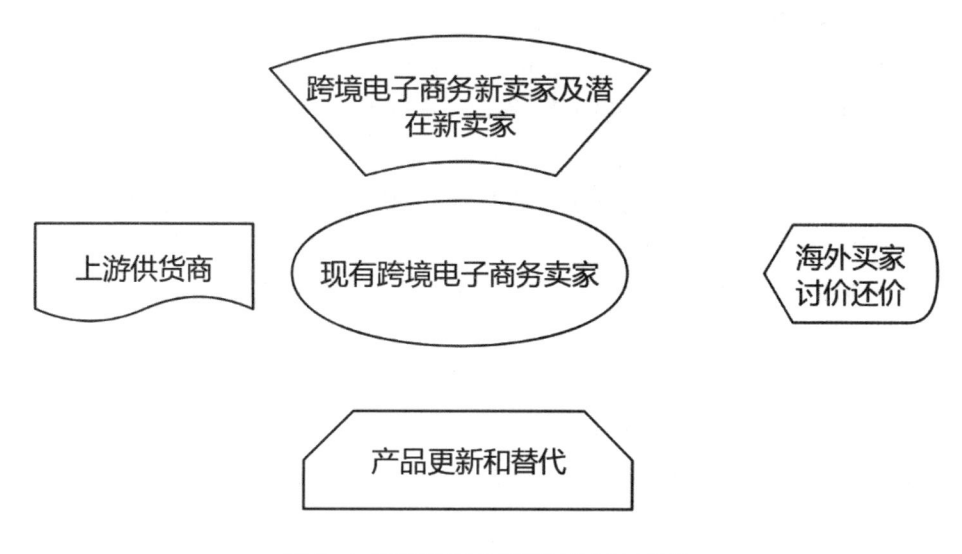

图3-1 跨境电子商务竞争的五力模型

当前,在跨境电子商务行业,以上五个方面的竞争主要有以下特点。

(1)客户地位及特点

跨境电子商务客户(买家)更趋理性和成熟,众多海外买家分散于全球各地,对产品有着较多差异化的需求,与传统渠道相比,其购买批量较小,对价格也相对敏感,利用跨境电子商务渠道,买家可以方便地找到产品,在国内品牌国际影响力有限及国际网络品牌缺失的情况下,海外买家对国内品牌的认同力有限。对B2B买家而言,由于跨境电子商务信息更为透明,海外跨境电子商务批发买家可以获得更多的利润，对更低成本和价格的替代产品有较大的兴趣。

（2）较小的行业进入障碍

对跨境电子商务新进入者来说，行业进入成本和障碍相对较小，甚至可以零成本地加入跨境电子商务卖家之列。以跨境B2C为例，当前卖家的主体是大量的中小卖家，其规模相对较小，在没有新产品开发及生产能力的情况下，很多卖家可能会在同一时间出售供应商提供的现成的同质化的产品，品牌差异不明显。大多中小卖家缺少供应链整合的能力，难以获得绝对的成本优势。

（3）国内供货商的地位

国内诸多传统生产型企业往往成为跨境电子商务供货商的角色。由于跨境电子商务卖家数量较多，加上进货批量小，批次较多，跨境电子商务供货商为了应对以上跨境电子商务卖家的需求，将渠道进行扁平化处理，接受大量跨境电子商务卖家的小批量采购（甚至单件代发），但增加的生产成本及销售成本开始向跨境电子商务卖家转移，批发价格也有一定程度的提高。

（4）产品更新和替代

跨境电子商务产品的更新速度非常快，国内出现的新产品、国外流行起来的新产品或由卖家研发的一些新产品，很快就会在跨境电子商务平台上产生交易。一开始，刚更新的产品售价往往较高，但随着新产品销量的提升，替代品或仿制品很快就会出现，加上买家对低价格的偏好，替代品或仿制品的价格会急剧下降。

2. 跨境电子商务企业的竞争层次

面对海外买家的需求、大量同质卖家的加入、产品更新和替代及上游供货商的策略等，跨境电子商务企业要想赢得海外买家的青睐，在跨境电子商务市场竞争中胜出，必须有强于同行的竞争优势。跨境电子商务大量卖家之间就形成了不同的竞争层次，即拼价格、拼技术、拼标准、拼品牌和拼价值（价值链控制能力）五个从低级到高级的层次，如图3-2所示。

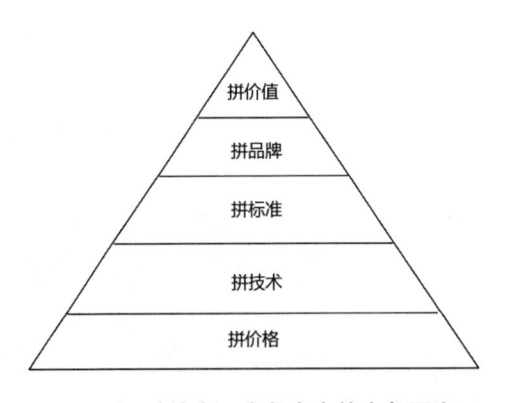

图3-2 跨境电子商务卖家的竞争层次

（1）拼价格

这是一种最低层次的竞争，大量跨境电子商务中小卖家，由于拥有的资源有限，面对同行竞争，只能以较低的价格来吸引海外买家。更为严重的是，由于跨境电子商务潜在竞争者加入的障碍较小，卖家之间很可能会造成恶意的价格竞争，损失大部分利润。

（2）拼技术

为了避免陷入恶性的价格竞争，很多跨境电子商务卖家会在相关操作技术上加大投入，如美化产品图片、提高产品编辑质量及进行店铺装修等。精美的个性化的产品图片、布局合理的网络店铺效果及精准的产品展示，可以在很大程度上提升卖家的形象及买家的信任度。

（3）拼标准

一些快速成长起来的跨境电子商务大卖家，会形成强有力的跨境电子商务运营团队，其在海外市场分析、国内产品供应采购、产品图片拍摄、产品上传及编辑、平台的选择及平台操作、物流管理及售后服务等方面实行分工合作及标准化管理。这种标准化的跨境电子商务操作提高了效率，降低了运营成本，同时在很大程度上屏蔽了大量中小卖家的竞争。

（4）拼品牌

随着竞争的加剧，少数跨境电子商务卖家开始尝试创建国际网络品牌，将跨境电子商务标准化的运营和取得的海外买家的良好信誉和口碑通过网络品牌的形式进行固化和加强。但创建国际网络品牌并不是一件容易的事情。首先，品牌在海外的影响力的积累往往是一个长期过程。其次，由于不同国家或地区文化上的差异，海外买家对新创的网络品牌并不认同。最后，传统线下品牌的上线，与网络新创品牌形成直接竞争。

（5）拼价值

拼价值是跨境电子商务最高的一个竞争层次。少数有实力的跨境电子商务卖家形成了具有良好国际声誉的网络品牌，拥有完善的跨境电子商务销售渠道，产品销量总规模巨大，同时打通了产品价值链的大部分环节，并能有效地对价值链进行控制，获得产品上下游的一系列战略合作伙伴，并形成对自身有利的价值分享机制。

从以上跨境电子商务的五个竞争层次可以看出，虽然高层次的竞争者可以在一定程度上避免低层次的不利竞争，却不能完全避免，因此，高层次的竞争包含了低层次的竞争。竞争层次越高级，参与竞争的跨境电子商务卖家的规模和实力越强，采用的竞争手段和内容越丰富。

最后，从竞争格局和结构来看，会形成相对稳定的跨境电子商务领导者（占有40%左右的市场份额）、跨境电子商务挑战者（占有20%左右的市场份额）、跨境电子商务跟随者（占有20%左右的市场份额）和跨境电子商务弥补者（占有10%左右的市场份额）。

（三）跨境电子商务企业竞争战略

竞争战略（Competitive Strategy）最早由美国哈佛大学的"竞争战略之父"迈克尔·波特提出。根据迈克尔·波特的竞争战略理论，和传统企业一样，跨境电子商务卖家的利润也将取决于跨境电子商务同行之间的竞争、行业新产品及替代品的竞争、供货商及海外买家的议价竞争，以及潜在卖家的加入五个方面的共同影响。

面对跨境电子商务的竞争，卖家采取的竞争战略实质上就是为了提供具有同一使用价值的产品，在竞争上采取的进攻或防守行为。当前，大量跨境电子商务卖家往往会采用"价格战"的方式进攻竞争对手，但这种方式在打压对方的同时，也会给自身的利益造成同样程度的损害。因此，根据迈克尔·波特的竞争战略理论，跨境电子商务卖家正确的竞争战略主要有以下几种。

1. 成本领先战略（Overall Cost Leadership）

跨境电子商务卖家的成本领先战略就是要努力降低产品的采购成本，以在大量卖家参与的低价竞争中，取得合理的利润，维持竞争优势。这样在较为极端的价格条件下，由于具有低成本优势，竞争对手无利可图时，还可以获得部分合理的利润。

要做到成本领先，跨境电子商务卖家必须采取较为严格的成本管理措施，在每个可能降低成本和费用的环节实行责任到人，特别是需要加强和供货商的合作，关注产品的生产和库存，降低产品生产消耗及不合理的库存积压成本等，必要时采取新工艺及新材料。

2. 差异化战略（Differentiation）

差异化战略，又称"别具一格"战略。实质上就是企业提供的产品或服务别具一格，独具特色。别具一格的产品或服务在功能、款式及外观等方面具有一定的创新和特色。如果成功实施差异化战略，企业就可以在很大程度上避开价格的恶性竞争，在行业中赢得超额利润，同时提升用户对企业产品（或品牌）的感受、评价和忠诚度。

在跨境电子商务市场中，产品更新和换代的速度很快，大量潜在买家对新产品有着巨大的购买力。差异化战略要求跨境电子商务卖家具有一定的市场反应能力和产品研发能力，针对海外买家的需求和偏好，快速推出更新的产品。

3. 集中化战略（Focus）

集中化战略，又称目标集中战略、目标聚集战略或专一化战略。集中化战略是指企业根据自身的条件，将目标消费群体和目标市场进行细分后，主攻某个特定的顾客群体、特定的产品（或产品系列）或某个特定地区市场的一种策略。采取这种策略的企业集中"优势兵力"，以更高的效率为某一狭窄的战略对象提供更好的服务，在所集中的目标领域超过一般的竞争对手，并取得超额利润。

跨境电子商务产品的种类和规格非常丰富，海外买家的消费习惯和消费层次也千差万别，不同国家和地区买家的文化和产品偏好也有明显的差异。因此，跨境电子商务卖家大范围地交易自身不熟悉的产品将会陷入不利的竞争地位；相反，如果能了解不同地区海外买家的细分需求，采用集中化战略，则可以取得不错的效果。

（四）跨境电商企业核心竞争力

核心竞争力是指一个企业（或个人、组织、国家等参与竞争的主体）能够长期在竞争中获得竞争优势的能力。企业"核心竞争力"的识别标准主要有以下四个。

1. 价值性

企业核心竞争力的核心在于实现顾客价值。对消费者而言，这体现在产品或服务所带来的使用价值和效用；对企业而言，则体现在以较低成本提供这些产品或服务。因此，通过工艺创新显著降低成本、利用新材料提升产品质量、通过管理创新提高服务效率和顾客满意度，都能为企业带来竞争优势。

2. 稀缺性

企业的核心竞争力应当具有稀缺性，即只有少数企业拥有。比如，企业的某项生产工艺的创新，大大降低了生产成本，在这项新的生产工艺只有少数几家甚至是独家采用的情况下，这项新的生产工艺本身就可能是企业的核心竞争力，但当大多数企业都采用这项新工艺后，就很难再说它是企业的核心竞争力了。

3. 不可替代性

通常，企业的竞争对手应当无法通过其他能力（或途径）来替代企业的核心竞争力。如果企业采用的某项技术、方法或措施等，其竞争对手可以通过其他可替代的技术、方法或措施达到同样的效果。例如，企业采用了A技术，竞争对手采用了B技术，而A技术和B技术在成本和效果上并没有明显的差异，那么A技术和B技术就是可替代的技术，也就不能被认为是企业的核心竞争力。

4. 难以模仿性

某项能力虽然短期内为企业所特有，但如果可能较容易地被竞争对手模仿，那么这项易被模仿的能力也不是企业的核心竞争力。例如，企业采购某台先进的新设备来提高生产效率和降低生产成本，其竞争对手也可以从这台设备的供应商那里采购这台新设备；企业使用的新材料，其竞争对手也可以轻易地在市场上找到等。这种情况下，由于可以被轻易地模仿，采用的新设备或新材料并不能长期给企业带来竞争上的优势。

通过以上企业"核心竞争力"的四个识别标准不难看出，企业的"核心竞争力"实际上是企业所拥有的能够长期战胜竞争对手的一系列能力的集合。企业的"核心竞争力"往往不是某项单一的技术或产品，为了获得"核心竞争力"，企业需要在产品研发、技术革新、品牌运营、市场推广及组织管理等方面采取综合的多元化的途径。

四、打造跨境电商的核心竞争力

为了与竞争对手开展长期的竞争，跨境电子商务卖家有必要分析自身在整个跨境电子商务市场竞争中的角色和定位，不断提高自身的竞争层次，制定合理的竞争战略，以在长期的跨境电子商务竞争中形成自身的核心竞争力。跨境电子商务核心竞争力的构建可以从以下几个方面来考虑。

（一）海外买家的需求及跨境电商市场环境

为了解海外买家的需求，跨境电子商务卖家常常会对特定的国家或地区开展市场调研，但实际上，对比国内市场，海外市场调研执行起来相对困难，因此，跨境电子商务卖家可以通过第三方调研报告来侧面了解海外买家的需求。值得关注的是，跨境电子商务平台提供的需求及交易数据可以有效反映海外买家的需求信息。另外，一些成功卖家的经验也可以在一定程度上反映海外买家的需求规律。

跨境电子商务市场环境主要包括以下两部分内容。

1. 卖家自身的内部环境

例如管理制度、财会会计、产品研发、人才技术、采购及供应链等。

2. 企业外部的国内外市场环境

例如国内外跨境电子商务相关的宏观政策及法规，跨境电子商务的中间商及顾客，海内外跨境电子商务相关的竞争者及公众力量，决定跨境电子商务市场细分的各国人口、地理、家庭、收入、经济及社会等方面的宏观因素等。

（二）跨境电商市场细分及市场定位

跨境电子商务市场细分就是以海外买家的需求的某些特征和变量为依据，区分不同海外买家群体。

1. 跨境电商市场细分

跨境电子商务市场细分的标准主要有以下几类。

(1)地理环境因素

在跨境电子商务海外市场,如俄罗斯、美国、欧洲及东南亚等市场中,由于国家或地区自然及经济情况存在差异,产品种类及档次须细分。

(2)人口因素

年龄、婚姻、职业、收入、受教育程度、国籍、民族等各种人口统计变量,都会在一定程度上影响市场细分。

(3)消费者心理及行业因素

心理因素包括个性、购买动机、价值观、生活格调等,而行为因素包括买家参与跨境电子商务的程度、购买频率、偏好程度等。买家的生活方式有"传统型""新潮型""奢靡型""活泼型""社交型"等,需要特别指出的是,跨境电子商务网络购物已经成为全球年轻一代的新型的生活方式,新一代年轻人追求个性化的"新潮型""活泼型"或"社交型"消费。

2. 跨境电商市场定位

跨境电子商务市场定位(Marketing Positioning)是指根据现有卖家(竞争者)在跨境电子商务市场细分中的地位,以及海外买家对某些产品某些属性的关注程度,为这些买家提供与众不同、个性鲜明的产品。因此,产品"差异化"是跨境电子商务的根本策略。跨境电子商务进行市场定位具体来说有以下三种方式。

(1)避强定位

避开强有力的竞争对手,找到市场细分的空当。这种方式往往最为有效。

(2)对抗性定位

选择与那些有实力的跨境电子商务卖家相同的市场细分和定位策略,实行"针锋相对"的竞争。这种策略虽然风险巨大,但一旦成功就会取得巨大的市场份额。

(3)重新定位

在跨境电子商务运营过程中,经常会遇到销路不好、海外买家反馈差的产品,这就需要卖家重新进行市场定位(二次定位),在产品的款式、价格及功能等方面进行局部的调整,甚至重新更换产品及产品线。

(三)跨境电商竞争者分析及竞争战略原则

跨境电子商务竞争者分析能够让卖家知道自身的优势和劣势,正所谓"知己知彼,百战不殆"。

1. 跨境电商竞争者分析

跨境电商竞争者分析的主要内容包括以下几个方面。

(1)竞争者识别

识别哪些企业是自身现实及潜在的竞争者。实际上,跨境电子商务现实和潜在的竞争者是极其广泛的。

（2）了解竞争者的能力、战略和目标

了解竞争者的整体实力、垄断地位、成本结构、业务范围、一体化策略等。

（3）评估竞争对手在面临竞争威胁时的反应

预测竞争对手面对竞争行为可能作出的反应，如反应迟钝或没有反应、有选择性的回应、迅速而强烈的反应、捉摸不透的随机型反应等。

2. 跨境电商竞争战略原则

跨境电商的竞争战略主要包括成本领先战略、差异化战略和集中化战略。虽然跨境电子商务市场竞争状况在不断地发生改变，但应对的竞争战略原则却万变不离其宗，跨境电子商务卖家必须运用相应的战略原则去应对跨境电子商务市场竞争的变化，主要有以下七个原则。

（1）创新原则

跨境电子商务卖家应当根据市场的需求提供创新的产品。创新的产品的形式是多样的，包括产品的功能、品种、花色、款式、规格、外形等。

（2）质优原则

提供的产品质量应当优于竞争对手。值得注意的是，产品质量的优秀并不仅仅包括产品功能正常、产品的用料或工艺的考究等，实际上，产品质量是指产品能够满足买家的各种需求的属性的总和，因此，产品创新和产品服务也是产品质量的组成部分。

（3）廉价原则

一般情况下，在质量和档次相同的情况下，跨境电子商务买家对廉价的产品具有更明显的偏好。因此，面对同质化的竞争，卖家应当主动降低销售价格，提升销量。当然，廉价策略要和有效的成本（主要是生产成本和销售成本）控制策略相结合，以防止恶性的价格竞争。

（4）技术原则

技术可以应用于生产、销售或管理的各方面。例如，一项新设备的运用可以大大降低产品的生产成本；一个产品编辑刊登软件的运用，可以大大提高跨境电子商务日常操作的效率；一项管理制度的创新，也可能会降低跨境电子商务的运营费用等。

（5）服务原则

与其他销售方式相比，跨境电子商务的服务水平更为重要。售前，高质量的服务有利于买家充分了解产品的各种性能和属性，取得买家的信任；售中，高水平的库存、包装及物流可以保证卖家的运作效率，同时也可以提升买家的体验；

售后，买家问题的及时响应和纠纷的有效解决，对于吸引更多后续的购买至关重要。

（6）速度原则

跨境电子商务市场需求变化很快，因此，能够根据市场需要快速进行新产品的投放也非常重要。快速的新产品投放，有利于卖家抓住市场的"空档"，形成"独家供应"的局面，迅速打开销路，在市场竞争中抢占有利的位置。

（7）推广原则

在跨境电子商务市场，"流量"决定一切，卖家应当利用各种有效的推广工具，实现有效的引流，提高产品的曝光量，提高企业产品的知名度，树立良好的形象。推广方式一般分为网络推广和线下推广，其中，网络推广是主要的手段，包括站内推广和站外推广等。

(四)跨境电商市场营销组合策略

在跨境电子商务的激烈竞争中，有很多竞争因素是不可控的，如海内外买家的需求、国际市场的宏观环境和政策、竞争者的行为和反应等。对于这些因素，卖家只能做到全面地了解，但其不可能因卖家的行为而发生根本性的变化。跨境电子商务市场营销组合策略就是根据对上述不可控因素的了解，调整那些卖家可控的主要因素（4P，产品、价格、渠道和促销），采取相应的策略，以更好地满足消费者的需求。

1. 产品策略

产品是跨境电子商务运营中最重要也是最基本的要素。跨境电子商务卖家必须首先考虑提供什么样的产品来满足海外买家的需求，对于跨境电子商务中小卖家来说，最基本的"选品"问题实质上就属于产品策略的范畴。产品策略还需要卖家从产品的整体概念（除了产品的基本效用和利益，还有产品的形式、卖家期望的产品、延伸产品及潜在产品等）来考虑，跨境电子商务产品策略的具体内容包括跨境电子商务新产品开发策略、产品组合策略，以及生命周期策略等。

另外，品牌及包装策略也是跨境电子商务产品策略的重要内容，具体包括网络品牌的内涵和设计策略、品牌组合及统分策略、品牌推广及保护策略。跨境电子商务产品的包装有其特殊的规律和要求，具体体现在运输包装及销售包装两个方面。

2. 价格策略

价格是影响跨境电子商务成交的最活跃的因素。跨境电子商务价格策略就是卖家根据影响价格的因素，通过一系列定价方法（如以成本导向或需求导向的定价方法），制定一个买家可以接受的合理价格，以获得合理的利润。

跨境电子商务市场竞争情况的变化，直接影响卖家对定价基本策略的运用。另外，产品的价格不是一成不变的，卖家可以根据实际情况适当地降价或提价，或根据促销及推广计划，进行阶段性的降价，来提高销量和产品的影响力。

3. 渠道策略

跨境电子商务渠道是指在某产品通过国际电子商务平台的交易后，直至最终被送到消费者手中这一过程中，对这个过程有所帮助的所有企业或个人。与传统外贸分销模式相比，跨境电子商务渠道的特点就是渠道的"扁平化"，甚至面对的海外买家就是最终的消费者。

跨境电子商务渠道策略就是卖家对整个跨境电子商务渠道中的所有企业或个人所采取的相应策略，具体包括跨境电子商务平台的选择、跨境电子商务批发或零售策略，以及跨境电子商务物流策略等。

4. 促销策略

促销是促进产品销售的简称，也称推广策略。对跨境电子商务卖家而言，传统线下推广的地位显得不再那么重要，而一系列网络推广的应用则成为跨境电子商务卖家制胜的法宝。

而跨境电商线上推广的重点是充分利用各种平台提供的站内推广工具，运用有效的站外推广策略，构建立体化的跨境电商"引流"渠道，从而提升产品的曝光量，在提升交易量的同时，进一步提高产品的知名度及卖家声誉、口碑等。

（五）跨境电商运营的计划、组织和控制

显然，制订一个全面合理的运营计划，是跨境电子商务卖家能力的重要体现。跨境电子商务的运营计划的重要内容包括事先应当预见的机会，优势与威胁，计划完成后应当取得的阶段性目标，以及完成各项计划目标应当采取的战略选择。

跨境电子商务的运营组织实际上是制订和实施跨境电子商务运营计划的职能部门。跨境电子商务的运营组织的设置必须确保精干有效。

实际上，跨境电子商务的运营计划在后续的执行过程中会偏离。这种偏离可能是由意外事件引起的，也可能是由计划本身的不合理引起的，而跨境电子商务的运营控制的任务则是对这种偏离有效地进行纠正。

（六）跨境电商运营人才及团队

为摆脱"拼价格"的低层次竞争，跨境电子商务卖家必须拥有大量的技术型和操作型人才以及有效的运营规划团队，包括文字翻译、产品拍摄、图片处理、网页美工等技术型人才，产品上传及编辑、物流管理及售后服务等操作型人才，海外市场分析、产品研发与设计、国内产品供应采购、海外产品推广等运营人才。具

有更强竞争力的跨境电子商务卖家还会引入产品网络品牌运营方面的人才。

人力资源直接关系到跨境电子商务卖家的核心竞争力。在当前跨境电子商务人才稀缺的情况下,跨境电子商务企业可以根据企业的战略发展规划,设计跨境电子商务运营的组织架构,采用内部培养跨境电子商务人才的策略以充实内部人才架构和梯度,完善人才的激励机制以加强运营团队的建设。

第二节 跨境电商运营的模式

一、跨境电商出口主要运营模式

按跨境电子商务买卖双方的身份分类,跨境电商平台分为B2B、B2C及C2C三种基本类型。其中,B是指卖家企业(Business),C是指消费者个人(Customer)。值得注意的是,这样的划分并不是绝对的,有的跨境电子商务平台,其卖家或买家可以同时是企业或个人。

按跨境电子商务平台的运营方分类,跨境电子商务分为第三方平台模式和自营平台模式。跨境电子商务第三方平台的网络平台是由买卖双方之外的第三方搭建,而自营平台则相反,即跨境电商平台由卖方或买方(通常是卖方)搭建和运营。跨境电子商务平台的开发、运营和维护需要较高的技术水平,同时其推广、运营和维护的成本非常高昂,因此,一般情况下企业以自建或自营平台来开展跨境电商并不划算,对中小卖家来说尤其如此。

按跨境电子商务平台所提供的功能和服务分类,跨境电商平台分为信息服务(产品展示)平台和在线交易(网络购物)平台。通常,跨境电商信息服务平台并不关注交易的很快达成。大宗跨境交易在达成之前,买卖双方的相互了解和谈判非常重要,跨境电商信息服务平台实际上起到了给买卖双方"牵线搭桥"的作用。

另外,跨境电商运营模式还有一种划分方式,那就是跨境电商出口和跨境电商进口。目前我国跨境电商出口交易规模远超进口,但实际上跨境电商和传统国际贸易一样,在进出口之间有一种趋于平衡的力量,由此可预见的是,跨境电商进口将会以更快的速度增长。

(一)跨境电商第三方平台模式

跨境电商第三方平台由买卖双方之外的独立第三方构建和运营,其功能就是为跨境电商买卖双方（特别是中小企业或个人用户）提供一个公共平台来开展跨境电子商务。

1. 跨境电商第三方平台的分类

按终端用户类型（买卖双方的主体身份）的不同，跨境电商第三方平台可以分为 B2B、B2C 和 C2C 等主要模式。

（1）B2B 跨境电商第三方平台

国内典型的 B2B 跨境电商平台卖家一般以企业为主，如产品生产企业、外贸公司等，而买家则以海外较大规模的采购商为主，如海外批发商或零售商。从交易的总规模来看，B2B 在跨境电商行业中占主导地位。据统计，目前国内 B2B 跨境电商市场交易规模占跨境电商交易总规模的 60% 以上。

代表性平台：中国制造网、阿里巴巴国际站及环球资源网等。

（2）B2C 跨境电商第三方平台

B2C 和 B2B 的主要区别就是 B2C 的买家以海外最终个人消费者为主，实质就是跨境电子商务零售。

代表性平台：敦煌网、速卖通（Ali Express）、兰亭集势（Light In The Box）、米兰网及大龙网等。

（3）C2C 跨境电商第三方平台

C2C 跨境电商平台的卖家主要是国内个人（或个体户），而买家则是海外最终个人消费者。实际上，目前大部分 B2C 和 C2C 跨境电商平台同时向个人及企业卖家用户开放。值得关注的是，B2C 和 C2C 在最近 5 年以惊人的速度增长，其交易额占跨境电商交易总额的比例不断升高。

代表性平台：速卖通、eBay、Wish 等。

按跨境电商平台提供的功能或服务的不同，跨境电商平台可以分为在线交易（网络购物）平台和信息服务（产品展示）平台。

①跨境在线交易第三方平台。

目前人们熟知的跨境电商平台大部分属于在线交易平台。为了完成整个交易过程，在线交易平台除了为卖家提供产品详细展示功能外，还提供产品搜索及对比、在线沟通工具、网络订单制作及支付、物流服务及信息跟踪、售后服务及评价等完成在线交易所需的全部功能。

代表性平台：速卖通、eBay、敦煌网、炽昂科技（Focal Price）、大龙网及米兰网等。

②跨境信息服务第三方平台。

信息服务平台的核心功能是卖家产品信息的集中展示。通常，跨境信息服务平台并不关注交易的很快达成。在大宗跨境交易达成之前，买卖双方的相互了解和谈判非常重要，跨境信息服务实际上起到了给买卖双方"牵线搭桥"的作用。在买卖双方通过跨境信息服务平台建立前期联系和沟通之后，完成交易的一些重要环节，如合同签订、物流运输或售后服务等，还是以传统的线下方式进行的。

代表性平台：环球资源网、阿里巴巴国际站及中国制造网等。

2. 跨境电商第三方平台的盈利模式

跨境电商第三方平台由买卖双方之外的独立第三方构建和运营，平台运营方一般不在平台上直接销售产品，而跨境电商平台的前期搭建、运营维护和海外推广需要较高的成本和费用。因此跨境电商第三方平台会向卖家收取会员费、交易佣金或增值服务费等。

（1）会员费用

根据会员的级别，很多B2B跨境电商第三方平台每年向卖家会员收取一定数额的会员费。例如，阿里巴巴国际站"出口通"会员的基础服务费用一般是29800元/年，中国制造网国际站"金牌会员"的基础服务费报价为31100元/年等。一般来说，只有成为上述平台的付费会员后，卖家才能查看海外买家的关键需求信息。

（2）交易佣金

与B2B不同的是，为了吸引大量中小企业及个人卖家，大多数跨境B2C和C2C平台不会向卖家收取高昂的会员费用，但会根据交易订单的金额向卖家收取一定比例的交易佣金。例如：速卖通和敦煌网的交易佣金的费率一般是5%，而eBay的交易佣金的费率相对较高，根据产品所在行业和类目的不同，一般为7%～13%。

（3）增值服务费用

大型平台掌控海量的流量入口资源，可采取选择性的引流措施来帮助企业进行产品推广（站内推广）。例如，速卖通的"直通车""橱窗推荐"，阿里巴巴国际站的"外贸直通车""橱窗产品""关键词搜索排名"和"顶级展位"等。

另外，平台可以利用自身的实力和资源为卖家提供金融、技术、人才、培训及认证等方面的增值服务。例如，阿里巴巴国际站的"网商贷""检测认证平台""阿里招聘""阿里通行证"等，其增值服务费根据企业选定的服务项目和平台提供的服务套餐确定，金额为数万元甚至十几万元不等。

（4）其他收费项目

其他收费项目主要包括在线结算费用和产品刊登费等。一般来说，在跨境电商平台上刊登产品是免费的,但有的平台在卖家上传产品的文字和图片等信息超过一定的数量时,会收取一定的产品刊登费用。

3. 跨境电商第三方平台的优势

与自营平台相比,跨境电商第三方平台一般由具有一定实力的第三方来投资、管理和运营,其在功能、流量、用户成本及效率等方面具有明显的优势。

(1)角色和地位优势

跨境电商第三方平台实际上充当了促成交易达成的媒介角色,并且处于第三方的"中立公正"地位,一般不会明显偏袒于买家或卖家,加上平台运营方往往有一定知名度和实力,所以容易获得海外买家的信任,快速聚集人气,并形成网络流量的"马太效应"。

(2)功能优势

跨境电商买卖双方交易需求广泛,跨境电商第三方平台为了吸引大量用户,在功能设计上相对完善。买家的商品搜索和浏览、订单制作和支付、后期的反馈和评价与卖家的产品上传和展示、在线沟通洽谈、订单处理、物流服务、在线结算及库存管理等,都可以通过平台提供的相应功能来完成。

(3)流量优势

跨境电商平台之间的竞争,实质上是流量的竞争。大型跨境电商第三方平台由于具有很高的知名度,每天有大量直接访问的用户。除此之外,负责任的跨境电商第三方平台还会花费巨额的推广费用,来增加网站的知名度和访问量。

(4)用户成本优势

卖家如果"自立门户"建立平台网站,就需要投入不菲的网站开发及维护费用、网站推广及运营费用等。对于大多数中小企业来说,自建网站是"吃力不讨好"的事。虽然跨境电商第三方平台会向卖家收取一定费用,但与自营平台的巨额开支相比,跨境电商第三方平台所收取的费用甚至可以被认为是"微不足道"的。

(5)用户效率优势

一般来说,自建网站需要一个比较长的建设周期,企业自建网站知名度的上升及流量的积累也需要较长的过程。而通过跨境电商第三方平台,卖家只要提供有竞争力的产品,通过一系列标准化的平台操作,即可快速将自身的产品推向全球市场。

(二)跨境电商垂直自营平台模式

与综合性平台不同,垂直网站将注意力集中于某些特定的领域或某种特定的需求,提供有关这个领域或需求的全部深度信息和相关服务。作为互联网的亮点,垂直网站正引起越来越多人的关注。一般认为，垂直网站提供的产品或服务比综合性平台更加专业。

与跨境电商第三方平台不一样的是，跨境电商垂直自营平台由卖方根据自身的业务特点和发展需要搭建和运营。一般认为，跨境电商垂直自营平台要求卖家具有较强的行业认知能力和业务拓展能力。

1. **跨境电商垂直自营平台的概念**

随着电子商务网络平台技术的成熟，一些实力强、技术高的外贸企业开始搭建自营跨境电商平台，并将平台的业务重点放在自身专长或资源丰富的行业及品类上，这种平台就是垂直自营跨境电商平台。

2. **跨境电商垂直自营平台的盈利模式**

（1）产品采购成本的优势

跨境电商垂直自营卖家专注于熟知的特定产品领域，对产品行业的深度了解以及和供应商的合作，再加上这些产品领域销量规模的提升，带来的是产品采购的规模优势。显然，对供货商而言，跨境电商垂直自营卖家可以带来长期稳定或潜在的销量，其乐意为此提供品质稳定及价格到位的产品。实际上，平台和供货商之间分享了在各自专长产品领域销量提升带来的规模效益，结果则是平台能够以更低的成本获得相关产品，同时供货商也可以获得更多的利润。

（2）产品销售的溢价优势

同样，由于跨境电商垂直自营卖家专注于熟知的特定产品领域，其出售的产品具有一定的特色，质量更好、款式更新或功能更强，更容易取得海外买家的信任，其能够取得一定程度的销售溢价。值得一提的是，卖家还可以将自身产品的特色以网络品牌的形式加以固化，进一步赋予丰富的网络品牌内涵，增强买家购物的"黏性"，最终在销售上获得更多的"品牌溢价"。

实质上，跨境电商垂直自营平台打通了产品供货商和海外买家之间的所有环节，形成了垂直化的跨境产品供应链体系和分销体系，而这个供应链体系以跨境电商垂直自营平台的运营为核心。

3. **跨境电商垂直自营平台的优势**

对于实力较强的外贸企业来说，摆脱跨境电商第三方平台的束缚，建设和运营属于自己的跨境电商垂直自营平台，在以下几个方面具有明显的优势。

（1）成本上的节约

成本上的节约，实际上是大型外贸企业自建平台的根本动力。B2B 或 B2C 跨境电商第三方平台的卖家需要交纳一定数量的会员费（往往是交易额的一定比例），而自建平台也需要高额的平台搭建、运营和推广等方面的费用。两害相权取其轻,大型外贸企业在其目标交易额超过一定的水平之后,往往会采取自营平台的策略。

(2)业务的专业化

跨境电商垂直自营平台往往把业务锁定在自身的优势领域,关注特定买家群体的需求,所提供的产品和服务更加专业,以树立企业产品形象,打造卖家网络品牌,增加海外顾客购物的"黏性"。如果将第三方平台比作"百货商店",那么垂直自营平台就是"专卖店";如果将第三方平台的大量中小卖家比作"个体户",那么垂直自营平台的卖家就是"品牌制造商"。

(3)界面和功能独特

与第三方平台几乎"千篇一律"的网店布局不同,自营平台可以根据企业所在的行业和产品特点、产品定位及风格、买家群体偏好等因素自行确定平台的功能和界面,实现买卖双方的个性化需求,突出产品的特色。

(4)避免第三方平台日益激烈的市场竞争

在跨境电商第三方平台上,众多卖家往往会陷入商品同质化的竞争。平台卖家之间为了争得平台有限的总流量,往往需要投入不菲的广告费和推广费在站内引流。在第三方平台,广告引来的流量并不一定意味着订单的转化,即对于同质化商品而言,在提高订单转化率上,高流量不如低价格。

(5)自主设定平台推广方案

跨境电商自营平台方可以向特定的市场区域或群体,以特定的方式,如搜索引擎、网络社交媒体等,推广自身平台的独立域名(IP 地址)、独特的产品定位和风格等,引来的流量将直接访问自己的网站,而流量的提升一般也意味着订单量的同比例上升。更为重要的是,由于买家较高的购物"黏性",自营网站的阶段性集中推广还会给站点带来较为持续的后续直接访问量。

(三)跨境电商"B2C+O2O"运营模式

过去一段时期,大多数跨境电子商务模式似乎在形式上脱离了传统的外贸分销体系,特别是对海外零售终端的依赖越来越少。但实际上,庞大的传统海外零售终端的物理网络体系依旧存在,并具有相当的人气。因此,充分利用传统的外贸分销体系及其海外零售终端,会进一步提高跨境电子商务的效率。

1. 跨境电商"B2C+O2O"模式的概念

O2O(Online-to-Offline)的概念最早来源于美国,是指"将线下的商务机会与互联网结合,让互联网成为线下交易的平台"。实际上,O2O 的概念非常广泛,从广义上来说,凡是同时涉及线上和线下的电子商务模式似乎都可以被称为 O2O。因此,"B2C+O2O"本质上在于"O2O",之所以提到"B2C+O2O",主要是基于以下两点。

①"B2C+O2O"中的"B2C"是指O2O模式线上部分所采取的一些模式和做法，如产品或服务的在线展示和支付等，和B2C类似。

②"B2C+O2O"中的"O2O"则是指O2O模式对买家线下服务和购物体验的重视，同时强调对传统零售终端等线下渠道资源的充分利用。

2. 跨境电商"B2C+O2O"的盈利模式

典型的跨境电商"B2C+O2O"模式一般由海外买家，B2C跨境电商网络平台，零售终端、展厅及仓库等线下网点组成，可以取得三方多赢的效果。

（1）对海外买家而言

利用线下网点，海外买家可以在跨境电商"B2C+O2O"模式中方便地查找和对比符合其需要的产品并快速地下单和完成支付；在下单之前，可以获得商品实物的试用体验；在下达订单之后，可以更快捷地拿到商品；在产品的使用过程中，可以获得重要的使用指导及退换货等售后服务。

（2）对服务平台（或卖家）而言

由于消费者可以在O2O的零售终端、展厅及仓库等线下网点进行实际体验及接受服务，因此，平台可以汇聚大量高黏度的买家，进而可以吸引大量的商家（卖家）资源。在集聚大量买家及卖家的人气后，自营平台可以在商品的交易中直接获利。"B2C+O2O"模式的搭建，让卖家以最小的投入实现对海外线下网点资源的利用，减少渠道成本，提高买家的线下的实际体验，增加销量。特定细分市场领域的订单交易的集中和海外线下网点的支持，可以实现物流的规模化运作，加快商品的投递速度等。因为拥有了特定海外消费者的流量资源，非自营的B2C跨境平台也可以通过为其O2O卖家提供各种增值服务来获得利润。

（3）对线下网点而言

O2O模式利用了很多商家的线下资源，如连锁专卖门店、零售超市、产品展厅及快递仓库等网点资源。拥有这些线下网点资源的商家也可以在O2O模式中获得业务量的提升。首先，线下网点的商家收集的消费者的购买数据，至少可以帮助超市了解消费者的需求，进而做到精准营销。其次，线下服务网点，实际上也可以充当卖家，在O2O平台上出售产品，增加利润。再次，线上资源增加的顾客流，也会给线下网点的商家带来更多的销量。最后，相对传统线下卖家而言，线下网点的商家在选址上可以避开繁华商业区，减少场地成本。

3. 跨境电商"B2C+O2O"模式的优势

综上所述，跨境电商"B2C+O2O"模式最大的优势来自其线上及线下业务的完美整合，其具体特点和优势如下。

①跨境电商"B2C+O2O"模式几乎包含了一般网络购物的所有优点，如跨边界、

集聚海量产品及需求信息、方便的在线产品浏览及对比与订单制作及支付等。

②由于对传统线下网络和渠道进行了充分利用和整合，在成本付出相对较低的情况下，跨境电商卖家可以利用线下资源提升产品的销量。

③购物前，海外买家可以通过实体网络渠道体验产品的用途和性能，通过网络的搜索比对，加深对产品的了解，也可以快捷地完成网络订单的制作和支付，还有重要的一点是，消费者还可以通过线下接受更为全面的售后服务。

④与传统渠道销售相比，通过在线跨境电商平台的数据收集和整理，卖家可以对消费者的需求进行全面的评估和预测，对渠道推广的效果进行更为直观的评价和反馈，减少传统营销活动效果的不可控性。

⑤跨境电商"B2C+O2O"模式线下实体也可以在跨境电子商务的发展中获利，可以将"B2C+O2O"模式引来的客流转化为自己的顾客，增加自身产品或服务的销量。

⑥买家可以及时了解和掌握产品的促销信息，避免由于信息不对称而购买到价格虚高的商品。

⑦在物流运作方面，由于线上及线下垂直运营，特定产品领域的销量增长带来了物流运作效率的提升，和线下物流配送网络的合作实现了物流的适度规模化运作，能在降低物流成本的同时提高产品的配送时效。

二、跨境电商进口主要运营模式

近年来跨境电商进口发展迅猛，逐渐形成了一些典型的跨境电商进口模式，并取得了不错的业绩。目前，可识别和分析的跨境电商进口模式主要有海淘、海外代购、直发或直运、自营B2C进口、跨境导购及闪购模式等。下面我们就来整理和归纳这些跨境电商进口的主要模式。

虽然特定电商平台所采用的运营模式可能是多样化的，但通常仍会有比较强的模式定位倾向性。因此，下面我们将依据特定平台在现阶段的主要定位将其归入相应模式。另外，由于目前每种模式下的玩家众多，我们在每一类模式下只选取了少数几个较有代表性的玩家加以举例说明。

（一）海淘模式

海淘可以说是最早出现的一种跨境电商进口模式，海淘的典型流程是：国内消费者直接在海外（境外）B2C电商网站上搜索选购产品（在线用信用卡或PayPal账户完成支付），然后由海外电商网站的卖家以国际快递直邮给国内买家，或由转运公司代收货后再转运给国内买家。

(二)海外代购模式

海外代购简称"海代",其最原始的方式是通过在海外的或经常出入境的亲戚朋友的帮助来购买国外的指定产品。现在随着电子商务的发展,各种通过网络实现"海外代购"的方式迅速发展,比较典型的有海外代购平台模式和微信朋友圈模式。

(三)直发或直运平台模式

直发(Drop Shipping),原本指的是外贸行业供应链管理的一种方法,即零售商在无商品库存的情况下,把客户订单和装运要求发给供应商,而供应商直接将商品发给最终客户。而在电子商务情况下,直发被更为广泛地应用。

(四)自营 B2C 进口模式

所谓自营,就是平台方充当卖家的角色,或反过来说,卖家充当平台方的角色。一些海外跨境第三方平台,看到某些行业有巨大的潜在的利润,往往会自己组织货源,并在自己的平台上叫卖;而一些实力强、技术高的外贸企业或发展壮大起来的网络卖家等,在自身专长或具优势资源的产品及行业领域,自建跨境电子商务平台,以出售相应的产品。显然,跨境电商自营模式采取的是 B2C 模式。

(五)跨境导购平台模式

"导购"从字面理解,就是引导顾客促成购买的过程。在跨境进口电商领域,由于对海外产品缺乏深入的了解,国内买家往往对海外产品心存疑虑,而导购平台则通过在线展示、详细介绍及用户体验等形式,消除潜在买家的各种疑虑,从而促成买家的购买行为。

(六)海外商品闪购模式

这里讲的"闪购"主要指的是"限时限量抢购"。海外商品闪购则是在海外购物网站(一般是B2C)上,卖家把特价商品(一般是原价的1～5折)提供给平台会员进行限时限量的抢购。"闪购"的另外一层含义是"方便"和"快捷",即买家无须像在"海淘"及"海外代购"等跨境电商进口模式中那样,耗费大量的时间和精力。海外商品闪购可以实现方便快捷的购物。

三、跨境电商发展新趋势

(一)跨境电子商务海外仓

"海外仓",顾名思义就是在海外其他国家建立的商品存储仓库。随着跨境电商的快速发展,商品跨境配送的数量猛增,建设海外仓是提高商品跨国配送效率及降低配送成本的重要方法。

（二）本土化运营

本土化运营可以克服跨境电子商务环节多、周期长及情况复杂等缺点，其实质是为了提高买家的购物体验，在海外推出的一系列产品或服务。

1. 跨境电商本土化运营的主要内容

跨境电商的本土化运营是一个内容较为宽泛的范畴，其主要内容有以下几点。

（1）本土化产品

跨境电商本土化运营先要求产品的本土化，也就是提供在功能、款式及规格等方面符合海外本土消费需求和习惯的产品。最为典型的是服装，除了在款式和色彩等方面要符合海外特定区域的文化之外，尺寸及规格等也要符合相应的习惯或标准。

（2）本土化服务

在跨境电子商务中，本土化服务的主要内容有本土化物流和本土化支付。

先将大量商品发往海外仓，可以实现产品仓储、配送及退换货等物流服务的本土化运营。由于大幅度提高了跨境电商卖家的发货速度，用户体验显著提升，海外仓是当前优势卖家本土化运营的主要抓手。

除了 PayPal 及国际支付宝等海外支付方式，为海外买家提供当地更为流行或便捷的支付方式也是跨境电商本土化的重要内容。例如，方便的信用卡支付方式可以普遍提高购买率，采用俄罗斯的 WebMoney、加拿大的 AlertPay、澳大利亚的 Paymate 和英国的 Moneybookers 及 Ukash 等本土化的网络支付方式，也是提高当地买家订单转化率的重要途径。

2. 跨境电商本土化运营的困难

虽然跨境电子商务的本土化运营在很大程度上提高了海外买家的体验，但实现跨境电商的本土化运营并非易事。

首先，囿于现有产品生产及采购系统，在很难准确了解海外消费者需求的情况下，国内产品供货商为海外特定市场区域的买家提供定制化的产品具有更大的风险，不如直接在跨境电商平台上出售国内现有产品来得方便。

其次，海外仓并不适合大量国内中小卖家，其可能造成的海外产品库存积压风险及资金周转问题也困扰着国内大部分外贸电商。

最后，由于涉及国内外跨境电商平台之间的竞争及跨境跨行复杂结算，国内卖家也往往只能采用有限的几种网络支付方式，单独采用目标市场流行的网络支付方式困难重重，如速卖通只能采用国际支付宝等。

(三)小语种市场

"小语种"从字面上理解就是只有少数国家和地区或少数人口使用的语言。对于小语种的界定,一般认为是,除联合国通用语种(汉语、英语、法语、西班牙语、俄语、阿拉伯语)外的所有语种。当前大部分主流跨境电子商务平台采用的是英语,因此,对国内外贸出口电商而言,小语种则是指除英语(和汉语)之外的所有其他语言。

1. 小语种市场的优势

兰亭集势和速卖通等平台都开通了10种以上语言版本的网站,足以证明他们对本土化的重视。使用小语种开展跨境电子商务,也是跨境电商本土化运营策略的重要内容之一,具有以下明显的优势。

(1)更多的潜在客户群

虽然英语在全世界的通用程度较高,但是对于具体的某个母语非英语的国家或地区而言,其母语的使用更为普及,因此,使用该地语言开展跨境电商会拥有更多的潜在客户群。

(2)更高的订单转化率

使用目标市场的语言,比使用英语有更高的订单转化率。比如,对俄罗斯买家而言,如果平台提供的商品页面使用俄语,显然,在全面理解商品的重要信息上,会比使用英语更为容易,有利于消除买家的顾虑,进而提高订单转化率。

(3)避免国内卖家的同台竞争

大部分小语种国家和地区都有当地本土化的电子商务平台,国内卖家入驻小语种国家和地区当地的平台,可以在一定程度上避免大型跨境电商平台的价格竞争。早期进入小语种市场的跨境电商卖家,可以通过构建自有品牌等方式,对市场后来者形成一定的竞争壁垒。

2. 开展小语种市场的困难

成功开拓跨境电商小语种市场,关键还在于为买家提供优质的服务,但要真正"伺候"好海外小语种国家和地区的潜在买家,对国内跨境电商卖家来说有着诸多挑战和困难。

(1)大量的小语种翻译工作

大量产品的SKU需要进行精准的小语种翻译。显然,Google及百度等在线翻译工具不能胜任,而国内能够胜任产品SKU小语种翻译工作的人才也是凤毛麟角。

(2)国内小语种人才

在上述前期的产品SKU翻译、客户沟通及后续的售后服务环节中,均需要大量小语种人才,而且售后服务环节需要客服人员掌握更高的小语种应用水平。在国内高水平小语种人才短缺的情况下,许多卖家开始在当地招收本土小语种员工开展上述翻译及售后服务工作。不管是在国内招收小语种员工还是在目标市场招收小语种员工,小语种人才的成本都是昂贵的。

(3)小语种本土化的服务

在小语种国家和地区,一方面其对跨境电商进口往往有更为严格或具体的法律法规限制;另一方面其买家对网购体验有更高要求。"搞定"这些,要求跨境电商卖家针对小语种市场修炼"内功",不断提高服务水平。

(4)市场容量的不确定性

一个小语种市场经过一段时间的开发之后,最终的市场容量并不非常确定。对于一些中小企业来说,投入大量的人力和物力可能存在较大的市场风险。因此,在开发小语种跨境电商市场之前,有必要进行适当的市场调研和评估。

第三节 跨境电商海内外市场环境

跨境电商作为一种全新的贸易方式,逐渐为世人所接受,并开始成为一种消费习惯。在全球范围内,不同国家和地区的跨境电子商务发展水平是不一样的,有的国家跨境电子商务的发展水平高、交易量大,但也有很多新兴的跨境电商市场。

每个发展起来或正在发展中的海外跨境电子商务市场,在市场的规模、消费习惯、产品定位等方面,都有其自身的特点。显然,关注和把握这些特点,有助于跨境电子商务运营策略的制定。

大部分国家和地区对跨境电子商务的发展持欢迎和支持的态度,但在具体的政策和力度上可能存在差别。在跨境电子商务的具体运营过程中,我们很有必要及时关注目标市场国家或地区的跨境电商发展政策。

一、国内市场

(一)政策支持

中国政府对跨境电商的扶持政策体现在多个维度,旨在打造一个更加开放、便利的营商环境。例如,政府设立的跨境电商综合试验区,目前覆盖了全国多个城市。这些试验区享受包括税收优惠、简化报关流程、快速退免税等在内的特殊政策,大大降低了企业运营成本和时间成本。此外,政府还推动建设跨境电商公共服务平台,提供一站式通关、支付、物流解决方案,促进了跨境电商规范化、标准化发展。国家还鼓励创新服务模式,比如支持海外仓建设,为跨境电商企业提供境外仓储、分拨、配送等一站式物流解决方案。

(二)基础设施完善

中国的电商生态系统在全球范围内处于领先地位,阿里巴巴、京东、拼多多等电商平台的崛起,为跨境电商提供了丰富的线上销售渠道。物流网络方面,顺丰、中通、圆通等快递公司的高效服务,以及菜鸟网络、京东物流等综合物流解决方案提供商,构建了覆盖国内外的快速物流体系。支付系统的先进性尤为突出,支付宝、微信支付等第三方支付工具不仅在国内普及,也在向海外扩张,为跨境电商交易提供了安全便捷的支付手段。此外,云计算、大数据等技术的应用,进一步提升了跨境电商的运营效率和服务质量。

(三)市场需求旺盛

随着生活水平的提高和消费升级趋势,中国消费者对高质量、特色进口商品的需求日益增长,尤其是在健康食品、母婴用品、高端化妆品、科技电子产品等领域。跨境电商平台如天猫国际、考拉海购等,通过直接引进海外品牌和产品,满足了这部分消费需求,推动了进口跨境电商的快速增长。此外,年轻一代消费者对国际潮流文化的追求,以及对个性化、定制化产品的需求,也促使跨境电商不断丰富商品种类,提升服务体验。

(四)数字化转型加速

面对全球数字经济浪潮,中国传统外贸企业正积极拥抱数字化转型,通过建立独立站、入驻跨境电商平台等方式,拓宽国际市场销售渠道。数字化转型不仅限于销售渠道的拓展,还包括供应链管理、产品设计、市场营销等多个环节的数字化升级,如运用大数据分析消费者行为,实现精准营销;借助云计算优化库存管理,提升供应链反应速度等。政府也在通过培训、补贴等形式,鼓励和支持企业提升数字化能力,以应对国际贸易的新挑战,抓住跨境电商带来的新机遇。

二、海外市场

(一)市场多样性

海外市场覆盖全球多个国家和地区,每个市场都有其独特的文化和消费特征。例如,欧美消费者倾向于重视产品品质和品牌故事,而东南亚市场则可能更看重性价比。支付方式上，信用卡在欧美地区广泛使用，而亚洲市场则偏好电子钱包如PayPal、Alipay等。物流体系方面，欧洲市场因国家众多、地理分散，物流成本和时效成为重要考量；而在北美，消费者往往期待快速甚至是次日达的服务。此外，不同国家的法律法规差异显著，如欧盟的《通用数据保护条例》（GDPR）对数据保护的严格要求，要求跨境电商企业在处理用户信息时必须遵守当地规定。因此，企业进入海外市场前需深入研究，制定符合当地特色的市场策略。

(二)贸易规则与壁垒

国际贸易环境复杂多变，跨境电商企业需时刻关注全球贸易规则的变化，特别是主要经济体如美国、欧盟的贸易政策调整，如关税变动、贸易协定更新等，这些都直接影响商品的进出口成本和市场准入条件。知识产权保护也是跨境电商中常见的挑战，企业必须确保产品不侵犯他人的专利、商标权，同时也要保护自己的知识产权免受侵害。此外，一些国家对特定类型商品（如食品、化妆品）有严格的进口限制和认证要求，企业需要提前做好合规准备。

(三)技术与创新

海外市场，尤其是发达国家，电商技术发展迅速，AI、大数据、云计算等前沿技术被广泛应用于市场分析、个性化推荐、供应链管理、客户服务等各个环节。例如，AI可以帮助分析消费者行为模式，实现精准营销；大数据可以优化库存管理和预测市场需求；云计算则能提升系统灵活性和数据处理能力。因此，跨境电商企业要想在海外市场竞争中脱颖而出，必须具备较强的技术整合能力，利用技术手段提升运营效率和客户体验。

(四)消费者偏好

海外市场消费者对产品品质、品牌故事、可持续性等方面的重视程度日益增加。品质的维度不仅仅包括产品本身的耐用性、性能，还包括包装、环保材料的使用等。品牌故事和文化共鸣也是吸引消费者的关键，讲述品牌背后的故事、价值观，能够与消费者建立情感联系，增强其品牌忠诚度。可持续性方面，环保意识的提升使得越来越多的消费者倾向于选择那些承诺可持续生产、低碳排放的品牌。跨境电商企业需深入研究目标市场的消费者偏好，通过定制化产品、绿色包装、透明供应链等方式，精准定位，满足消费者需求。

三、行业发展趋势

(一)数字化与个性化

随着大数据、人工智能技术的成熟，跨境电商行业正逐步向高度数字化和个性化方向发展。企业通过分析消费者的购物历史、浏览行为、社交媒体互动等大数据,利用 AI 算法模型,可以精准描绘用户画像,推送个性化的营销内容,创造个性化购物体验。这不仅能显著提高用户体验,增加用户黏性,还能有效提升转化率和客户终身价值。例如,AI 推荐系统可以学习用户的喜好和需求,适时推荐相似或互补商品,甚至预测未来购买意向,提前布局营销策略。

(二)供应链优化

在全球化背景下,跨境电商供应链的优化成为提升竞争力的关键。企业通过采用先进的物流技术和管理工具,如区块链、物联网(IoT)技术,实现实时库存监控、智能路由规划、自动化仓储等,大大缩短物流时间,提高库存周转率,降低运营成本,同时,通过建立灵活的供应链网络,如多渠道采购、分布式仓储策略,更好地应对市场波动,确保供应链的稳定性和韧性。

(三)跨境支付便捷化

跨境支付的便捷化是推动跨境电商发展的重要动力。随着金融科技的进步,如数字货币、移动支付、即时支付解决方案的普及,消费者可以更方便快捷地完成跨国交易,降低货币兑换成本和时间延迟,提升交易安全性。此外,跨境支付平台也在不断优化用户体验,提供多语言支持、汇率透明化、便捷退款等服务,进一步降低支付障碍,促进国际贸易的无缝对接。

(四)合规性重视

随着跨境电商市场的发展,各国政府对跨境电商的监管日益加强,尤其是在税务合规、数据保护、消费者权益保护等方面。企业需要深入研究目的地国家的法律法规,确保交易过程合法合规,避免因不合规而产生的罚款、诉讼风险。例如,欧盟的《通用数据保护条例》(GDPR)对个人信息处理有严格要求,企业需建立完善的数据保护机制,增强用户信任。此外,合理规划税务策略、利用自由贸易协定等优惠政策,也是企业降低成本、提升竞争力的有效途径。

(五)品牌出海

中国品牌在全球市场的影响力日益增强,越来越多的企业通过跨境电商平台将产品推向世界,利用数字营销策略提升国际知名度,形成独特的品牌效应。这不仅涉及产品本身的创新和质量提升,还涉及品牌故事的国际化表达、社交媒体营销、KOL 合作、海外线下体验店开设等多种品牌建设方式。成功的品牌出海案例不仅能够带来直接的销售增长,更能长远提升中国品牌的国际形象和价值,实现从"中国制造"到"中国创造"的转变。

综上所述,跨境电商企业需要密切关注国内外市场的最新动态,利用政策优势,适应市场变化,不断创新和优化自身运营策略,以在竞争激烈的环境中保持竞争力。

第四章 跨境电商的产品、店铺与商机

第一节 产品发布与管理

一、产品发布规则

(一)产品发布的规则

①确保产品合法且符合平台规定:发布的产品应遵守国家法律法规、平台政策及行业规定,不能发布违法、违规、侵权等不良信息。

②产品信息真实准确:发布的产品信息须真实、准确,不得虚假宣传、误导消费者。

③产品不得涉及敏感信息:避免涉及政治、种族歧视等敏感话题。

④尊重他人知识产权:不得侵犯他人的商标、专利、著作权等知识产权。

⑤不得发布重复或相似的产品:避免批量发布重复或相似度过高的产品,以免降低搜索排名。

(二)跨境电商产品发布原则

①类目的准确性。确保产品分类准确,方便用户搜索和浏览。选择合适的类目,有助于提高产品曝光度和转化率。

②标题的准确性。标题应简洁、明了,准确地描述产品。避免使用不相关的词汇、过多的修饰词或重复字符。有针对性地使用关键词,提高搜索排名。

③关键词的相关性。关键词应与产品本身密切相关,有助于提高产品在搜索结果中的排名。避免使用无关或过于泛泛的关键词。

④属性的完整性。填写完整的产品属性,如尺寸、颜色、材质等,便于用户筛选和对比。完整的属性信息有助于提高产品的专业性和用户的购买意愿。

⑤图片的匹配。上传清晰、高质量的产品图片,展示产品细节。避免使用不

相关或与实际产品不符的图片。如有可能,提供多角度、多场景的图片,以便用户全面了解产品。

⑥模板逻辑性。使用合适的模板,组织产品信息,使其条理清晰、逻辑性强。合理安排文字、图片、表格等元素,提高产品页面的美观度和易读性。

⑦交易物流信息准确性。提供准确的发货地点、运输方式、运费等物流信息。选择合适的运输方式,保证物流服务的时效性和可靠性。提供详细的交易条款,规范交易过程。

⑧特色服务可选性。根据产品特点和行业需求,提供相应的特色服务,如定制、售后服务等。

二、产品发布的流程

(一)常规的产品发布页面的功能布局

跨境电商常规的产品发布页面的功能布局一般包括以下几个部分:
①产品基本信息,包括产品标题、关键词、产品类别、属性等。
②产品描述,包括产品详细描述、图片和视频。
③价格与库存,包括产品价格、最小起订量、供货总量等。
④运输与物流,包括发货地点、运输方式、运费等相关信息。
⑤交易条款,包括付款方式、货币类型、贸易条款等。
⑥其他信息,如产品认证、包装细节、售后服务等。

(二)页面视觉布局一般要遵循的原则

①简洁清晰。整体页面结构要简洁明了,便于用户快速了解产品信息。合理安排文字、图片、表格等元素,避免过度堆叠和杂乱无章。

②层次分明。通过合理使用标题、分隔线等元素,构建清晰的层次感,使用户能够轻松地在各个部分之间进行切换和阅读。

③信息醒目。突出重要信息,如产品名称、价格、图片等,引导用户关注。使用合适的字体大小、颜色和排列方式,保证信息的可读性。

④色彩搭配。选择和谐的色彩搭配,使页面视觉效果舒适、美观。避免使用高对比度、刺眼的颜色,以免令用户产生视觉疲劳。

⑤适应性布局。考虑不同设备和浏览器的显示效果,采用响应式布局,确保页面在各种设备上的显示效果良好。

⑥用户友好。注重用户体验,提供易于操作的界面,如清晰的按钮、明确的提示信息等。同时,确保页面加载速度快,避免用户等待过长。

⑦一致性。页面布局和设计风格应与整个网站保持一致,以便用户在使用过

程中形成统一的认知。同时,遵循行业和平台的设计规范,提高产品页面的专业性。

遵循以上原则,有助于构建视觉效果良好、易于使用的产品发布页面,从而提高用户体验和购买转化率。

(三)产品发布的具体流程

一般来说,产品发布的流程包括以下几个阶段:

1. 熟悉产品

熟悉产品是为了更准确地发布产品,准确认识产品有助于搜集产品关键词属性,避免网站产品信息与实际特性产品不符,同时也能精准提炼产品的优势、卖点,提升网站专业度。

2. 搜集信息

搜集信息是为了便于后期高效地发布产品。发布产品所需的资料包括图片信息(如产品主图、产品细节图、生产流程图、应用场景图、公司团队展示、工厂、车间、合作伙伴、证书等)和文字信息(产品属性、产品优势特性描述、交易信息、公司实力介绍、业务员联系方式等)。应分类整理好对应图片及产品信息表。

3. 选择类目

产品类目用于产品的归类,错放类目将导致买家流失,准确选择产品类目是发布产品的重要步骤。要根据类目的填写要求进行选择,不要放错,避免放在Others类目下。类目放错会降低信息相关性,从而影响搜索结果,若放在Others类目下,买家在类目浏览时将无法找到次产品。选择准确的类目很重要。类目是国际站搜索匹配的重要因素,也是向买家清晰展现专业度的重要标尺,选择正确产品类目的方法如下。

①通过浏览类目,选择合适的类目。

②输入产品的核心关键词,搜索类目,选择其中合适的类目。

③通过"您经常使用的类目",选择合适的类目。

④在www.alibaba.com搜索关键词,单击产品名称,在产品详情页面左上角可以看到同行的产品类目,然后选择适合自己的类目。

4. 确定产品关键词

产品关键词即产品名称的中心词,是对产品名称的校正,便于系统快速识别匹配买家搜索词。

(1)关键词的搜集方法

①参考平台首页搜索栏下拉框。在平台首页的搜索栏中输入相关词汇,下拉框会显示热门搜索词,这些词汇通常是买家常用的搜索关键词,可以作为参考。

②参考同行产品内页的底部推荐关键词。查看同类产品的详情页,底部通常

会有推荐关键词，这些词汇往往与卖家的产品密切相关，可以借鉴使用。

③参考发布产品时的关键词下拉框。在发布产品时，平台会根据卖家输入的产品名称给出相关关键词建议，这些关键词通常与卖家的产品有很高的相关性。

④参考参考 EN 数据管家。EN 数据管家是一款提供关键词分析、产品优化建议等功能的工具，可以帮助卖家找到与产品相关的高搜索量、低竞争的关键词。

⑤参考 RFQ 商机。查看平台发布的 RFQ（Request for Quotation）商机，从中了解买家使用的关键词，有助于更好地匹配买家需求。

⑥参考引流关键词。引流关键词是指能够吸引潜在客户点击并进入产品页面的词汇，可以通过平台内的广告投放工具或站外的引流渠道获取。

⑦参考 P4P 关键词工具。P4P（Pay for Performance）关键词工具可以帮助卖家分析关键词的搜索热度、竞争程度等，为卖家的产品选取合适的关键词。

⑧站外找词。卖家可以利用站外的搜索引擎、社交媒体等渠道，查找与产品相关的关键词，了解市场需求和关键词趋势。

（2）关键词筛选（确保每个关键词与产品匹配）

一个产品会有很多相关的关键词，但并不是所有关键词都可以拿来使用，关键词筛选主要依据以下四个方面（以阿里巴巴国际站为例）：

①覆盖率高。客户通过搜索关键词能够搜索到产品，关键词覆盖越多，关键词覆盖率越高，就越容易搜索到对应产品。关键词覆盖率 = 采用的关键词个数 ÷ 搜索的关键词个数。

②搜索指数高。关键词搜索指数是指某产品被访客搜索的次数指标，数值越大搜索热度也越大。在阿里巴巴国际站后台"数据管家"可以找到关键词指数。

③对应产品排名靠前。关键词搜索指数、产品质量分、店铺活跃情况等因素都会影响产品排名。

阿里巴巴国际站后台的"排名查询工具"可以直接检测使用了该关键词的产品排名情况，选择能让产品排名靠前的关键词比选取搜索指数高的关键词重要，因为排名决定了曝光量。

④避免侵权。阿里巴巴国际站严禁使用未经品牌方授权的品牌词、协会名称等作为关键词，需要关注店铺主要销往国的商标、著作权等知识产权问题，避免侵权。

总的来说，分为四步：首先，确定核心主打产品（确定词干）；其次，确定与产品高度匹配的核心关键词，采集与该核心关键词相关的关键词；再次，剔除与自己行业产品不相关的关键词（Excel 筛选工具，文本筛选，剔除不相关属性）；最后，前台验证（第一页自然排名下，根据产品主图及产品属性判断 70% 以上产品相符,则该关键词可以使用)。关键词搜集筛选完成之后形成关键词库。

(3)关键词库的制作与整理(以阿里巴巴国际站为例)

①找原始词。我们整理关键词库时,不论是去阿里后台收集词还是去其他地方收集词,都需要先给系统一个词,系统才能返回给我们想要的词。所以,给系统下达拓词指令的原始词,亦叫元词,是整理词库的开始。

在确定原始词时,我们可以直接确定几个英文叫法,或者根据中文叫法进行翻译。原始词的数量无须太多,但一定要准确,叫法上不能出现偏差。通常只需要准备三五个原始词就可以了。

当我们准备了几个原始词之后,我们需要对其进行拓展。可去收集一些拓展的谷歌词、小语种词、阿里热搜词等关键词,然后进行挑选,来对原始词库做一个补充。这一步的拓词并不是真正意义上的拓展更多关键词,而是用来补充忽略的、尚未想到的更多类型的描述性叫法。建议最终确定的原始词数量最多不要超过15个,10个以内最佳。

整理好原始词后,需要对词进行一遍排查,以确保我们用于拓展输入的原始词准确无误。一旦源头出现问题,拓展的词越多,后期整理的难度就越大。

②拓展词。原始词整理完毕,接下来即可据此拓展更多的关键词。拓展关键词的渠道有很多。这里只建议从两个渠道拓展关键词。一个是数据管家的热门搜索词,一个是PC和无线端的下拉词。

因为这两个渠道的关键词数据是根据站内的搜索行为而生的,数据相对准确,参考意义较大,并且拓展的词也足够多。当然,如果时间充裕,也可以通过更多的渠道进行关键词拓展,只是时间的使用效率可能会变低。

5. 优化标题

(1)产品标题的作用

网店运营有三件事情需要卖家关注:一是要有流量;二是流量引进来之后要有转化率;三是有了流量和转化率之后,产品要能及时供给。因此,流量是基础,也是最重要的一个环节。站内流量是流量的主要组成部分,主要来源方式有搜索、推荐、活动、直通车广告等。而产品标题的好坏直接影响搜索的结果,其作用有以下几点:①客户通过好的标题信息,再结合主图信息即可迅速判断这是否是自己需要的产品;②搜索引擎抓取产品的第一要素就是标题,所以标题承载着被搜索锁定的重要任务;③与产品相关性高的标题,能使客户获得更加友好的购物体验。

(2)标题优化注意事项

想要获取尽可能多的流量,产品标题优化时需要注意以下事项。

①要能恰如其分地表达你的产品卖点。标题和类目属性要能对产品进行准确的描述；标题的关键词既要是可能带来流量的词，还要符合平台的规则，不能出现堆砌词、侵权词；标题的关键词不能与品牌词、产品词冲突。

②要符合国外买家的搜索习惯。有些卖家的产品是直接通过"搬家工具"从别的平台上传到新平台的，产品的标题是通过默认翻译软件翻译过来的。这种标题存在两个方面的缺点：第一，它不符合国外买家的搜索习惯，很难被买家搜索到；第二，通过翻译软件得到的标题毫无特色，雷同性强使其搜索量小。

（3）标题优化的内容

①标题排布的优化。

一是优化前45个字符。我们知道，标题有128个字符，每个产品展示给买家的是前45个字符。因此，卖家可以根据这个特点进行优化。对标题进行优化的时候，前面45个字符一定要用好。由于标题从头到尾的搜索权重是不同的，前45个字符一定要放主关键词。很多中小型卖家喜欢在前45个字符里放促销词，在开通推广的情况下，展示页面里会看到很多奇怪的标题，关键是最能吸引买家的属性词不会被显示出来，这对产品的转化率会产生致命的影响。因此，产品重要信息一定要放在前45个字符里面，把促销词、非热卖词放到标题的后面。

二是对词频做SEO优化。词频是有权重的。但在产品标题里面，词频的权重不是很大，关键是如果词的频率出现过多，会引起降权。因此，要尽量控制词的频率，不要过多重复，不然浪费标题128个字符是很可惜的。标题中的关键词，即使颠倒了还是能被搜索到，这也是词出现一次就可以的原因。

三是标题词序调整。词在标题的不同位置，其搜索的权重、搜索的加分、推广广告的计分也会受到影响。编辑标题的词序时，词的前后位置不一样，其搜索权重也会发生变化。某一个关键词的先后顺序被调整后，不仅自身的权重受到影响，其他关键词因词序的改变，搜索权重也会发生变化。因此，在调整关键词顺序时，要全面考虑调整后的综合权重。需要特别说明的是，标题的词序不能经常变化，否则会影响产品质量得分，在第一次设置关键词的时候，就要把词序考虑好。

四是特殊符号使用。特殊符号的使用要特别小心，它是不能轻易设置的。有时候放一些特殊符号，看起来感觉特别好看，还以为能帮助买家更好地理解产品信息，但其实对关键词的影响特别大。因为在平台的算法里，系统会把前后的关键词进行组合，如果你加个符号进去，相当于把前后隔断了，没法组合在一起，这种组合权重就消失了。因此，每个词中间用空格就好。

②标题内容优化。

一是促销词。促销词对转化是有帮助的，但促销词也会计算在标题的128个字符之内。二是品牌词。如果你运营的是一个知名度较高的品牌产品,品牌词可以放在标题的前面。三是主关键词。主关键词无疑要置于前45个字符内。四是主属性词。主属性词也要置于前45个字符内,这样有利于提高标题的搜索权重。五是单复数词。平台有些单复数词的权重是一样的,也就是说买家不管用单数词还是复数词进行搜索,结果都能显示出来,即通常所说的单复数同行,这也是后台的一种搜索引擎机制。

③标题关键词的优化工具。

一是关键词选取的工具;二是测试关键词的工具。

(4)标题优化技巧

①用足128个字符的标题字数;②去掉不必要的连词;③选择搜索指数高的词;④单词一定要拼写正确;⑤标题视觉效果要好。

(5)产品标题制作的原则

①简洁明了。产品标题应简洁易懂,清楚地传达产品的主要特点。避免使用复杂、冗长的句子,以便让潜在客户迅速了解产品的核心信息。

②真实准确。产品标题应真实反映产品的特点和性能,不得夸大、误导或捏造产品信息。确保标题与实际产品相符,遵循诚信经营原则。

③关键词优化。合理运用关键词,提高产品在搜索结果中的排名。选择与产品高度相关、搜索指数较高的关键词,使产品容易被潜在客户搜索到。

④吸引眼球。产品标题应具有一定的吸引力,激发客户的兴趣。使用词汇应有创意,同时突出产品优势,以提高点击率。

(6)产品标题的构成要素

①品牌名称。若产品有品牌,请在标题中明确标注品牌名称,提高品牌曝光度。

②核心关键词。选取与产品高度相关的核心关键词,有助于提高搜索排名。

③产品型号和规格。如适用,请在标题中注明产品的型号、规格或尺寸,以便客户快速了解产品的详细信息。

④产品特点和优势。突出产品的独特性或卖点,如质量、性能、使用场景等。

⑤行业或应用领域。如适用,可在标题中注明产品的行业或应用领域,有助于客户快速判断产品是否符合需求。

(7)产品标题的制作规则

①有序组织。合理安排标题中各要素的顺序,使其清晰易懂,便于客户阅读。

②适当使用分隔符。使用分隔符合理分隔标题中的关键词和信息,提高标题的可读性。

③遵守平台规范。遵循跨境电商平台的标题制作规范,避免违规操作。

④避免堆砌关键词。不要过度堆砌关键词，以免影响标题的可读性和美观度。

⑤定期优化。根据市场变化、搜索指数及竞品情况，定期对产品标题进行优化，以提高搜索排名和转化率。

（8）选择核心产品

核心产品的选择标准如下：

①新品；②高利润产品；③主推的产品。

（9）确定常用的词干

①买家最常用的词干；②符合产品特性的词干。

（10）确定核心关键词

①符合产品定义；②有热度；③易于排名。

标题才是最大的关键词，它具有无序性、可自由组合、去符号性的特点。一个好的标题，必然具备多关键词引流特征，因此标题能匹配的关键词越多越好。

（11）优化组合标题

标准：①符合产品；②利于电商平台搜索排名；③符合语言语法逻辑，长度为45～64字符，不能有特殊字符。

6. 处理图片

产品图片是对文字描述的补充，使用图片直观展示产品，可以让买家在浏览产品时获得更多的产品细节特征，另外丰富的高品质图片会大大提升买家购买欲。

电商平台产品主图的作用主要有以下几点：

①吸引买家注意：产品主图是买家在浏览商品列表时首先看到的图片，具有很强的视觉冲击力。一张高质量、吸引人的主图能够有效抓住买家的注意力，提高点击率和访问量。

②展示产品特点：产品主图应能准确地展示产品的关键特征、功能或优势，帮助买家迅速了解产品的基本信息。同时，主图也是传达品牌形象和产品定位的重要渠道。

③提高转化率：一张具有吸引力的产品主图不仅能提高点击率，还能增加购买意愿，从而提高转化率。买家在浏览众多商品时，往往会根据主图来初步判断产品的质量和价值。

④竞争优势：在竞争激烈的跨境电商市场中，一张高品质的产品主图能让你在众多卖家中脱颖而出，增加产品的竞争优势。

在电商平台上，产品主图视频作为一种视觉展示方式，对提升产品形象和吸引买家具有重要作用。以下是产品主图视频的主要作用：

A. 更直观地展示产品：相较于静态图片，产品主图视频能够更加生动、全面地展示产品的外观、功能和使用场景，让买家能够更清晰地了解产品细节和优势。

B. 增加买家信任度：通过展示产品实际运作的过程，视频能够让买家更真实地感受产品的性能和品质，从而增强买家对产品和商家的信任。

C. 提高产品点击率：具有吸引力的视频内容能够激发买家的好奇心，提高产品页面的点击率。买家在浏览商品列表时，可能会更愿意点击带有视频的产品了解详情。

D. 提升转化率：通过展示产品的优势和实际应用，主图视频能够提高买家的购买意愿，从而提高产品的转化率。

E. 区分竞争对手：在竞争激烈的跨境电商市场中，拥有高质量主图视频的产品能够在众多卖家中脱颖而出，提升品牌形象和产品竞争力。

7. 填写产品属性

产品属性是对产品特征及参数的标准化提炼，便于买家在属性筛选时快速找到产品。

填写要求：填全系统给出的属性。一个属性等于一个展示机会，所以需填全系统给出的属性，必要的时候可以添加自定义属性，更全面地描述产品信息。属性字段分为标准属性和自定义属性，标准属性只能选择属性值；自定义属性的属性名和属性值都需要手动添加，如前面空格填写 Color，后面空格填写属性值 Red，自定义属性最多可以添加 10 个。产品属性信息不建议包含特殊符号。

8. 设置产品交易信息

跨境电商产品发布流程中，设置交易信息板块是一个重要环节。交易信息主要包括以下组成部分：产品价格、最小起订量、供货能力、支付方式、发货期限、运输方式等。下面分别简要介绍这些组成部分以及不同支付方式的特点和如何选择合适的支付方式。

（1）产品价格：根据产品成本、市场需求、竞争对手定价等因素，设定产品的单价。同时，可以考虑提供折扣或优惠政策以吸引买家。

（2）最小起订量（MOQ）：设定买家需要购买的最小数量，以保证利润和降低库存风险。根据产品特性和市场需求，合理设置 MOQ。

（3）供货能力：描述公司的生产和供货能力，例如每月生产/供应多少产品。

（4）支付方式：提供多种支付方式以满足不同买家的需求。主流支付方式包括：信用证（L/C）、电汇（T/T）、支付宝、贝宝（PayPal）等。

①信用证（L/C）：适用于大宗交易，买卖双方通过银行进行结算，较为安全可靠。

②电汇（T/T）：常用于国际贸易，将款项直接汇至卖家指定的银行账户，速度

③支付宝：阿里巴巴旗下的支付工具，适用于中国大陆的买家。

④贝宝（PayPal）：国际知名支付平台，广泛适用于全球买家，费用较高。

（5）发货期限：根据生产周期、库存情况等因素，设定发货期限。须确保能按时发货，维护买家满意度。

（6）运输方式：提供多种运输方式供买家选择，如海运、空运、快递等。考虑运输成本、时间和安全性等因素，为买家提供合适的运输方案。

在选择支付方式时，要考虑以下因素：

①交易金额：大宗交易推荐使用信用证（L/C），以确保资金安全；较小金额的交易可以选择电汇（T/T）、支付宝或贝宝（PayPal）等。

②买家地区：根据买家所在地区，提供相应的支付方式。如对中国大陆买家可提供支付宝，对全球买家可提供贝宝（PayPal）等。

③费用：不同支付方式的费用不同，要综合考虑费用和便捷性，选择合适的支付方式。

④安全性：确保所选支付方式的安全性，以降低资金风险。信用证（L/C）和贝宝（PayPal）等支付方式在资金安全方面具有较高的保障。

⑤速度：支付方式的速度也是一个需要考虑的因素。电汇（T/T）相对较快，而信用证（L/C）可能需要较长的处理时间。

⑥卖家和买家的需求：了解卖家和买家的需求，提供符合双方需求的支付方式。例如，部分买家可能更倾向于使用贝宝（PayPal）进行支付，因为其提供购物保障服务。

综上所述，在设置跨境电商产品交易信息板块时，应详细描述产品价格、最小起订量、供货能力、支付方式、发货期限、运输方式等信息。选择合适的支付方式时，需综合考虑交易金额、买家地区、费用、安全性、速度以及双方需求等因素，以满足不同买家的支付需求。

9. 设置物流信息

在跨境电商产品发布流程中，设置物流信息板块是一个重要环节。物流信息对于买家来说是非常重要的，因为它关系到产品的运输时间、成本以及整体购买体验。以下是物流信息板块的填写要素和注意事项：

（1）物流方式。明确提供的物流方式，如海运、空运、快递、陆运等。不同的物流方式具有不同的运输速度和成本，需要根据产品特点和目标市场选择合适的物流方式。

（2）运费。清楚地列出各种物流方式的运费，以便买家了解在选择不同物流方式时所需支付的运费。可以提供预估运费计算器，以便买家根据目的地和产品重量估算运费。

（3）发货时间。注明从收到订单到发货的时间，如1～3个工作日。这有助于买家了解预计的物流周期。

（4）目的地。明确可以将产品运送至哪些国家或地区，以便买家了解是否能够购买。

（5）进口税和关税。提醒买家可能需要支付的进口税和关税，这些费用通常由买家承担。

（6）保险。介绍是否提供物流保险以及保险的费用和范围。

（7）跟踪信息。提供物流跟踪信息，以便买家实时查询包裹的物流状态。

注意事项：①准确无误。确保物流信息准确无误，避免因信息错误而导致的纠纷。②更新及时。跟踪物流政策和费用的变化，及时更新物流信息，确保买家能获取到最新的物流信息。③增值服务。考虑提供增值服务，如加急发货、包装定制等，以满足不同买家的需求。

与物流合作伙伴保持良好沟通：维护与物流合作伙伴的关系，确保物流服务的稳定和高效。

总之，在跨境电商产品发布流程中，设置物流信息板块需要详细填写物流方式、运费、发货时间、目的地、进口税和关税、保险及跟踪信息等内容，并注意保持信息的准确性和及时更新，以提供良好的物流体验给买家。

10. 上传产品详情页

（1）产品详情页的组成要素及详情介绍

①产品板块。

A. 产品图片。选用清晰的产品图片，以展示产品的整体外观和细节。图片包括不同角度图片、局部特写等，让买家对产品有更直观的了解。

B. 细节图。通过细节图展示产品的特点、功能和优势，如材质、工艺、设计等。

C. 参数表格。列出产品的技术参数、规格、尺寸等详细信息，便于买家了解产品性能。

D. 产品描述。详细介绍产品的特点、优势、适用场景等，帮助买家了解产品价值。

E. 产品用途。描述产品在实际使用中的应用场景和用途，如家居、办公、户外等。

②营销板块。

A. 合作伙伴。展示与公司合作的知名品牌或客户，提升公司形象和信任度。

B. 其他产品推荐。推荐与当前产品相关的其他产品，引导买家继续浏览和购买。

C. 宣传产品海报。设计有吸引力的产品海报，提升产品的视觉识别度和关注度。

③公司板块。

A. 公司信息。简要介绍公司的基本情况，如成立年份、注册资本、员工人数等。

B. 证书。展示公司所获得的认证和荣誉，如ISO认证、产品质量证书等。

C. 展会。介绍公司参加的展会活动，展示公司的行业地位和影响力。

D. 生产流程。通过图片和文字介绍公司的生产流程，展示公司的生产实力。

E. 包装运输。介绍产品的包装方式和运输渠道，确保产品在运输过程中的安全。

F. FAQ。列出常见问题及解答，帮助买家解决疑虑。

G. 联系方式。提供公司的联系方式，如电话、邮箱、地址等，便于买家与公司沟通。

(2) 产品详情页的上传与优化

①根据详情页文案，用PS完整设计后切片上传。②使用系统智能详情页模板进行详情页制作。例如，"My Alibaba"—"产品管理"—"发布产品"—"智能编辑"，根据行业选择合适的详情页模板。选择好模板，可根据推荐的版式上传文字和图片信息。系统会提供基本的导航模板，用户也可自己添加更多模板。若自己添加并删减板块，可选择最左边工具栏进行图片、文字、表格版式调整。编辑完成后单击右上角"编辑完成"按钮保存。③上传详情页视频。一般情况下，卖家不仅可以选择在产品主图模块展示视频，还可以根据产品展示特点需求上传详情视频，此功能特点如下：A. 在视频平台上传详情视频；B. 在产品发布后台选用详情视频；C. 通过审核的详情视频，将会展示在产品详情描述的上方；D. 单个详情视频时长不超过10分钟，大小不超过500 M；为了便于卖家发布更多优质主图视频和详情视频内容，视频平台提供了3GB的存储空间。

三、橱窗、在线批发、多语言等产品发布

在跨境电商平台上发布产品时，橱窗、在线批发和多语言等功能可以帮助卖家更好地展示产品和拓展市场。

橱窗：橱窗是产品展示的核心部分，可以展示产品的主图、标题、价格等信息。卖家通过精心设计橱窗，可以吸引买家的注意力，提高产品的点击率和曝光度。

橱窗的布局和设计应该简洁明了，突出产品的特点和优势。

在线批发：在线批发功能可以帮助卖家针对批发商或大量采购的买家提供更

优惠的价格。卖家可以设置不同的批发数量和相应的折扣，鼓励买家进行批量购买。在线批发功能有助于提高订单量和销售额。

多语言：多语言功能可以让卖家的产品页面支持多种语言，以满足来自不同国家和地区的买家的需求。在发布产品时，卖家可以选择添加多种语言版本的产品标题、描述和关键词等信息。多语言功能有助于提高产品在全球市场的曝光度和竞争力。

卖家在发布产品时，要充分利用这些功能，优化产品页面，提高产品的吸引力和转化率，同时，也要关注平台的规则和要求，遵循合规原则，确保产品信息的准确性和合规性。

（一）橱窗产品发布（以阿里巴巴为例）

1. 发布流程

选取产品—选取关键词—制作优质标题—拍摄、处理产品主图—上传详情页。

阿里巴巴会员可以将主推的产品设为橱窗，在同等条件下的搜索页面中，橱窗产品的排序优于非橱窗产品。

2. 橱窗产品优势

①优先排名，同等条件下橱窗产品享有优先排名的机会。

②拥有公司的网站首页推广专区，可以提升主打产品的主打优势。

③可以展示店铺形象，帮助买家直观了解店铺的主打产品，有助于实施产品自定义推广。

3. 橱窗产品发布要点

①采取正确的橱窗设置方法。

②准确选取关键词，优化标题（标题可稍长）。

③重视产品的信息质量。

4. 挑选橱窗产品

①直接从以前发布的产品中选取。

②发布新的产品（新品、主推产品、高利润产品），将其选为橱窗产品。

5. 优化橱窗产品标题

①包含核心关键词，与产品贴切，体现出产品的优势。

②关键词顺序合理且符合阅读习惯。

③首字母大写，产品名称规范，保证客户能看懂。

④不要出现关键词的堆砌，不要出现特殊符号。

⑤名称精简、准确，利于买家快速浏览。

6. 确定需要调整的橱窗产品

①零效果产品。
②有曝光没有点击的产品。
③有曝光有点击没有反馈的产品。

7. 查询橱窗产品的排名

可以利用排名查询工具查询橱窗产品的排名。

(二)在线批发产品发布(以阿里巴巴为例)

阿里巴巴免费为供应商打造的一站式批发和在线交易平台满足了供应商轻松消化国际贸易小额批发的需要。除了在线批发,阿里巴巴还能在专区展示商品细节,突出产品价格及运费信息,凸显下单入口(Taynow),有独特的"购物车"功能,买家可以直接下单并通过阿里巴巴Esckow(国际支付宝)在线付款。

1. 优势

①在线批发在黄金专区展示,可获得更多的曝光、更高的点击率,具有更强的灵活性。

②支持快递和空运的物流设置,买家可即拍即付,卖家可快速获得订单。

③获得更多的买家资源,开发客户渠道。

④提供明确的价格和物流信息,减少沟通的成本。

2. 价值

①卖方:在线批发轻松接单,免费升级双重曝光,积累诚信安全收款。

②买方:轻松下单减少成本,支付便捷安全交易,在线交易收货便捷。

3. 发布的流程

①"My Alibaba"—"在线批发"—"发布产品"。

②选择英语市场、产品类目,确定发布规则。

③填写基本信息、属性、交易信息,在填写交易信息时选择在线批发并正确填写交易字段,发布产品后,在管理产品中可查看自己的批发产品。

(三)多语言产品发布

阿里巴巴多语言市场是在2013年7月17日正式向供应商开放,且独立于阿里巴巴国际站(英文站)的语种网站体系。其现有15种语言,11个市场已开放产品发布功能:西班牙语、日语、葡萄牙语、法语、俄语、阿拉伯语、德语、意大利语、越南语、土耳其语、韩语供应商自主发布的产品,搜索排名优先;4个市场暂未开放产品发布功能:泰语、荷兰语、希伯来语、印度尼西亚语网站发布产品仅基于英文网站自动翻译信息。多语言站点排序规则的考量点和英文网站基本一致,在诚信因素、文本相关性、信息质量这几个方面,增加了原发产品激励因素。

多语言市场编辑流程：选择"My Alibaba"—"多语言市场"，选择要编辑的市场，然后单击"管理机器翻译产品"按钮，即可翻译该产品信息。

第二节 店铺装修

一、店铺装修基础模块的特点

跨境电商店铺装修基础模块主要包括以下几个部分，每个模块都有其特点和功能，可以帮助卖家更好地展示店铺和产品，提高买家的购物体验。

（一）导航栏

导航栏位于店铺页面顶部，是买家浏览店铺时的主要导航工具。导航栏可包含店铺首页、产品分类、促销活动、联系我们等链接，方便买家快速找到感兴趣的内容。导航栏应保持简洁明了，突出重点，便于买家使用。

（二）轮播图

轮播图位于店铺页面顶部或主要位置，通常用于展示店铺的核心产品、活动或品牌形象。轮播图可以吸引买家注意力，提高产品曝光度。轮播图设计应注重视觉效果，使用高质量的图片和简洁的文案。

（三）产品展示区

产品展示区用于展示店铺的主打产品或新品，包括产品图片、标题、价格等信息。产品展示区应根据产品特点和店铺定位进行布局和设计，突出产品优势，提高点击率和转化率。

（四）促销活动区

促销活动区用于展示店铺的优惠活动、限时折扣等信息。通过设置吸引人的促销活动，可以刺激买家购买欲望，提高销售额。促销活动区应设计醒目，突出优惠力度，吸引买家关注。

（五）店铺介绍区

店铺介绍区用于展示店铺的基本信息、企业文化、生产能力等内容。通过详细的店铺介绍，可以增强买家对店铺的信任感，提高店铺形象。店铺介绍区应注重保持信息的真实性和完整性，展示公司实力。

(六)联系方式区

联系方式区提供店铺的联系方式,包括电话、邮箱、在线客服等,方便买家与卖家进行沟通。提供多种联系方式可以提高买家的满意度和信任度。

在装修跨境电商店铺时,要充分利用这些基础模块,根据店铺特点和目标客户进行个性化设计,创造独特的购物体验。同时,要关注平台的规则和要求,遵循合规原则,确保店铺装修的合规性。

以阿里巴巴国际站为例:

阿里巴巴国际站店铺装修主要包括产品拍照、图片处理、首页装修、详情设计、主图设计、主图视频制作以及自定义营销页面。

国际站产品拍照与图片处理:国际站产品主要是纯色背景拍摄处理成白底图。

国际站首页装修:一般包括店招、导航、滚动轮播图、产品分类、新品推荐、热销推荐、工厂简介、实力展示、合作优势、证书展示、客服专区等。

国际站详情页设计:主要包括产品宣传图、产品属性规格、产品正反侧细节特点展示、包装物流及收款方式说明、售后说明等。

国际站主图设计和主图视频制作:主图是6张,主图视频是60s以内。

自定义营销页面:可以专门制作一个单独的定制页面来说明自己的合作优势,或者推广新品或人气产品。

二、店铺装修核心价值与关注的点

(一)店铺装修核心价值

①精致装修可以吸引买家浏览,同时其价值还在于提升店铺形象、增强用户体验。

②可以突出热销品、低价产品、新品等,有层次地突出自己的优势产品,提高点击率和转化率。

③可以将行销活动置于明显位置,例如加购优惠、套装优惠等提高点击率和转化率。

(二)店铺装修需关注的点

店铺装修时需要关注以下几个重点:

1. 品牌形象

店铺装修应体现品牌的独特性和价值观,从而塑造良好的品牌形象,通过统一的视觉风格、LOGO、色彩搭配等元素,展现品牌的专业性和一致性。

2. 用户体验

店铺装修应注重用户体验,确保买家可以轻松地找到所需信息和产品。这需要优化导航栏结构、页面布局、产品分类等,提供清晰的信息层次和简洁的操作流程。

3. 产品展示

店铺装修应充分展示产品的特点和优势,吸引买家的注意力。可以通过高质量的图片、详细的描述、吸引人的促销活动等方式,提高产品的曝光度和购买意愿。

4. 互动与沟通

店铺装修应鼓励买家与卖家互动,提供便捷的沟通渠道。例如,设置在线客服、留言板等功能,方便买家提问和解答疑问,增加信任感和满意度。

5. 移动端适配

买家越来越多地依赖移动设备进行浏览和购买,因此店铺装修应考虑到移动端的适配性,确保在手机、平板等设备上的显示效果良好,用户体验一致。

6. 优化与更新

店铺装修不是一次性完成的任务,而是需要根据市场变化、用户需求和产品策略进行不断优化和更新。应定期检查店铺效果、收集用户反馈,并根据数据和反馈进行调整。

总之,跨境电商店铺装修应关注品牌形象、用户体验、产品展示等多个方面,以提高店铺的吸引力和转化率。在整个过程中,要保持灵活的思维和持续优化的态度,以应对不断变化的市场环境和竞争格局。

阿里巴巴国际站店铺装修应该关注:

旺铺是公司的形象体现,精美的旺铺装修可以吸引客户询盘,提升转化率,在旺铺装修的过程中我们需要注意哪几点呢?

①旺铺风格。我们在装修之前可以参考一下同行的优秀旺铺,参考之后再根据自己公司情况量身定制做一些修改设计,旺铺的整体风格要符合公司的产品和行业,这样才能更好地吸引目标客户。

②功能版块。阿里巴巴国际站装修后台有很多系统自带的功能版块,这些都是比较重要的版块,有些第三方旺铺装修设计喜欢全部做成图片格式,导致很多系统版块得不到展示,这是很多旺铺容易出现的问题和误区,不能一味地为了美观,舍弃重要的版块展示,比如橱窗版块、视频介绍、主营类目、多语言版块、产品排列版块,等等。

③移动端旺铺。现在移动端流量占比已经超过60%了,所以必须重视移动端的旺铺设计,有些版块是可以直接同步的,部分图片展示版块只需要调整一下尺寸适应移动端就行。

④付费模板装修。使用模板装修旺铺是比较简单和省事的,不需要美工也能

装修，有成千上万的模板风格供卖家挑选，总能找到适合卖家的模板，费用是80元每月，一年下来也才960元。模板市场路径：进入 My Alibaba，左侧导航栏—店铺管理—模板市场，或者进入装修界面后，点击模板市场即可。金品诚企会员在后台有免费的店铺装修模板(PC端和无线端都有)，获取路径如下：进入装修界面，点击模板管理，点击官方免费模板，即可查看和选用。

三、店铺装修的设计思路和流程

国际站的店铺装修对于企业来说是企业在阿里国际站中的门面，店铺装修如果没有做好，会影响客户对于企业的印象，客户对企业的实力等也会产生一些疑问。因此在阿里国际站运营中，店铺装修是基础。那么如何做好店铺的装修呢？以阿里国际站店铺装修为例。

（一）锁定目标客户群体

首先企业可以先分析店铺的访客来源和占比，了解客户主要是通过哪个端口访问店铺，是计算机还是手机，或是其他，并结合企业对整体市场的了解，判断常使用的设备，作为重点装修方向，如果占比都比较高，那么PC端和移动端都需要重视；其次，了解店铺访客的核心来源国有哪些，有询盘和成交的国家有哪些，结合企业自己实际的目标市场，确定装修风格；通过用户画像分析，以及公司的历史客户信息，了解目标客户群体特点，以及偏好需求等，这些对于后期的装修和内容布局、文案撰写等都有很重要的指导作用。

（二）明确店铺定位

首先企业需要确定自己是要做RTS还是做定制，因为这跟目标群体的特点、需求和内容的安排都息息相关，因此企业只有明确了这个问题的答案之后才能有针对性地进行店铺装修。否则，后期还是需要重新制作。

（三）明确装修需要包含的基本内容

在阿里国际站装修中，有一些板块是必须包括的，比如：Banner图，向客户展现企业的主营产品、优势卖点等；优惠券，优惠信息往往是客户十分关注的，因此要尽量前置；产品展示，橱窗板块，展现企业主推产品；企业实力展现，比如展示工厂公司视频、工厂生产线、资质证书、参展照片、合作客户展示，等等，综合体现企业专业和实力。

（四）了解装修原则

一是设计风格要符合目标市场的审美，并且要保持整体的风格统一与和谐。二是整体设计布局要分区清晰，不但要保证美观，还要实现内容的合理展现，能够让用户轻松、快速地获取到有用的信息。三是色彩搭配要合理，要根据产品和行业特点或企业品牌形象、目标市场偏好颜色，来确定主色调，色彩搭配要合理，不要过于突兀。四是文案撰写要抓人，好的文案是具有营销能力的，但好的文案并不代表堆砌华丽的词汇，企业要根据客户的需求和痛点，将公司和产品的优势，清晰、明确地展现出来，做到语句通顺，让客户看得懂。五是首屏要有吸引力，现在客户浏览电商网站大多利用的是碎片化时间，并且会进行多方对比，因此第一屏一定要能够吸引住客户，这样才能促使他继续浏览。所以不建议企业做千篇一律模板式的装修，可以根据自己的公司和产品情况结合客户特点进行定制装修。

第三节 商机的获取与管理

一、交易磋商的流程

（一）交易磋商的定义与内容

交易磋商是指买卖双方就交易条件（即合同条款）进行协商，以达成交易的过程。

交易磋商的主要交易内容包括货物的品质、数量、包装、价格、交货和交付条件等，此外，还包括检验、索赔、不可抗力和仲裁等。

（二）交易磋商的分类

交易磋商在形式上主要可分为口头磋商和书面磋商两大类。口头磋商既可以是面对面的谈判，例如参加广交会、出国拜访客户或者国外客户来公司洽谈交易等，也可以是通过打电话或视频会议进行的谈判。书面磋商则通过传真、信函、电报、电传、电子邮件等方式进行交易洽谈。

（三）交易磋商的环节

交易磋商一般包括询盘、发盘、还盘、接受四个环节。其中，只有发盘与接受是法律上规定的必经环节。

1. 询盘

询盘（Enquiry）是指交易的一方向对方探询交易条件、表示交易愿望的一种行为。询盘的内容涉及商品的价格、品质、数量、包装、装运等，但是主要是询问价格，因此，询盘又称询价。由于询盘不是每一笔交易必经的环节，倘若交易双方相互很了解，那么没有必要向对方探询交易条件或交易的可能性，即不必询盘，直接向对方发盘即可，所以询盘不具备法律效力。

2. 发盘

发盘(Offer)也叫发价，是指交易的一方(发盘人)向另一方(受盘人)提出各项交易条件，并且愿意按这些交易条件达成交易的一种表示。发盘多由卖方提出，称为售货发盘(Selling Offer)，也可由买方提出，称为递盘(Bid)或购货发盘(Buying Offer)。交易的一方可以不经过询盘，径直发盘。

在发盘的有效期内，发盘人不得任意撤销或修改发盘的内容。一旦发盘在有效期内被对方接受，发盘人将受其约束，并且承担按照发盘条件与对方订立合同的法律责任。

(1) 构成发盘的条件

有效的发盘需要具备一定的条件。第一，向一个或者一个以上特定的人提出，即发盘要有特定的受盘人。第二，发盘的内容应当十分确定。第三，发盘中必须明确表明发盘人受其约束的订约意旨。第四，发盘从送达受盘人时开始生效，即遵循送达生效原则。

(2) 发盘的失效

发盘的失效(Termination)有以下几种情况。第一，严格说来，发盘应当规定一个有效期，如果过了发盘的有效期，该发盘失效。第二，发盘经对方拒绝或还盘即失效。第三，发盘人做了有效的撤销。第四，发盘人或受盘人在发盘被接受前丧失了行为能力，例如自然人死亡或确诊精神病，或者法人被法院宣告破产或终止营业等。

3. 还盘

还盘(Counter Offer)是指受盘人不同意发盘中的交易条件而提出修改或变更的意见，又称反要约。也就是说，还盘是受盘人对发盘条件的实质性变更，即对货物付款、价格、质量和数量、交货地点和时间、责任范围等条款有修改或不同意见。还盘是受盘人对发盘的拒绝，发盘因对方的还盘而失效，原发盘人不再受其约束。

还盘可以在双方之间反复进行，还盘的内容一般不再重复双方同意的交易条件，而是仅仅说明需要变更或添加的条件。

还盘相当于受盘人向原发盘人提出一项新的发盘，一方的发盘经对方的还盘后即失去了法律效力。因此，如果受盘人还盘之后又接受原来的发盘，这种接受是无效的，交易没有达成，得到原发盘人同意的情况除外。

4. 接受

接受（Acceptance）是指受盘人在发盘的有效期内，无条件地同意发盘中提出的各项交易条件，并且表示愿意按照这些条件和对方达成交易。

（1）构成接受的条件

构成一项有效的接受，需要具备四个条件。第一，接受必须由受盘人做出。第二，接受必须是同意发盘所提的交易条件。第三，接受必须在发盘规定的时间内做出。第四，接受的传递方式应该符合发盘的要求。

（2）逾期接受

逾期接受又称迟到的接受，是指接受通知没有在发盘规定的有效期内送达原发盘人，或者发盘没有规定有效期，接受没有在合理的时间内送达发盘人。这种迟到的接受一般是无效的。但是，按照《联合国国际货物销售合同公约》的规定，逾期接受在两种情况下仍然有效。第一种情况，受盘人主观上没有过错，由于邮递途中出现了意外使接受逾期了。这种因为传递延误而逾期的接受一般认为是有效的接受，但是发盘人如果及时反对，那么该接受无效。第二种情况，如果发生了逾期接受，发盘人毫不迟延地用口头或书面方式通知受盘人，确认该接受是有效的，那么该逾期接受仍然具有法律效力。

（3）接受的撤回

《联合国国际货物销售合同公约》规定，接受是在送达受盘人时生效的，在送达受盘人之前，接受是可以撤回的。但是接受不可以撤销，因为一方的发盘一旦被受盘人接受，双方就建立了买卖合同关系。

二、国际商品价格

（一）价格核算

1. 基本原则

商品价格核算时，应遵循以下基本原则。

（1）市场供需

商品的价格根据供求关系波动，这是一个基本的经济原则。当市场供不应求时，价格通常会上涨。当供给大于需求时，价格有下降趋势。有时这种趋势不会立即发生，存在一定的时间延迟。但无论如何，供需关系是影响价格的一个基本因素。在确定交易价格时，必须注意国际市场及国内市场的供需状况。

（2）交易意图

结合国际市场现状，可以根据不同的交易意图对价格做进一步调整，使其略高于或低于市场平均价格水平。

例如，卖家可能希望以相对较低的价格进入新市场，这也是一种常见的竞争手段。再如，国际贸易可以为一个国家的外交服务，当一种商品出口到一个特定的国家或地区，如最不发达国家的，价格可能相对较低。

2. 成本核算

商品价格过高不仅会削弱出口国的竞争力，而且会刺激其他国家发展自己的产业。相反，盲目地不计成本地降价以扩大出口，不仅会引发市场秩序混乱，还会使国家和企业蒙受损失。因此，加强成本核算是提高企业盈利能力的关键。

（1）成本构成

从生产商品的工厂车间，到进口国的目的地，成本的构成大致如下。

①生产成本。狭义上讲，生产成本通常包括材料成本、人工成本和包装成本等。其他管理成本通常也作为生产成本的一部分。对于非制造商的卖方来说，没有必要过于关注这些细节，可以把所有费用合计作为生产成本。

②销售成本。销售成本是指与营销和销售活动有关的所有成本。为了促进销售，卖方经常参加国际贸易展览会、做广告或建立公司网站宣传产品。为了进入新兴市场，卖方可能愿意向当地中介机构支付费用，拓宽营销渠道。这些费用往往不菲，不可忽视。

③运输保险成本。为了将货物从一个地方运到另一个地方，卖方通常需要支付当地和海外的仓储保管费用、运输费用及保险费用，运费和保险费通常由运输距离决定。同时，交货地点和交货条件也会影响运输保险成本。

④融资成本。国际贸易往往涉及长期的生产和运输，完成交易可能需要几个月，甚至更长时间。为了促进交易成功，卖方可能需要利用各种融资渠道提前获得资金，如在卖方当地的银行办理贸易融资业务。这个过程可能会发生费用，如支付给银行的利息和手续费用。为了使融资成本最小化，卖方必须在销售合同中考虑付款条件，争取对己有利的付款工具和账期。以国内商业银行普遍办理的"打包贷款"业务为例，出口商在出口合同签订后、货物出运前，组织出口货物生产和流通过程中，可能出现临时性资金短缺。为解决生产、加工或采购过程中的资金紧张问题，出口商可以向银行申请短期贸易融资，即"打包贷款"。办理"打包贷款"，可有效地减轻企业资金周转压力，使企业在办理出口备货、备料、加工或采购等过程中获得短期周转资金（通常不超过180天），从而使出口合同得以顺利履行，有助于在企业自身资金紧缺而又无法争取到预付货款的支付条件时，把握贸易机会，顺利开展业务。

⑤其他成本。其他成本，如关税、清关费用或外汇汇率管制所产生的换汇成

本等，对总体成本核算也会产生影响。近年来我国外汇汇率波动较大。一般来说，建议卖方采取必要的措施管控汇率风险，如采用内部对冲或外汇衍生工具套期保值等。

仍以"打包贷款"贸易融资为例，国内出口商收汇通常为外币（如美元），上游国内采购备货须采用人民币支付。出口商可以采用美元融资，结汇成人民币后支付给供应商。若上游供货合同也以美元计价，如合同规定国内出口商向供应商支付从银行贸易融资实际结汇所得人民币金额，对于出口商来说，收、付汇（还本付息）均为美元，内部对冲汇兑风险。

（2）成本指标

从盈利能力角度了解成本和价格是非常重要的，一些财务指标可以达到这个目的。

①出口换汇成本。出口换汇成本（Export Cost For Foreign Exchange, ECFFE）是某商品出口净收入一个单位的外汇所需要的出口国本币的成本。计算公式如下：

出口换汇成本＝出口总成本（出口国货币）－出口退税额（如有）/出口外汇净收入（外汇）

这个比率反映了本国货币成本和外汇收入之间的关系，它表明为了赚取一个单位的外汇，出口方必须支付多少单位的本国货币，与现行汇率相比，可直接反映本次交易是否盈利。

②出口利润率。出口利润率（即出口盈亏率），是衡量某笔交易盈利能力的一个指标，是盈亏额与出口总成本的比例，反映每单位货币的成本能产生多少利润。实践中，多用出口商本国货币计算，公式如下：

出口利润率＝出口收入－出口总成本（退税后）/出口总成本×100%

3. 价格计算与换算

贸易术语是商品价格不可分割的组成部分，不同的贸易术语表示不同的成本。例如，FOB不包括从装运港到目的港的运费和保险费。CFR相较FOB包含主要运费。CIF相较FOB包含主要运费和保险费。

在商务谈判中，一方可能希望采用某种贸易术语，另一方可能不同意，希望采用不同的贸易术语。这是很常见的现象。因此，全球贸易参与者不仅要了解一般价格的构成原则和成本核算，还要了解主要贸易术语之间的价格换算。

（1）FOB价格

如果卖方是中间商或代理商而不是制造商，FOB价格可能包括下列项目（如表4-1所示）。

表 4-1　FOB 价格常见项目

	出厂价格
+	卖方管理费用
+	利润
+	当地运输成本
+	当地运输保险（如必要）
+	仓储费用、码头装卸费用等
+	出口清关费用
=	FOB（指定装运港）价格

FOB 价格按卖方当地货币计算。如果决定以外币报价，可以采用有效汇率将其转换为外币。

（2）CFR 价格

CFR 价格以 FOB 价格为基础。CFR 价格与 FOB 价格的主要差别在于，CFR 包括从装运港到目的港的主要运输费用（简称国外运费），这意味着：

CFR 价格 =FOB 价格 + 装运港到目的港的主要运费

但是，即使贸易条件是 FOB，卖方也有可能预付运费。FOB 条件下虽然买方通常负责租船订舱，但在某些情况下，买方可能委托卖方订船并装载货物。如果卖方被授权提前支付运费，运输单据上往往标明"运费预付"字样。运费可包括装卸费、集装箱清关费、集装箱破损费等。如果采用信用证结算，且信用证明确规定运输单据上的附加运费（Additional Charges）不可接受，则该附加费不应在单据上注明。这些附加费用可以通过具体金额或使用相关术语来表示，例如，船方不管装货（FI）、船方不管卸货（FO）、船方不管装货及卸货（FIO）等。

（3）CIF 价格

CIF 价格以 FOB 和 / 或 CFR 价格为基础。计算如下：

CIF 价格 =FOB 价格 + 装运港到目的港的主要运费 + 国外保险费

CIF 价格 =CFR 价格 + 国外保险费

CIF 价格和 CFR 价格的差额是国外保险费。保险公司通常根据 CIF 价格加价计算保险费,加价幅度一般为10%。这样计算虽然保险费略高,但被认为是对被保险人的一种保护。因为这种情况下,如果货物因保险单承保的损因而遭受全部损失,被保险人可以向保险公司索赔并获得高于商品合同价值的赔偿。除了所有的成本和损失外,被保险人甚至可以由此获得一些机会成本的补偿。因此,保险费计算如下。

$$保险费 = CIF 价格 \times (1+10\%) \times 保险费率$$

(4) FCA、CPT 和 CIP

这三个贸易术语类似 FOB、CFR 和 CIF,主要区别在于采用不同的运输方式。FOB、CFR 和 CIF 适用于海运,FCA、CPT 和 CIP 适用于各种运输方式。三者价格的换算关系如下。

$$CPT 价格 = FCA 价格 + 国外运费$$
$$CIP 价格 = CPT 价格 + 国外保险费$$

(二)定价方式

商品价格,通常是指商品的单位价格,简称单价。国际贸易的单价比国内贸易的更复杂,一般由计量单位、单位价格金额、计价货币和贸易术语四部分组成。例如,每公吨1000美元 CIF 上海。其中,计量单位是公吨,单位价格金额是1000,计价货币是美元,贸易术语是 CIF 上海。

国际货物买卖的定价方式通常由各方协商确定,一般采用固定价格,即在订立合同时把价格确定下来,事后无论发生什么情况均按确定的价格执行合同。实践中,有时也采用非固定价格或滑动价格。

1. 固定价格

固定价格是各方协商一致,并在销售合同中明确具体价格的定价方法。例如,每公吨1000美元 CIF 上海。一旦价格确定,各方必须严格执行。

固定价格是国际市场和我国对外贸易的普遍做法,其利弊也是显而易见的。优点在于价格是固定的、具体的、明确的,有助于卖方核算利润。然而,商品的价格在国际市场上通常是波动的。一旦价格固定下来,卖方或买方必须承担价格波动的风险,除非采用有效的方法对冲风险,如采用衍生工具。如果价格的波动特别剧烈且没有对冲,遭受不利影响的一方很有可能会选择各种借口违约,以避免巨大损失。因此在采用固定价格时,必须高度重视对方信誉。建议对市场趋势也要进行深入研究,并在必要时采用套期保值对冲价格波动风险。

2. 非固定价格

某些商品国际市场价格变动频繁，波幅较大或者交货期较远，买卖双方对价格趋势难以预测，为了促成交易，可以采用非固定价格签约，包括暂不固定价格和暂定价格。

（1）暂不固定价格

采用此种定价方式时，进出口合同中通常会明确定价时间。例如，在有色金属品交易中，价格通常是由某段时间内伦敦金属交易所（London Metal Exchange，LME）现货或期货价格水平决定的。如一份镍进出口合同规定，价格取决于某个月内 LME 镍 Spot 收盘价的平均值。

（2）暂定价格

采用此种定价方式时，买卖双方可在合同中先规定一个暂定价格，待日后交货期前一段时间，再由双方按照当时市价商定最终价格。

非固定价格的好处在于利于解决双方之间的价格纠纷。当谈判出现僵局时，非固定价格这种灵活的定价方式往往对买卖双方都相对公平。值得注意的是，虽然在签订合同时价格条款是以某种方式确定的，但未来的具体价格可能仍不确定。由于一方违约，合同可能无法履行。在实践中，为了照顾好彼此的利益，混合定价是一种折中方式。例如，若交易日期和装运日期接近，则使用固定价格，相反，可使用非固定价格；或者一部分货物采取固定价格，一部分货物采取非固定价格。

（3）滑动价格

有的交易，特别是资源密集型的商品的交易，可能需要很长时间才能完成，甚至几年也不罕见。当宏观经济发生变化时，煤、油、钢铁、橡胶等原材料的市场价格可能经历剧烈调整。通货膨胀在价格决定中也发挥关键作用，因为高通货膨胀会增加相关成本，如电力、水、劳动力等。因此，对于长期交易，经常引入价格调整条款，或称为滑动价格。卖方必须转嫁通货膨胀或成本波动等负面影响，以保证利润。

滑动价格是指在合同中规定一个初始价格，交货时或交货前按一段时间内工资、原材料价格变动的指数予以相应调整，以确定应支付的最终价格。

（三）佣金、折扣和税费

1. 佣金

国际贸易中许多交易是通过中间商或代理商进行的。这些中间商或代理商将收取一定的酬金以促进交易，这种酬金称为佣金。

佣金与商品价格直接相关。包含一定比例佣金的价格称为含佣价格，通常要高于净价。

含佣价格通常在价格末尾以佣金率表示。

佣金有不同的计算方法，大多数情况下佣金基于发票价格或合同价格计算。佣金额、佣金率、含佣价、净价的计算关系如下：

已知含佣价和佣金率，计算佣金额佣金＝含佣价 × 佣金率；

已知含佣价及佣金额，计算净价＝含佣价－佣金额；

已知净价和佣金率，计算含佣价＝净价／（1－佣金率）。

2. 折扣

折扣（Discount）是为了促进交易而从净价中扣除的金额。折扣可以降低商品价格，提高市场竞争力。当卖家进入一个新的市场时，折扣经常被用作一种营销策略。有时，折扣对于库存货物处理很有帮助。

3. 进出口税费

进出口税费，是指在进出口环节中由海关依法征收的关税、消费税、增值税等税费。征收关税和其他税费是海关的任务之一。我国进出口税费征收的法律依据是《中华人民共和国海关法》《中华人民共和国进出口关税条例》及其他有关法律行政法规。海关征税工作遵循准确归类、正确估价、依率计征、依法减免、严肃退补、及时入库的原则。

（1）关税

准许进出口的货物、进出境物品，由海关依法征收关税。进口货物的收货人、出口货物的发货人、进出境物品的所有人是关税的纳税义务人。从报关业务的角度来看，关税分为进口关税和出口关税。

①进口关税。进口关税是指一国海关以进境货物和物品为课税对象所征收的关税。从征税的主次程度来看，进口关税可分为进口正税和进口附加税。进口正税是按海关税则法定进口税率征收的进口税。进口附加税是对进口货物除征收正税之外另外征收的进口税，一般具有临时性，主要包括反倾销税、反补贴税、保障措施关税、报复性关税等。我国海关征收关税、滞纳金等，按人民币计征。进出口货物的价格及有关费用以外币计价的，海关按照该货物适用税率之日所适用的计征汇率折合人民币计算完税价格。

进口关税按照计征方法可分为从价税、从量税、复合税、滑准税等。

从价税（Ad valorem Duty）指以货物的价格作为计税标准，以应征税额占货物价格的百分比为税率，价格和税额成正比例关系，这是包括我国在内的大多数国家使用的主要计税标准。从价计征关税的计算公式为：

应纳税额＝完税价格 × 关税税率。

从量税（Specific Duty）指以货物的计量单位如重量、数量、容量等作为计税标准,以每一计量单位货物的关税税额为税率。从量计征关税的计算公式为:应纳税额=货物数量×单位关税税额。我国目前征收从量税的进口商品主要包括冻鸡、石油原油、啤酒、胶卷等。

复合税(Compound Duty)指在海关税则中,一个税目中的商品同时使用从价、从量两种标准计税,计税时按两种税率合并计征的一种关税。从价、从量两种计税标准各有优缺点,混合使用两者可以取长补短,有利于关税作用的发挥。复合税应征税额=从价部分的关税额+从量部分的关税额=货物的完税价格×从价税税率+货物计量单位总额×从量税税率。我国征收复合税的进口商品主要包括录像机、放像机、摄像机、非家用型摄录一体机、部分数字照相机等。

滑准税(Sliding Duty)也称滑动税,是指在海关税则中,对同一税目的商品按其价格高低而适用不同档次税率计征的一种关税。滑准税是一种关税税率随进口商品价格由高至低而由低至高设置来计征关税的方法,即进口商品价格越高,其关税税率越低;进口商品价格越低,其关税税率越高,目的是使该种进口商品,不论其进口价格高低,其税后价格保持在一个预定的价格标准上,以稳定进口国国内该种商品的市场价格,使其免受国际市场影响。

②出口关税。出口关税,是指海关以出境货物、物品为课税对象所征收的关税。

征收出口关税的目的主要是:A. 增加财政收入;B. 限制重要原材料大量输出,保证国内供应;C. 提高以使用该国原材料为主的国外加工产品的生产成本,削弱其竞争能力;D. 反对跨国公司在发展中国家低价收购初级产品。我国目前征收的出口关税都是从价税。应征出口关税税额=出口货物完税价格×出口关税税率。其中,出口货物完税价格=FOB价格/(1+出口关税税率)。

③暂准进出境货物关税。《中华人民共和国进出口关税条例》规定,经海关批准暂时进境或者暂时出境的下列货物,在进境或者出境时,纳税义务人向海关缴纳相当于应纳税款的保证金或者提供其他担保的,可以暂不缴纳关税,并应当自进境或者出境之日起6个月内复运出境或者复运进境;经纳税义务人申请,海关可以根据海关总署的规定延长复运出境或者复运进境的期限。

在展览会、交易会、会议及类似活动中展示或者使用的货物;文化、体育交流活动中使用的表演、比赛用品;进行新闻报道或者摄制电影、电视节目使用的仪器、设备及用品;开展科研、教学、医疗活动使用的仪器、设备及用品;在前述所列活动中使用的交通工具及特种车辆;货样;供安装、调试、检测设备使用的仪器、工具;盛装货物的容器;其他用于非商业目的的货物。

上述所列暂准进境货物在规定的期限内未复运出境的,或者暂准出境货物在规定的期限内未复运进境的,海关应当依法征收关税。

(2)其他税收

目前货物进口环节海关代征税主要有增值税和消费税两种。

①增值税。增值税是以商品的生产、流通和劳务服务各个环节所创造的新增价值为课税对象的一种流转税。增值税由税务机关征收,进口环节增值税由海关征收。进口环节的增值税以组成价格作为计税价格,征税时不得抵扣任何税额。计算公式如下。

$$组成计税价格 = 关税完税价格 + 关税 + 消费税$$

$$应纳税额 = 组成计税价格 \times 税率$$

需要注意的是,进口货物增值税的组成计税价格中已包括已纳关税税额,如果进口货物属于消费税应税消费品,其组成计税价格中还要包括进口环节已纳消费税税额。

②消费税。消费税是以消费品或消费行为的流转额作为课税对象而征收的一种流转税。消费税由税务机关征收,进口环节消费税由海关征收。

消费税的计税依据分别采用从价和从量两种计税方法。实行从价计税办法征税的应税消费品,计税依据为应税消费品的销售额。实行从量定额办法计税时,通常以每单位应税消费品的重量、容积或数量为计税依据。

目前国家规定应征消费税的商品共有四种类型:第一类:一些过度消费会对人的身体健康、社会秩序、生态环境等造成危害的特殊消费品,如烟、酒、酒精、鞭炮、焰火等;第二类:奢侈品等非生活必需品,如贵重首饰及珠宝玉石、化妆品等;第三类:高能耗的高档消费品,如小轿车、摩托车等;第四类:不可再生和替代的资源类消费品,如汽油、柴油等。

(四)支付货币

商品价格由一定的金额和货币币种构成。货币币种可以是出口国的货币,也可以是进口国的货币,甚至可以是双方商定的第三国货币。一般来说,计价货币和付款货币是相同的。例如,销售合同金额为1万美元,而买方也将向卖方支付1万美元。但是在某些情况下可能有所不同,例如销售合同规定金额为1万美元,同时规定买方应按约定的汇率(例如提单日美元/人民币的汇率)向卖方支付等值的人民币。

由于许多国家采用浮动汇率机制,国际主要货币间的汇率经常波动。从签订合同到交易完成通常需要一段时间,如果货币汇率大幅波动,将直接影响双方的经济利益。目前国际市场上各种货币的地位是不同的。有些正在减弱,而有些正在增强。欧元兑美元、英镑兑美元、美元兑日元等主要货币的汇率在一年内波动超过10%是常见的。

因此，交易时选择一种有利于己方的货币是明智的。如允许，可以进行套期保值。

1. 有利货币

理论上讲，趋势强劲的货币对卖方有利，而趋势较弱的货币对买方有利，即通常所说的"收硬付软"。

何谓趋势强劲的货币？以美元为例，美元是过去几年走势强劲的一种货币。美联储不断加息，美元进入升值周期。根据汇率平价理论，美元兑其他货币的价格更高。这种趋势并非固定不变，它根据经济周期呈现周期性的波动。当经济繁荣时，联邦基金利率会上升，美元指数走强。反之亦然。

2. 汇率避险

交易双方采取措施控制汇率风险是非常必要的。很多情况下，企业会因缺乏有效的避险措施而遭受巨大损失。可以采取多种措施来避免或减轻企业汇率风险。

（1）本币支付

用本国货币付款是明智的。随着人民币国际影响力的不断增强，人民币在越来越多的国家和地区被广泛接受。以公开发布的我国人民币跨境支付CIPS系统数据为例，无论是人民币交易笔数还是交易金额，近些年都呈现快速增长。

对于企业来说，有可能的话最好选择人民币作为合同的计价和支付货币，因为这样做不会产生汇率风险。

（2）内部对冲

内部对冲适用于同时拥有进、出口业务的企业。如果进、出口交易的货币相同，企业可以使用内部对冲来避免汇率风险。例如，某企业有100万美元的出口收汇，同时需要支付100万美元的进口货款。该企业可以用这笔美元收汇直接支付，而不必将其兑换成任何货币。

（3）金融衍生品

如企业无法采用上述两种方式规避汇率风险，可以采用金融衍生品。衍生产品的用途和特点各不相同，远期结售汇和买入单边期权是常用的衍生工具。当采用衍生产品时，企业必须理解为什么选择这种衍生产品，是出于套期保值的目的，还是投机？毕竟，衍生品是一把双刃剑，如果使用不当也可能导致损失。

三、客户开发与管理

（一）客户开发前的准备工作

1. 掌握市场基本状况

在进行跨境电商客户开发之前，掌握目标市场的基本状况是至关重要的准备工作。了解目标国家或地区的经济状况、消费习惯、购物偏好、法规政策等方面的信息，将有助于我们更好地把握市场的潜力和机遇，并制定相应的市场进入策略。

首先，我们需要了解目标市场的国内生产总值（GDP）、人均收入水平以及消费支出的趋势。这将帮助我们评估市场的购买能力和潜在需求，并根据市场规模和增长趋势制定合适的销售策略。

其次，我们需要了解目标客户的购买习惯、偏好品类、喜好的购物渠道等信息。这可以通过市场调研、消费者行为数据以及与当地消费者的交流来获取。这些了解将帮助我们定位产品，提供符合目标客户需求的产品特色和服务。此外，了解目标市场的海关进口规定、贸易条款、税务政策等，可以帮助我们避免法律风险，并合理规划物流、报关和支付方式等。同时，我们还需了解目标市场的知识产权保护和消费者权益保障等相关政策，以确保业务能够可持续发展和能够获得客户的信任。

最后，我们需要研究和分析目标市场的竞争对手，包括当地和其他跨境电商企业。通过了解竞争对手的产品、品牌形象、定价策略、销售渠道等信息，我们可以评估自身的竞争优势和劣势，并制定差异化的市场定位和营销策略，以吸引和留住目标客户。

2. 关注竞争对手

跨境电商市场竞争激烈，关注竞争对手是客户开发前的必要准备工作。通过研究竞争对手的产品、品牌形象、定价策略、物流配送等方面的信息，我们可以了解他们的优势和劣势，从中吸取经验教训，并制定相应的差异化策略来突出自身的竞争优势。

3. 构建客户开发的信息渠道

为了进行有效的客户开发，构建可靠的信息渠道至关重要。这包括通过跨境电商平台、社交媒体、行业展会、贸易团体等渠道来获取目标客户的信息。跨境电商平台提供了一个直接接触目标客户的途径，而社交媒体和展会等渠道则可以帮助加强与客户的互动和沟通。

4. 客户数据信息资料的整理分析

在客户开发前，需要对已有的客户数据进行整理和分析。这包括对客户的购买记录、偏好、地理位置等信息进行综合分析。通过客户数据的整理和分析，我们可以识别出潜在的目标客户群体，了解他们的需求和购买行为，并为客户开发的后续策略制定提供数据支持。

(二)客户开发的方法

在跨境电商中,有多种方法可以进行客户开发。

一是优化产品和服务,提供有竞争力的价格和品质,以吸引目标客户的关注和购买。这包括对产品的定位和定价策略的优化,提供符合目标市场需求的产品特色和附加价值,以及建立可靠高效的物流和售后服务体系。

二是策划线上线下的市场推广活动来扩大知名度和影响力。这可以包括在跨境电商平台上投放广告、推广社交媒体、参加本地展会和活动等。这些活动有助于提高品牌曝光度和客户认知度,吸引更多的目标客户前来了解和购买产品。

三是与本地合作伙伴进行合作。通过与当地的经销商、代理商或合作伙伴建立合作关系,可以借助其在本地的资源和网络,快速扩大客户群体,降低进入壁垒。

第五章 跨境电商物流的进出口

第一节 跨境电商海外仓出口

一、海外仓模式

跨境电商的迅速发展对物流业的要求日益提高，海外仓已成为众多跨境电商出口卖家优先选择的方式。在跨境电商中，海外仓是指国内企业将商品通过大宗运输的形式运往目标市场国家，在当地建立仓库、储存商品，然后再根据当地的销售订单，第一时间做出响应，及时从当地仓库直接进行分拣、包装和配送。

（一）海外仓兴起的原因

海外仓兴起的主要原因是卖家越来越需要提供与国外电商一样的本土化服务，充分利用中国制造的优势参与国际竞争。海外仓头程将零散的国际小包转化成大宗运输，卖家只要把货物大批量运到海外仓库，就有专门的海外仓工作人员代替商家处理后续各项琐事，在线处理发货订单，一旦有人下单就立即完成抓货、打包、贴单、发货等一系列物流程序，确保商品更快速、更安全、更准确地到达消费者手中，完善消费者跨境贸易购物体验，这可以给商家腾出时间和精力进行新产品开发，从而获取更大的利润。

在海外市场，当地发货更容易取得买家的信任，他们更愿意选择设置海外仓的商品。海外仓境内配送速度更快、安全性更高，特别是在黑色星期五、圣诞节等购物旺季，订单暴增，跨境配送的效率受到影响，丢包的风险加大，加上各国海关的抽查政策更加严格，此时发货速度快会提升买家的满意度。海外仓的退货处理流程高效便捷，适应当地买家的购物习惯，让买家在购物时更加放心，能够解决传统国际退换货问题，从而提高我国电商的海外竞争力，真正帮助电商提供本土服务。

（二）海外仓的优势

海外仓是顺应跨境电商发展趋势出现的一种仓储模式。能得到跨境电商巨头们的青睐，海外仓必定有自身特有的优势，其主要体现在以下几方面。

1. 降低物流成本及清关费用

跨境卖家以一般贸易的方式将货物输出至海外仓，以批量的形式完成头程运输，比零散地用国际快递要节省成本，一些产品还能享受到出口退税的政策。平台接单后，从海外仓发货，特别是在当地发货，物流成本远远低于从中国境内发货。

2. 缩短配送时间，加快物流时效

跨境卖家利用海外仓储提前备货，可以节省货物从中国运输到国外的时间，直接在当地国家发货。按照卖家平时的发货方式，e邮宝需要7～15天，UPS需要10天以上，若是在当地发货，客户仅需1～3天就可以收到货，大大缩短了运输时间，加快了物流的时效性。这一条在外贸旺季，如黑色星期五、圣诞节等，尤为适用。

3. 提高店铺好评

客户下单之后最关心的就是售后服务，这里包括时效、货物退货、换货等。当客户产生这些需求的时候，我们可以利用海外仓去进行售后服务，也解决了客户的后顾之忧，从而能够提高店铺的满意度。

4. 产品曝光度提升

如果卖家在海外有自己的仓库，那就可以更改物品所在地，轻松成为海外卖家，且当地的客户在选择购物时，一般会优先选择当地发货，因为这样对买家而言可以大大缩短收货的时间，海外仓的优势，也能够让卖家拥有自己特有的优势，从而提高产品的曝光率，提升店铺的销量。

5. 有助于市场拓展

一方面，海外仓更能得到国外买家的认可，另一方面，如果卖家注意口碑营销，自己的商品在当地不仅能够获得买家的认可，自身还能够积累更多的资源去拓展市场，扩大产品销售领域与销售范围。

（三）海外仓分类

根据运营主体的不同，海外仓可分为第三方海外仓服务商和卖家自建海外仓。

1. 自建海外仓

自建海外仓即卖家自己解决海外建立公司、仓库、通关、报税、物流配送等一系列问题。

自建海外仓最大的优势就是灵活，公司可自己掌控系统操作和管理，但自建海外仓的风险和成本也会更高，海外仓涉及的关务、法务、税务等问题都比较烦琐。

另外，如果体量不大，没有规模优势，很难拿到好的当地配送价格。

自建海外仓最大的问题在于管理不同文化的员工。因距离远、文化差异大，管理成了最大的难题。对于国外团队和国内团队，要采用完全当地化的管理手段和管理思路。国外员工很注重生活质量，也更直接谈钱和福利。

2. 第三方海外仓

第三方海外仓是指由第三方企业（多数为物流服务商）建立并运营的海外仓，并且可以提供多家跨境电商企业的清关、入库质检、接受订单、商品分拣、配送等服务。换句话说，第三方海外仓模式就是指由第三方企业掌控整个跨境物流体系。

跨境电商卖家与第三方"海外仓"的合作方式有两种：租用和合作建设。租用方式会存在操作费用、物流费用、仓储费用；合作建设则只产生物流费用。

相比直邮来说，使用海外仓能让很多问题与客户的沟通比较及时，在清关方面，海外仓也可以提供便利给收件人和代缴关税。综合来看，第三方海外仓的优势主要有以下几点：

①有助于提高单件商品利润率。eBay数据显示，存储在海外仓中的商品平均售价比直邮的同类商品高30%。

②稳定的供应链有助于增加商品销量。在同类商品中，从海外仓发货的商品平均销售量是从中国本土直接发货的商品销量的3.4倍。

③海外仓采取的集中运输模式突破了商品重量、体积和价格的限制，有助于扩大销售品类。

④海外仓所采取的集中海运方式大幅降低了单件商品的平均运费，尤其在商品重量大于400克时，采用海外仓的费用优势更为明显。这就有效降低了物流管理成本。

⑤稳定的销量、更多、更好的买家反馈将提升卖家的账号表现。eBay数据显示，使用海外仓可以使卖家的物流好评率提升30%。

但第三方海外仓也存在弊端，如存货量预测不准可能会导致货物滞销；货物追踪如果存在差漏会导致丢失；而海外仓服务商本身要做本土化服务和团队管理也是一大难题，这也会影响到对卖家服务需求的响应。

（四）海外仓运作流程

海外仓运作流程业内一般分为三段式：头程、清关、尾程。

海外仓本地管理其实跟国内电商仓库一样，需要从仓储空间规划、储位规范、SKU编码、拣选流程等方面一一设计。通常，海外仓全环节物流运输涉及多个合作方，在货物周转的过程中，委托关系及交接工作需要全程管控。能够全球多地布局的海外仓企业屈指可数，同时具备货运代理、国际贸易、清关等资质并长期经营于海外的更是凤毛麟角。便捷可靠的海外仓系统是自动高效驱动业务流程的基础,具有良好IT能力的海外仓企业会在这方面有比较明显的优势。

1. 头程

头程备货送仓,卖家可以选择自送或由海外仓全程负责,前提是海外仓运营商有足够的承运和清关能力,很多海外仓为了规避交叉风险或连带责任,多鼓励卖家委托代理自行送货。

海运拼箱或整柜是主要国际段物流方式,空运头程更适合紧急补货。如果自送,卖家要在提交海外仓入库单时,明确货物明细及运输方式、承运商、运单号等信息,作为ASN到货通知,便于仓库验货入库;卖家需要自行安排货物国内外清关及税费支付,都要以税后交货DDP的贸易模式发货。在清关过程中,如果涉及空运或海运,随货文件如装箱单和商业发票等,海外仓库不应被视为进口商、纳税义务人或货物所有人。通常情况下,海外仓库仅作为货物的临时存储地,而承运商则负责将货物运送到指定的送货地址。卖家自行包装时,单包超过50磅要堆码托盘、限重标准等,否则可能产生整柜散装卸货费;入库单信息或预约不准确会导致卸货、入库及上架延误,收货押车、押柜等额外费用。

有些海外仓提供"进出双清"及提货方面的服务,多在口岸拥有公共集货仓,统一进行收货查验、打标、包装打托、产品拍照、复合称重等增值服务,负责进仓入站、订舱、国内港口报关及目的国清关、托运至目的地,实现一站式跨境运输服务。

货物库上架后,卖家就有了库存,可以去线上销售了。注意,为了物流成本和库存最优,头程频率要科学安排。

2. 清关

借用海外仓批量发货,走海运的话,是大宗货物清关方式,清关检查严格,要求提供相关证明,像欧盟CE认证,第三方海外仓运营商会提供代理清关的增值服务。

3. 尾程

海外仓落地配送的选择,与之前介绍过的境外配送方式类似。发达市场的快递企业不多,但产品类型及服务层次明显,时效、价格区别很大。

尾程主要关注:一是订单处理时效,在订单产生后,仓库人员会即时收到出库任务,由于时差,在24小时内及时拣货、包装、出库,最能反映海外仓运营水平。二是配送产品选择,配送渠道的选择别有讲究,主要是快速高价、慢速低价、重件大包,但也考虑商品价值、客户要求、淡旺季等因素。有时为了获得用户一个好评,使用更好的快递权当是营销支出。海外仓出货规模越大,越能拿到更好的本地大客户折扣。三是追踪反馈,完成发货后,海外仓运营商及时提供配送物流单号,卖家上传平台。因为在本地发货,客户对于时效与可追踪的要求提高,海外仓运营商会辅助提供查询、监控投递或退回情况,便于卖家掌握。

4. 售后增值服务

在跨境电商业务中,会存在大量的退换货需求,直邮条件下基本只能重发。海外仓就方便多了,可以帮助卖家处理很多售后,包括每个环节都可以做很多增值服务(见表5-1)。

表5-1 海外仓可提供丰富的本地化服务支撑

物流服务	清关服务	销售支持	金融服务	海外推广	行政服务
头程集货十专线	进出口代理	买家直采	代收货款	土著地推	海外公司注册
海外仓配一体	商检服务	展示寄售	仓单质押	国外展会布置	商标品牌注册
转仓调拨	报关保税	质检及打码	保理业务	产品展示厅	税务服务
退换货	产品归类	测试维修	库存融资	媒体推广	法律支持
换标及包装	单证手续	退运服务	仓储进入	小语种推广	海外接待

二、海外仓选品

(一)海外仓的选品定位

随着跨境电商的发展,本地化服务的进一步升级,以及本地化体验的口碑积累,海外仓越来越成为未来跨境电商的必然趋势。根据跨境电商平台运营的商品种类,我们可以把海外仓选品大致分为以下四类:

1. 高风险、高利润

一些体积大且重量超重的商品,国内小包无法运输,或者运费太贵(如灯具、家具、户外用品、健身器材等)。

由于这些商品用小包、专线邮递规格会受到限制,使用国际快递费用又很昂贵,而使用海外仓的话可以突破产品的规格限制和降低物流费用,且高质量的海外仓服务商可将破损率、丢件率控制至很低的水平,为销售高价值商品的卖家降低风险。所以对于这类商品来说,海外仓是最佳选择。

2. 高风险、低利润

一些商品,如危险产品、美容美甲、带锂电池的小商品等,国内小包或快递无法运送。

这类商品,并非完全不适合海外仓,而是不适合中小卖家做海外仓,比如指甲油,因为这类产品价格相对低廉,而货物销售出去,不能保证每个单子都是好评,若产生售后,因为没有足够的利润支撑,光退换货的损失就不可估量。

3. 低风险、高利润

日用快消品类,如工具类、家居必备用品、母婴用品等,非常符合本地需求,需要短期内送达。

海外仓能大大缩短配送时间,对于这类日用快消品,国外买家也偏向于选择发货地为本国的商品。另外,这类商品往往周转率高,也就是我们常常所说的畅销品。对于畅销品来说,卖家可以通过海外仓更快速地处理订单,回笼资金,避免产生相应的仓储费用。

4. 低风险、低利润

在国外市场热销的产品,如3C配件、爆款服装等,批量运送更具优势,可以均摊成本。

对于这类商品,要选择性地使用海外仓,比如对于服装、鞋类等季节性强的消费品,卖家需要对库存和销售周期有充足的把握,才能使用海外仓,否则极易造成滞销。

(二)制定海外仓选品策略的关键要素

1. 市场调研与分析

(1)目标市场需求

要深入了解目标市场,不仅需要关注基本的人口统计学特征,如年龄、性别、收入水平等,还需关注消费者的具体需求和偏好。例如,欧洲市场可能更倾向于选择环保、有机产品,而亚洲市场则可能对高科技、时尚潮流产品有更高的接受度。此外,利用社交媒体、电商平台数据分析工具,监测消费者讨论热点和购买趋势,能够帮助商家及时捕捉市场脉搏。

(2)竞争分析

细致分析竞争对手的产品线、价格策略、促销活动和用户评价,不仅可以找出市场空白点,还可以借鉴成功经验,规避已有的激烈竞争。例如,如果发现市场上某类产品的评价普遍集中在某个功能不足上,那么在选品时便可以侧重于具备相关改进功能的产品,以差异化优势吸引顾客。

2. 商品特性

(1)尺寸与重量

体积大、重量重的商品,如家具、健身器材等,由于国际物流费用高昂,往往在传统跨境销售中不具竞争力。通过海外仓备货,可以有效减少国际运输成本,提升价格竞争力,同时也能够提供更快的物流体验,增加顾客满意度。

(2)价值与利润

选择高价值商品作为海外仓备货的重点,能够在确保利润空间的同时,减轻库存压力。例如,高端消费电子、奢侈品配件等,这类商品虽然单价高,但市场需求稳定,且消费者对快速配送的期待较高,海外仓能够有效满足这些需求。

(3)易碎性与安全性

对易碎品、敏感品或需要特定储存条件的商品,海外仓可以提供更专业的包装和保管,减少运输损耗。

3. 供应链稳定性

稳定的供应链是海外仓运作的基础。与信誉良好的供应商建立长期合作关系,确保商品供应的连续性和质量控制,对于避免断货、维持品牌形象至关重要。同时,利用 ERP 系统集成供应链管理,实现库存同步和订单自动处理,可以进一步提升供应链效率。

4. 季节性与趋势性

对于季节性商品,如冬季保暖用品、夏季防晒装备等,需提前数月在海外仓备货,以快速响应市场季节性需求。此外,紧跟社交媒体、潮流博主等渠道的热点趋势,快速引进新潮商品,可以抓住短暂的市场机遇,提升销售额。

5. 合规与认证

遵守目的国的法律法规是跨境贸易的基本要求。了解并获取必要的进口许可、安全认证(如欧盟的 CE 认证、美国的 FCC 认证)是选品时必须考虑的因素。忽视合规性不仅可能导致货物被扣押、退货,还会损害品牌声誉,造成经济损失。

6. 库存与周转率

合理规划库存,避免过度积压,是提高资金利用率的关键。应利用历史销售数据和市场预测,实施动态库存管理,对于热销商品保持充足库存,而对于销量不稳定的商品,则采取小批量、多频次的补货策略。此外,快消品因消费频率高,通过海外仓实现本地化快速配送,能够显著提升客户满意度和复购率。

7. 风险评估

在选品时,应构建多元化的商品组合,既包括高利润的潜在爆款,也不忽略稳定销售的基础产品,以此分散经营风险。同时,关注国际政治经济变动,适时调整供应链布局,减少外部因素带来的不确定性影响。

8. 物流成本与效率

海外仓的优势在于能够大幅降低大件商品的国际物流成本,缩短配送时间。

通过与当地快递、物流公司合作，优化配送路径，实施智能化仓储管理，可以进一步提升物流效率，减少物流损失，提高客户体验。

9. 数据分析

运用先进的数据分析工具，对历史销售数据、用户行为数据、市场趋势进行深度挖掘和分析，可以科学预测产品需求趋势，指导选品决策。例如，通过AI算法模型预测季节性波动，或是利用机器学习优化库存管理，都能有效提升决策的精准度。

10. 持续优化

市场是动态变化的，定期复盘销售数据，根据市场反馈调整选品策略，是保持竞争力的必要步骤。对于表现不佳的产品，应及时下架或调整策略，同时应积极引入市场反响好的新产品，保持商品组合的新鲜度和吸引力。此外，建立顾客反馈机制，了解消费者的真实需求，也是持续优化的重要一环。

综上，海外仓的选品策略是一个综合考虑市场需求、商品特性、供应链管理、风险控制和数据分析的复杂过程，需要跨境电商企业持续监控市场动态，灵活调整策略，以实现海外业务的持续增长和盈利。

三、执行海外仓仓储管理

(一)海外仓仓库分区

大型综合海外仓的功能区划分较为复杂，基本由卸货验收区、储存保管区、加工区、停车场、办公室等组成。海外仓的主体结构是储运场所及设施，根据配送中心的特定功能和基本作业环节，内部工作区域可以由进货区、储存区、理货／备货区、分放／装配区、发货区、流通加工区等构成。

1. 进货区

进货区作为海外仓的门户，是货物首次接触仓库的区域，其效率直接影响到整个仓储流程的顺畅性。此区域需配备高度自动化的接货系统，如RFID读取装置、自动卸货平台和传送带，以快速识别和记录货物信息。卸货站台应设计得足够宽敞，以便不同类型车辆（包括卡车和集装箱）同时作业，减少排队等候时间。验收区则需要配置专业的质量检验设备和人员，对货物进行严格的质量把关，包括数量核对、外观检查和条码扫描，确保入库货物的准确性和完整性。暂存区的设计需考虑货物的临时存储需求，使用可调节的货架或托盘，便于货物的临时堆放和后续快速转移至储存区。

2. 储存区

储存区是海外仓的核心区域，其设计需充分考虑货物的种类、体积、重量、周转率等因素,以优化存储空间利用率。通常采用高位货架系统、自动化立体仓库(AS/RS)或密集型存储系统来最大化存储容量。温湿度控制设备是必不可少的,特别是对于食品、药品等对环境敏感的货物的储存来说。此外,WMS(仓库管理系统)的集成应用,能够实时追踪库存状态,实现货物的精准定位和先进先出(FIFO)管理,减少库存过期风险。

3. 理货/备货区

理货/备货区主要承担货物的分类整理、补货准备和拣选作业。为了提高作业效率,该区域通常会采用条形码或RFID技术进行货物识别,结合智能拣选系统(如Pick-to-Light、Voice Picking)指导操作员快速准确地完成拣货任务。此外,动态储位分配策略能够根据订单需求动态调整货物摆放位置,缩短行走距离,提升工作效率。

4. 分放/配装区

分放/配装区是根据客户订单要求,将不同货物汇集一处,进行最终配装的区域。这里需设置高效的订单分拣系统,如交叉带分拣机、滑块分拣机,以及自动化打包机、封箱机等设备,确保订单处理的准确性和时效性。同时,该区域还需配备足够的工作台和包装材料,方便对特殊订单进行手工处理。

5. 发货区

发货区是货物离开仓库的最后一站,其效率直接影响到物流配送的时效。站台应设计为多车道,配备快速装卸设备,如电动升降平台、滚筒输送带等,以适应不同车型的快速装载。停车场需足够大,以容纳等待装货的车辆,同时考虑车辆进出的动线设计,避免拥堵。此外,该区域还需安装货物追踪系统,确保出库后的货物能被实时追踪,提升客户服务水平。

6. 流通加工区

流通加工区根据商品的不同需求,提供如贴标签、重新包装、组合包装、简单组装等增值服务。该区域的设备配置需根据加工内容而定,可能包括标签打印机、包装机、装配工作站等。合理的作业流程设计和工位布局,以及灵活的工人调度系统,对于提高加工效率、缩短加工周期极为重要。同时,还需要遵守当地的环保、安全规定,确保加工过程的合规性。

综上所述,海外仓的各功能区设计需综合考虑物流效率、成本控制、安全合规及客户需求,通过智能化、自动化技术的应用,不断提升仓库的整体运营效率和客户满意度。

(二)海外仓仓储空间既货架位规范

创建货架位信息,指对库存商品存放场所按照位置的排列,采用统一标识标上顺序号码，并作出明显标志。创建科学合理的货架位信息有利于对库存商品进行科学的养护保管。在商品的出入库过程中，根据货架位信息可以快速、准确、便捷地完成操作，提高效率，减少误差。

货架位信息编写，应确保一个仓库的货架位采用同一种方式规则进行编号，以便于查找处理。常用的货架位编号方法有：

1. 区段式编号

把仓库区分成几个区段，再对每个区段编号。这种方式以区段为单位，每个号码代表一个存储区域。区段式编号适用于仓库库位简单、没有货架的情况，可以将存储区域划分为A1、A2、A3……若干个区段。这类编号在仓库中运用非常广泛，宜家、超市卖场等都有运用。

2. 品项群式

把一些相关性强的商品经过集合后，分成几个品项群，再对每个品项群进行编号。这种方式适用于容易按商品群保管和所售商品差异大的卖家，如多品类经营的卖家。

3. 地址式

将仓库、区段、排、行、层、格等，进行编码。可采用四组数字来表示商品库存所在的位置，四组数字分别代表仓库的编号、货架的编号、货架层数的编号和每一层中各格的编号。如对于编号1-12-1-5，可以知道编号的含义是：1号库房，第12个货架，第1层中的第5格，根据货架位信息就可以迅速地确定某种商品具体存放的位置。

以上是三种常用的仓库货架位编号形式，各种形式之间并不是相互独立的。

第二节 跨境电商保税进口

一、执行保税商品入库

保税仓库，是指经海关批准设立的专门存放保税货物及其他未办结海关手续货物的仓库。

（一）保税仓库介绍

保税仓库是为适应国际贸易中的时间和空间差异的需要而设置的特殊库区，

货物进出该库区可免交关税。保税仓库还提供其他的优惠政策和便利的仓储、运输条件，以吸引外商的货物储存和包装等业务。保税仓库的功能多样，主要是货物的保税储存，一般不进行加工制造和其他贸易服务。除此之外，保税仓库还具有转口贸易、简单仓储加工和增值服务等功能。

其中，转口贸易是指国际贸易中进出口货品不是在生产国与消费国之间直接进行买卖，而是通过第三国进行买卖的贸易。例如，美国与中国进行一宗交易，但是货物不直接从美国运往中国，而是先运往新加坡，再从新加坡运往中国。对于新加坡来说，这笔交易就是转口贸易。一般在保税区内进行简单仓储加工是指在保税仓库内进行分拣、包装、装卸等物流活动，通过对货物的物流属性（如把货物放至相应货架、单元化货物等）的改变进行简单加工。相应的，此类物流操作也可以相应的提高货物的价值，达到增值的效果。

简单来说，保税仓库，是指经海关批准设立的专门存放保税货物及其他未办结海关手续货物的仓库。储存于保税仓库内的进口货物经批准可在仓库内进行改装、分级、抽样、混合和再加工等，这些货物如再出口则免缴关税，如进入国内市场则须缴关税。

保税仓库必须具备海关监管条件，保税仓库的负责人要严格遵守海关规定，对海关负责。保税物流的仓储管理是对保税仓库中的保税货物进行入库、在库和出库管理，并且在传统的仓库管理内容之外，还须建立仓库货物的详细列表，称为账册，传送至海关，以方便海关对保税区内的保税仓储企业的货物进出库进行监管和控制。

保税仓库按照使用对象不同分为公用型保税仓库、自用型保税仓库和专用型保税仓库。其中专用型保税仓库包括液体危险品保税仓库、备料保税仓库、寄售维修保税仓库和其他专用型保税仓库。

(二)保税仓储的政策优惠

保税仓储企业的优惠政策包括以下几点。

①在保税区内，允许中外企业开设外汇账户，实行现汇管理。企业经营所得的外汇扣除应纳的税金，剩余部分在企业成立五年内全部归企业所有。

②在保税区内进行的国际货物贸易，可以免除进出口许可证的要求。

③区内企业可从事国际转口贸易和代理国际贸易业务。

④区内各保税仓库和工厂内的货物可以买卖，也可通过保税生产资料市场与区外企业进行交易。

(三)保税仓储的税收优惠

投资保税区的中外企业具体可享受以下优惠政策。

①从境外进入保税区的货物,可免征关税和工商统一税(也称工商税、营业税)、增值税。

②从非保税区进入保税区的货物,凡符合出口条件的,免征生产环节的工商统一税,或退还已征的产品税。

③对于保税区内的企业生产的产品,当其运往境外及在区内销售时,免征关税和生产环节的工商统一税、增值税。

④允许与我国有贸易往来的外国商船在保税区内指定的泊位上停靠,装卸货物或进行中途补给等。

(四)保税仓库的监管

保税仓库作为重要的物流设施,对于来料加工和区内生产活动至关重要,它们提供了必要的存储和物流服务。保税仓库不仅能够缓解区内生产企业的库存压力,还能够合理安排区内的企业格局,促进区内经济的协调和可持续发展。但是作为区内货物流转的重要组成部分,保税仓库必须处于海关的监管之下,监管的主体为各保税区所在地的海关。这样不仅能够有效保证仓库内部货物的储存和操作安全,还能够更加方便快捷地统计保税仓储企业的财务数据,为我国经济发展提供决策资料。

海关监管内容主要包括以下三项。

1. 保税仓库管理制度执行情况

保税仓库管理制度是指对仓库各方面的流程操作、作业要求、注意细节、6S管理、奖惩规定、其他管理要求等进行明确的规定,指出工作的方向和目标,工作的方法和措施;且在广泛范畴内由一系列其他流程文件和管理规定形成,如仓库安全作业指导书、仓库日常作业管理流程、仓库单据及账务处理流程、仓库盘点管理流程等。

2. 有关单证、账册品

保税仓库电子账册是企业开展保税仓储业务前必须向主管海关申请建立的电子文档,是企业向海关申报进出仓货物的电子凭证,是海关为控制和记录企业申报进出及存仓保税货物所建立的电子数据账册。

3. 电子账册系统

建立保税仓库电子账册系统是海关为适应保税仓库的发展需要,加强和规范保税仓库管理,建立健全保税仓库管理电子底账,最终实现全国统一的保税仓库和海关计算机联网监管模式而采取的一项重要举措。实践证明该系统具有贴近实际、操作简便、运作顺畅、管理严谨、数据齐全等优点。为此,海关总署决定对该系统在全国海关进行推广应用,如企业未办理保税仓库电子账册,将无法开展保税仓储业务。

(五)保税仓库与一般仓库的区别

保税仓库与一般仓库最不同的特点：保税仓库及所有的货物受海关的监督管理，非经海关批准，货物不得入库和出库。保税仓库的经营者既要向货主负责，也要向海关负责。

1. 专人负责

保税仓库所存放的货物，应有专人负责，要求于每月的前五日内将上月所存货物的收、付、存等情况列表报送当地海关核查。

2. 明确经营范围

保税仓库不得对所存货物进行加工，如需改变包装、刷代码，必须在海关监管下进行。海关认为必要时，可以会同保税仓库的经理人，共同加锁，即实行连锁制度。海关可以随时派员进入仓库检查货物的储存情况和有关注册，必要时要派员驻库监管。

3. 单证齐全

保税货物在保税仓库所在地海关入境时，货主或其代理人（如货主委托保税仓库办理的即由保税仓库经理人）填写进口货物报关单一式三份，加盖"保税仓库货物"印章，并注明此货物系存入保税仓库，向海关申报，经海关查验放行后，一份由海关留存，另两份随货带交给保税仓库。

保税仓库管理人员应于货物入库后即在上述报关单上签收，其中一份留存保税仓库，作为入库的主要凭证，一份交回海关存查。保税货物复运出口时，货主或其代理人要填写出口货物报关单一式三份并交验进口时由海关签印的报关单，向当地海关办理复运出口手续，经海关核查与实货相符后签印，一份留存，一份返还，一份随货带交出境地海关凭已放行货物出境。存放在保税仓库的保税货物要转为国内市场销售，货主或其代理人必须事先向海关申报，递交进口货物许可证件、进口货物报关单和海关需要的其他单证，并交纳关税和产品（增值）税或工商统一税，由海关核准并签印放行。保税仓库凭海关核准单证发货，并将原进口货物报关单注销。对于从事来料加工或进料加工的企业，在提取保税仓库中的备料时，货主或其代理人需要事先向海关提交相关的批准文件和合同等单证进行备案登记。备案时需填写《来料加工／进料加工专用报关单》以及《保税仓库领料核准单》，通常一式三份：一份由海关留存，一份由领料人留存，一份在海关审核并签盖放行章后返还给货主，以便仓库经理人凭此单据交付货物，并办理核销手续。仓库管理人员凭海关签印的领料核准单交付有关货物，并凭此向海关办理核销手续。

4. 分类处理

海关对提取用于来料、进料加工的进口货物,按来料加工、进料加工的规定进行管理并按实际加工出口情况确定免税或补税。根据《中华人民共和国海关法》规定,保税仓库所存货物储存期限为一年。如因特殊情况可向海关申请延期,但延长期最长不得超过一年。保税货物储存期未满,既不复运出口又未转为进口的,由海关将货物变卖,所得价款按照《中华人民共和国海关法》第21条规定处理,即所得价款在扣除运输、装卸、储存等费用和税款后,尚有余款的,自货物变卖之日起一年内,经收货人申请,予以发还,逾期无人申请的,上缴国库。保税仓库所存货物在储存期间发生短少,除因不可抗力的原因外,其短少部分应当由保税仓库经理人承担交纳税款的责任,并由海关按有关规定处理。保税仓库经理人如有违反海关上述规定的,按《中华人民共和国海关法》的有关规定处理。

鉴于保税仓库的特殊性质,海关代表国家监督管理保税仓库及所存的保税货物,执行行政管理职能。保税仓库的经营者具体经营管理保税货物的服务工作,可以说是海关和经营者共同管理保税仓库。经营者要依靠海关经营好保税仓库,因此必须充分协作配合。保税仓库经营者要严格执行海关的法令规定,海关需要的报表应及时报送,海关要检查的注册,须完整无误,发生问题应及时向海关报告,请求处理,以利于海关监管。在这个前提下,海关力求简化手续,提供方便,共同把保税仓库管理好,以充分发挥保税仓库的优越性,为发展对外经济贸易服务。

5. 分类存储

在保税仓库管理中,科学合理地分类存储是确保货物安全、高效流转的关键环节。首先,保税仓库与国内普通货库的物理隔离是必须的,这不仅是为了遵循海关监管要求,区分不同性质的货物,避免税则混淆,更是为了有效防止走私风险,保障国家税收安全。对于进口和出口监管仓库,同样需要实行严格的分离制度,这是因为两者在关税政策、货物状态(如是否已清关)及出库流向上有本质区别。混装混放不仅会导致税务处理上的混乱,也可能违反国际贸易法规,给企业带来不必要的法律风险和经济损失。因此,仓库管理者需建立严格的分类管理制度,利用信息化手段如仓储管理系统(WMS)来精确追踪货物信息,确保各类货物在库内有序存放。

6. 分库储存

鉴于不同商品有着各自特殊的存储要求,保税仓库内部应设立专门的存储区域以满足这些需求。例如,对于需要低温保鲜的食品、药品等,设立专业的冷库,维持恒定的低温环境,确保货物品质不变;对于危险品,如化学品、易燃易爆品,则需建立符合国家安全标准的危险品库,采用防爆设施、泄漏应急处理设备,并安排专业人员管理,防止意外发生;贵重物品库则强调安全防护措施,如安装高级防盗系统、监控摄像头,设立保险柜等,以保护高价值货物免受损失。这些特殊仓库的设立,体现了对货物特性的尊重,也是提升仓库服务质量、满足多样化客户需求的重要体现。

7. 设施齐全

现代保税仓库不仅是一个简单的存储场所,更是一个集物流、通关、增值服务为一体的综合服务平台。因此,配备齐全的设施和工具是基础要求。在装卸设备方面,应根据货物类型配备叉车、吊车、传送带等机械化、自动化设备,以提高装卸效率,减少人力成本和货物损坏风险。消防安全设施是重中之重,包括但不限于自动喷水灭火系统、烟雾探测器、消防栓、灭火器、应急疏散指示标志等,确保一旦发生火情,能迅速响应并有效控制。此外,为配合海关监管,保税仓库还需提供专门的办公场所给海关人员使用,配置必要的办公家具、通信设备(如固定电话、网络服务),以及海关执行日常监管、查验任务所需的场所和工具,如查验台、手持扫描仪等,以确保监管工作的顺利进行。扣留物品仓库的设立则是为了处理海关扣留的可疑货物,保证扣留期间的货物安全与合规管理。这些设施的完善,不仅体现了仓库的专业性和规范性,也是增强客户信任、提升市场竞争力的重要因素。

二、盘点保税仓库

(一)盘点作业的含义

1. 盘点的定义

在复杂的保税仓储环境中,商品频繁地流动使得库存记录与实物状况难以始终保持一致。随着时间的推移,这种差异可能会逐步扩大,影响到库存管理的准确性,甚至导致决策失误。此外,部分商品长期储存可能导致品质下降,无法满足客户的质量要求。因此,定期进行盘点作业,即对仓库内所有存储的商品进行全面清点和检查,变得尤为重要。这不仅能确保库存记录与实物的一致性,还能帮助及时发现并处理变质、过期或不符合存储条件的商品,有效维护仓库的运营效率和商品质量。

2. 盘点的内容

(1)查数量

通过点数计数查明物品在库的实际数量,核对库存账面资料与实际库存数量是否一致。

(2)查质量

检查在库物品质量有无变化,有无超过有效期和保质期,有无长期积压等现象,必要时还必须对物品进行技术检验。

(3)查保管条件

检查保管条件是否与各种物品的保管要求，如温度、湿度要求等相符合。

(4)查安全

检查各种安全措施和消防设备、器材是否符合安全要求，建筑物和设备是否处于安全状态。

(二)盘点的策略

1. 明盘

明盘是一种直观、直接的盘点方式。盘点员依据事先准备好的盘点表，逐一对照实物进行数量核对。一旦发现差异，立即记录并进行复盘确认，确保数据的准确性。这种方式透明度高，易于操作，适合于库存商品种类相对较少、管理较为规范的仓库。

2. 暗盘

相较于明盘，暗盘则采取了一种更为隐秘的方式进行盘点，旨在减少人为因素的干扰，提高盘点结果的客观性。盘点员在没有预先知晓库存数量的情况下进行清点，之后将盘点结果与系统记录对比，发现差异后进行二次复核。暗盘有助于发现潜在的库存管理问题，如录入错误、偷盗等，提高库存管理的严谨性和准确性。但同时，暗盘操作较为复杂，对盘点人员的专业性和责任心要求较高。

两种盘点策略各有优劣，实际操作中可根据仓库的具体情况（如商品种类、数量、仓库规模、人员素质等）灵活选择或结合使用，以达到最佳的盘点效果，确保保税仓库的高效、安全运作。

(三)盘点方法

①永续盘点法：入库时随即盘点，及时与保管卡记录核对，可随时知道准确存量，盘点工作量小。

②循环盘点法：按入库先后，每天盘点一定数量的存货，全部盘完后开始下一轮盘点。

③重点盘点法：对进出频率高、损耗、价值高的存货重点盘库，可控制重点存货动态，有效防止发生差错。

④定期盘点法：定期（周／月／季／年末）全面清点所有存货，便于及时处理超储、呆滞存货。

(四)仓库盘点环节

1. 制订盘点计划

制订周密的盘点计划是确保盘点工作顺利进行的前提。首先，要根据仓库运营的实际情况，选择合适的时间进行盘点，通常会选择在业务量较低的时段，如季度末、年末或者节假日前后来进行，以减少对日常运营的影响。接着，确定参与盘点的人员名单，涵盖仓库管理人员、财务人员，以及第三方审计人员（如必要），确保盘点团队的专业性和公正性。明确盘点的范围，是全盘还是部分重点商品的盘点，以及是否包含仓库的所有区域。此外，选择合适的盘点方法，如按货品类别、存储区域或是ABC分类法进行，以便高效有序地进行盘点工作。最后，将仓库区域进行合理划分，分配责任区，制定详细的分区盘点表，明确每个区域的责任人、预计盘点时间和预期完成时间。

2. 盘点准备

在正式盘点前，一系列的准备工作是不可或缺的。首先，对仓库进行全面的清洁和整理，确保通道畅通无阻，货物摆放整齐有序，以便于盘点操作。其次，核对和整理所有的单据和账本，确保账目清晰、准确，与实际库存情况相符。同时，对财务往来账目进行结清，避免在盘点过程中出现账务混淆。对于特殊商品，如易碎品、危险品或贵重物品，需做出明确标识，提示盘点人员注意处理方式。此外，需提前通知仓库内外相关部门及人员具体的盘点时间，确保盘点期间不会发生影响盘点准确性的出入库操作。对库存商品进行预处理，如将已验收入库的商品整理归位，避免将供应商未验收的商品混淆其中；对残次品进行清理归类，确保不影响正常商品的盘点；对退货商品及时进行处理，暂时无法退货的需明确标识，避免计入有效库存；赠品也需要单独清理、存放，并做好标识，以免混淆。

3. 实施初盘

实施初盘，通常采用两人一组的方式进行，一人负责清点，一人负责记录，互相监督，确保盘点的准确性。依据之前制定的分区盘点表，按顺序逐一清点各个区域的商品，注意检查商品的品名、规格、数量、批号等信息是否与账目相符。对于发现的不合格品，应立即与合格品分开存放，并做好标记，便于后续处理。每完成一个区域的盘点，即在该区域或对应的货物上贴上已盘点的标签，以防重复盘点或遗漏。在整个初盘过程中，保持沟通顺畅，对发现的任何疑问或差异及时记录并上报，为后续的复盘和问题处理做准备。通过这样的精细化操作，确保盘点工作的高效与准确，为库存管理的优化提供坚实的数据支持。

4. 实施复盘

初盘完毕后，以初盘表为依据，更换人员进行复盘，以红笔记录。第三人稽查两组数据，无误后汇总盘点表。然后与电脑系统数据核对进行对照。

复盘要求：

①复盘人对"初盘盘点表"进行分析，快速做出盘点对策，按照先盘点差异大、

后盘点差异小、再抽查无差异物料的方法进行复盘工作；复盘可安排在初盘结束后进行，且可根据情况在复盘结束后再安排一次复盘。

②复盘时根据初盘的作业方法和流程对异常数据物料进行再一次点数盘点，如确定初盘盘点数量正确，则"盘点表"的"复盘数量"栏不用填写数量；如确定初盘盘点数量错误，则在"盘点表"的"复盘数量"栏写正确数量。

③初盘所有差异数据都需要经过复盘盘点。

④复盘时需要重点查找以下错误原因：物料储位错误、物料标示 SKU 错误、物料混装等。

⑤复盘完成后，与初盘数据有差异的需要找初盘人予以当面核对，核对完成后，将正确的数量填写在"盘点表"的"复盘数量"栏，如以前已经填写，则予以修改。

⑥复盘时需要查核是否所有的箱装物料全部盘点完成及是否有做盘点标记。

5. 处理残次品

在盘点过程中发现的残次品，首先需要进行细致的分类和评估。对于那些因运输、存储过程产生的轻微瑕疵，若不影响商品的基本功能和后续销售，可以考虑进行修复处理或折扣销售。对于无法修复且不符合销售标准的残次品，则需进一步确认是否能够向供应商申请退换或赔偿。与供应商的沟通中，需准备好详细的残次品清单，包括商品名称、批次、数量以及残次的具体原因，以便于供应商审核和处理。如果退换货不可行，这部分残次品则应计入库存损失，通过财务系统进行报损处理，准确记录在财务账目中，作为企业成本控制和盈亏分析的一部分。

6. 追查盈亏原因

盘点过程中出现的盈亏情况，无论是盈余还是短缺，都需要立即引起重视并进行深入调查。盈亏原因可能涉及多个方面，包括但不限于库存记录错误、商品丢失、盗窃、盘点误差、系统数据录入失误、商品损坏或过期未及时处理等。通过查阅相关单据、监控录像、员工访谈等手段，追溯盈亏发生的源头，是至关重要的一步。一旦查明原因，应立即采取措施纠正错误，比如修正库存记录、加强安全管理、优化操作流程等，以防止类似问题再次发生。同时，对于因管理疏漏或人为错误导致的损失，应进行责任追究，提升员工的责任意识和操作规范性。

7. 填制盘点分析报告

盘点结束后，盘点负责人和财务人员需协作编制详尽的盘点分析报告。这份报告不仅包括盘点的基本数据，如盘点日期、参与人员、盘点范围、初盘与复盘的差异、最终确定的库存数量等，还应深入分析盘点过程中发现的问题，如盈亏的具体情况及其原因分析、残次品处理结果、盘点效率和准确性评估等。报告还应提出改进建议，比如优化库存管理流程、提升仓储条件、加强员工培训等，以期在未来的运营中避免类似问题，提高库存管理的整体效能。书面盘点总结不仅为管理层提供了决策依据，也为财务核算、库存调整、风险管理等后续工作提供了重要参考。通过这样的总结反馈机制，企业能够持续优化库存管理策略，提升整体运营效率和盈利能力。

三、执行保税商品出库及退换货

（一）区内调拨

区内调拨是同一保税监管区域内企业之间的物流形式，分为分送集报调拨和逐笔报关调拨。分送集报表示分批送货、集中报关，这种方式一般适用于保税区、物流园区、出口加工区等特殊监管区域。海关对信用良好的企业的进出口业务，允许多次出入区域，然后在月底向海关做一次正式申报。分送集报区别于逐单申报（即逐笔报关），采用逐单申报时每一单进出口都须向海关正式申报。这类情形适用于同一保税区之间不同保税企业间出现的原材料或半成品短缺，这种物流形式能够帮助企业有效规避从区外境内的企业采购原材料的报关、进出境税收等成本，降低了保税区内企业的运行成本。

（二）区间流转

区间流转是同一关境不同海关监管区域之间企业的物流形式。企业在海关特殊监管区域信息化系统的辅助下，向海关申请报关、调用监管车，并且海关监管货物运输车辆必须在海关监管运输路线运输货物。这类情形适用于同一海关监管区域内不同保税区之间出现的原材料或半成品短缺，区间流转能够协调不同保税区的原材料或半成品的需求，而令企业不需要从区外的企业另行采购，有效地缩短了保税区内企业的生产时间，提高了生产效率。

（三）二线出区

二线出镜指由海关监管区域出货至区外境内企业。例如若某一企业生产制造的产品不需要复运出境，直接在保税区所在国境内销售，则该企业在完成报关等一系列程序后，将货物运出保税区的行为称为二线出区。

（四）一线出境

一线出境指由海关监管区域出货至区外境外企业。区外境外是指某一保税区所在国国境之外的海关监管区域。例如，美国某一企业在中国某一保税区内从事保税加工生产，其生产的产品需运输至美国地区销售，那么，这一批货物会复运出中国国境，也将运出其生产加工所在的保税区，达到美国的某一海关监管区域，此类情形称为一线出境。

(五)退仓出库

在保税仓储操作中,退仓出库是一个涉及海关监管的重要环节,主要处理的是不良品货物的退回流程。这一过程分为两种主要模式:分送集报退仓和逐笔报关退仓。

分送集报退仓:这是一种高效的退运方式,适用于短期内需要频繁退运少量不良品的情况。在这一模式下,仓储企业会在一定时间内汇总多批次的不良品信息,统一向海关申报,简化报关手续,降低报关成本。集报退仓的好处在于,可以减少每次退运都要单独报关的烦琐,提高退运效率,尤其适合那些与供应商有稳定合作关系,且退货频率较高的企业。

逐笔报关退仓:与集报退仓相反,逐笔报关退仓是指每一次退货都需要单独向海关申报,适用于退货批次较大或不规律,需要即时处理的情况。虽然这种方式在操作上可能相对烦琐,但它提供了更高的透明度和即时性,每一笔退货都可追溯,适合于对退货管理有严格要求或退货量较大的企业。

(六)直接出库

直接出库指的是货物从海关监管区的区外企业直接出货至监管区内另一企业,这一过程同样分为分送集报调拨和逐笔报关调拨两种形式。

分送集报调拨:当区外企业需要向区内多家企业分发货物时,可以采用分送集报的方式进行调拨。这种方式允许企业将一段时间内多次调拨的货物汇总成一批进行报关,简化流程,减少报关次数,适用于货物分散、调拨频繁的场景。

逐笔报关调拨:对于需要即时性和精确追踪的单笔调拨,逐笔报关调拨更为适用。每一笔调拨都独立报关,虽然增加了报关工作量,但确保了每一批货物的流向清晰,便于监管和追踪,适合于重要物资或对时效要求高的调拨需求。

(七)一日游出库

一日游出库是一种特殊的货物处理方式,适用于货物需要在不同保税区之间转移,或出于特定目的(如完成出口退税、更换贸易条款等)而在保税仓储企业内部进行的虚拟出库再入库操作的情形。在这一过程中,货物实际上并未离开保税仓储企业的仓库或保税区,仅在海关账册上进行名义上的出库和入库记录,满足了特定的贸易和监管要求。

一日游出库的优势在于,它简化了实际物流操作,降低了运输成本和时间成本,同时帮助企业合法合规地完成必要的贸易流程,如完成出口退税程序,或是调整货物的贸易状态。这一做法要求严格遵守海关的出关规定,确保所有操作都在合法框架内进行,是灵活利用保税区政策优势的一种体现。

第六章 跨境电商的营销推广

第一节 搜索引擎营销

一、搜索引擎概述

(一)搜索引擎的定义

搜索引擎(Search Engines)是对互联网上的信息资源进行搜集整理,然后提供查询的系统,它包括信息搜集、信息整理和用户查询3个部分。

搜索引擎是一个提供信息"检索"服务的网站,它使用某些程序把互联网上的所有信息归类以帮助人们在茫茫网海中搜寻到所需要的信息。

早期的搜索引擎是把互联网中的资源服务器的地址收集起来,由其提供的资源的类型不同而分成不同的目录,再一层层地进行分类。人们要找自己想要的信息可按他们的分类一层层进入,就能最后到达目的地,找到自己想要的信息。这其实是最原始的方式,只适用于互联网信息并不多的时候。随着互联网信息按几何级数式增长,出现了真正意义上的搜索引擎,这些搜索引擎知道网站上的每一页,随后可以搜索互联网上的所有超级链接,把代表超级链接的所有词汇放入一个数据库。这就是现在搜索引擎的原型。

(二)搜索引擎营销理论

1. 搜索引擎营销的定义

搜索引擎营销的英文为Search Engine Marketing(SEM)。搜索引擎营销是一种营销方法,它根据用户使用搜索引擎的习惯,采用付费形式或者技术手段,使网页在关键词搜索结果中排名靠前,引导用户点击,从而达到品牌展示和促进销售的目的。

搜索引擎营销的基本思想是让用户发现信息,并通过搜索引擎搜索点击进入网站/网页进一步了解他们所需要的信息。简单来说搜索引擎营销所做的就是以最小的投入在搜索引擎中获得最大的访问量并产生商业价值。它的方法主要包括搜索引擎优化（SEO）、点击付费广告（PPC）、竞价排名、付费收录等。

2. 搜索引擎营销的价值

美国知名搜索引擎营销专业服务商 iProspect 和市场研究公司 Jupiter Research 联合调查显示：互联网用户使用搜索引擎越来越没有耐心，越来越多的互联网用户仅关注搜索引擎结果第一页的内容，如果第一页面没有满意的结果，立刻变换关键词或者更换搜索引擎重新进行检索。

因此，通过搜索引擎营销手段让自己的网站在搜索结果中排到靠前的位置是十分必要的，这样搜索引擎才可能为你带来更多的关注和点击，同时也带来更多的商业机会。

二、利用搜索引擎分析市场

对于大部分出口型企业而言，Google 不是一个陌生的名词。在许多人的印象中，Google 以其搜索结果中的关键词竞价广告而闻名。企业通常需要投入相当的成本，才能实现预期的推广效果。

确实，Google 作为全球最大的搜索引擎，对出口型企业而言是一个至关重要的市场分析和推广平台。尽管很多人可能首先想到的是 Google Ads（原 Google AdWords）——即通过竞价排名来展示广告，实际上，Google 还提供了多种免费或低成本的工具和方法，帮助企业深入了解市场需求、竞争对手，以及潜在客户的偏好，从而更精准地制定市场策略。

（一）Google Trends（谷歌趋势）

Google Trends 是一个非常强大的工具，它可以帮助企业分析特定关键词在不同时间、地区内的搜索热度变化，以及相关的搜索趋势。这对于捕捉季节性需求、地区性偏好以及新兴市场趋势极为有用。通过对比不同关键词的搜索量，企业可以更准确地选择目标市场和优化产品定位。

（二）Google Keyword Planner（谷歌关键词规划师）

尽管最初设计 Keyword Planner 是为了辅助 Google Ads 的广告主选择关键词，但任何用户都可以免费使用它来探索关键词的搜索量、竞争程度以及获得相关关键词建议。这对于优化产品页面的 SEO、撰写营销内容或是了解行业趋势都非常有帮助。

（三）全球商机洞察（Market Finder）

Google 的 Market Finder 工具可以帮助企业发现新的国际市场机会。它可以根据企业的现有业务，推荐具有潜力的海外市场，并提供有关消费者行为、竞争格局、本地化建议等的详尽分析，有助于企业制定国际化战略。

（四）自然搜索结果分析

除了付费广告外，观察自然搜索结果中的竞争对手和行业领袖，可以为企业提供宝贵信息。分析他们的网站结构、内容策略、社交媒体活动等，可以学习有效的市场策略，并找出差异化的竞争点。

（五）谷歌搜索 Console（谷歌搜索控制台）

Google Search Console 是一个免费工具，它提供了网站在 Google 搜索结果中的表现报告。企业可以借此了解哪些关键词引导用户到达其网站、点击率如何以及是否存在索引问题等，进一步优化网站 SEO 表现。

尽管直接通过 Google Ads 进行关键词竞价广告的确可能需要较大的广告预算，但 Google 提供的其他一系列工具和方法，为出口型企业提供了成本效益较高的途径来分析市场、优化产品与服务，以及制定更有效的营销策略。通过深度挖掘和利用这些资源，企业不仅能够减少盲目投入，还能更加精准地触达目标客户，提高国际市场竞争力。

三、利用搜索引擎分析竞争对手

无论是做企业，还是做网站或者任何行业都会有竞争对手，大家亦敌亦友，互相学习共同进步。外贸行业也是如此，在决定进入一个外贸行业之前，首先要做的就是研究行业趋势。当我们对一个行业进行了仔细的分析，发现这个行业有着良好的发展趋势，下一步需要做的就是研究潜在的竞争对手了，所谓知己知彼，百战不殆。

如果我们跳过了分析行业及研究竞争对手这两个环节，就容易拍脑袋贸然进入一个行业。没有一个良好的规划就开始做网站做推广，最后只能带来两个结果：一是自己想做的关键词排名怎么都做不上去；二是自己认为不错的关键词，排名做到了第一也没有什么流量，进而也不会带来询盘或者订单。

确定你的竞争对手其实很简单，在搜索引擎中搜索产品的核心关键词，排在前两页的网站就是你的主要竞争对手。当然我们还需要从以下几个方面进一步去了解我们竞争对手的网站。

（一）了解网站的基本数据

想深入了解一个竞争对手的网站，就要对这个网站有深入的分析。我们先要从他们网站的基本数据开始进行研究。

在开始进行研究之前我们先要安装必备的分析工具。首先下载火狐浏览器

(Firefox)，在菜单中找到"获取附加组件"，搜索 SEO 关键词，我们会看到火狐浏览器为我们罗列出了下载热度最高的附加组件，可以选择"SEO Site Tools"或者"WebRankSEO Toolbar"进行安装。

首先我们来看"Wedding Dresses"这个关键词，大家可以使用上一部分我们提到的工具分析一下"Wedding Dresses"这个关键词的全球搜索量及竞争程度，我们发现这是一个热度很高的关键词，全球每月搜索量非常高并且竞争十分激烈。可想而知对于这样一个热度非常高的关键词，可以排在自然搜索结果前三位的网站一定是非常优秀的网站，无论在网站结构、内容还是外链（后面会有详细讲解）建设方面都有值得我们学习的地方。

我们来具体分析一下，排在第一位的网站"www.davidsbridal.com/"，它的 DA、PA 分别为 64、47。对于做垂直类产品的网站来说这是一个非常不错的得分。我们再来看排在自然搜索结果第二位、第三位的两个网站，这两个指标的得分与排在第一的网站相差无几。那么是什么原因决定这三个网站的排名次序呢？

我们再来看一下 Alexa 排名，这三个网站的 Alexa 排名分别为 7036、65461、85509。这是什么意思呢？大家肯定一头雾水，我们先来了解一下什么是 Alexa 排名。Alexa 排名是指网站的世界排名，主要分为综合排名和分类排名，Alexa 提供了综合排名、到访量排名、页面访问量排名等多个评价指标信息，它也是当前较为权威的网站访问量评价指标。Alexa 每 3 个月公布一次新的网站综合排名。此排名的依据是链接数（Users Reach）和页面浏览数（Page Views）3 个月累积的几何平均值。

根据这三个网站的 Alexa 排名我们大概可以看出一些端倪了。那么我们又有新的疑问了，是什么决定了网站的 Alexa 排名呢？网站做哪方面的改进可以提升 Alexa 排名呢？对用户有价值的网站内容、合理的网站内链结构都是决定网站 Alexa 很重要的因素，除此之外还有另外一个重要决定因素，那就是外链。

（二）外链

我们看到排名第一的网站页面总共有 2193476 个 Links、3732 个 RDs。而排在第二位及第三位的网站的这两个指标是要远远低于排在第一的网站的。我们都知道，外部链接就像是对一个网页的投票，得到的投票越多，在 Google 看来这个页面就越受欢迎。对于一个网页来说，来自同一个网站的反向链接再多，也还是一个人或者一个网站对你的投票，不能反映外链的广泛度。只有来自成千上万不同的域名的反向链接，才意味着得到了成千上万个人的投票，所以我们在判断一个网页的外部链接策略的时候需要看这个页面获得的 RDs 才更加准确。

那么我们又有疑惑了，是不是 RDs 的数量越多就越好呢？答案当然是否定的。

当我们多研究一些关键词时，会发现排名与外部链接数量之间并不是绝对的对应关系。对于有些关键词来说，一些外部链接很少的网页也可以获得很好的排名。我们有时候常会纳闷为什么我的网站外部链接非常多，排名仍然没有那些外部链接非常少的网站好。下面我们就为大家来解释一个好的外链应该具备哪些条件。

1. 单项链接

最好的外链是对方网站主动给予的单项链接，而我们不需要链接回去。这表明不是友情交换链接，是对方网站对我们网站内容的认同并给予一个投票，在Google看来这样的单项外链才是最有价值的外链。

2. 经过编辑的外链

外部链接其实分为很多种，最有价值的是将链接嵌入软文。也就是说对方网站在一篇专业文章中很自然地提到了我们的网站，并且给予了我们一个反向链接，这表明对方网站认为我们网站上有浏览者需要的最权威、最有用的信息，所以才会提供一个反向链接通往你的网站页面，这种链接才是真正意义上的投票。

3. 内容相关性

一个与目标网站内容相关的外链才是好外链。例如，一个财经评论的网站给做婚纱的网站一个单向外部链接，这在Google看来是主题完全不匹配的。即便这个财经网站拥有再高的网站权重，也不能够给婚纱网站的页面带来排名的提升。

4. 域名权重及排名

发出单向链接的网站的域名注册时间，以及该网站的域名权重都是很重要的决定因素。总的来说一个网站的域名注册时间越久，域名权重越高，对于获得该网站反向链接的网页来说排名的帮助越大。

5. 导出链接数目

一个网页页面上存在的导出链接数目越多，那么每一个链接所能分得的权重就越少。所以如果一个网站页面上没有内容，全部都是各种导出链接，那么即使这个网站拥有再高的权重对网页的排名提升效果也不大。只有实质性内容的新闻或者博客网页上得到的导出链接才具有对排名有促进效果的价值。

6. 来自"好邻居"的链接

我们在寻找外部链接的时候要关注正规网站，不要去寻找违法的外链。搜索引擎对于这类网站的惩罚是非常严厉的，如果我们在这种类型的网站上加了外部链接，也有可能被搜索引擎一起惩罚。

7. 来自gov、edu等域名的外链

Gov、edu这类域名是不可以随便注册的，这些域名大多与政府机构、大学或者科研机构有关系，域名本身就很难获得，加上这种类型的网站上存在垃圾内容的可能性相比起其他后缀的域名要小很多。所以来自这些域名后缀的外链也是非常有价值的。

四、利用搜索引擎寻找买家

除了参加世界各地的展会，购买阿里巴巴、中国制造等第三方平台的会员等方法外，外贸从业人员还应该掌握一个强大又经济划算的工具：用搜索引擎来搜索客户，在以下内容中我们会从几个方面向大家详细介绍如何用搜索引擎寻找到全世界的买家。

(一)关键词法

搜索产品相关的关键词，会出来成千上万甚至上百万的网页，这些网页都跟我们搜索的产品有着千丝万缕的关系。将这些搜索结果进行深度挖掘可以找到很多我们潜在的买家，或者是非常有价值的行业内论坛。例如，当我们在 Google 中搜索"solar energy products"的时候，可以看到搜索引擎给出了几个关键词推荐，这些被推荐的关键词并不是随便出现在这里的，它们都是 Google 通过算法计算出的跟我们输入的关键词最相关而且搜索热度较高的长尾关键词。这些都是我们用来搜索客户的很好的关键词。

当我们选中关键词之后，下面会出现相关的搜索结果，我们可以看到有付费的广告也有自然搜索结果。一般来说除去 Wiki、Youtube 一类网站，剩下的能够排在自然搜索结果第一页的都是权重较高的企业网站或者是行业内论坛。这些企业网站本身就可能是我们的潜在客户，他们有可能就是我们的产品在相应国家的大型代理商，需要从中国进口商品到本国销售，那么我们果断要把此类网站的联系方式，例如邮箱地址、电话等保存下来；如果是一些行业内论坛那就更要引起关注了，因为很多潜在买家会在论坛中发布一些求购信息。

(二)纵向法

除了利用搜索引擎寻找可能的直接买家之外，我们还可以利用纵向思维去寻找客户。比如销售的产品是 PPR Pipes（家用上下水输水管），我们就要思考，在国外什么样的人群可能是我们的潜在买家。如果新房需要装修肯定需要这类产品，那么房子的主人一般会到什么地方购买呢？第一种情况是在装修公司的推荐下直接从他们那里购买，第二种情况则是到类似于建材大卖场的地方购买。那么这两种人群不正是我们要寻找的潜在买家吗？那么我们到什么地方可以找到这两种人群的联系方式呢？想来，他们也是做生意的，也需要发布广告，我们可以到 Google 中搜索这类公司发布的广告，比如说装修公司发布的广告，那么我们拿到联系方式之后就可以与之联系。按照纵向法我们又可以扩展一大批潜在客户。当然潜在客户信息的获得还是要基于我们熟练使用搜索引擎。

(三)横向法

除了专业性很强的产品之外,大多数客户的采购类别都是可以延展的。比如我们搜索到一个客户的求购信息是办公桌,那么我们可以类推这个客户可能也会需要采购办公椅。有的客户的求购信息提到了金属相框,那么同样的这个客户很有可能也会对木质相框感兴趣。以此类推,我们会发现我们潜在客户范围在不断地扩大。

但是使用横向法寻找客户切记不要急躁,因为客户目前求购的产品并非我们所推荐的产品,我们需要耐心跟客户沟通,让他们对我们的产品品牌有一个好的印象,也许当时客户对我们的产品并没有需求,但是假以时日当客户需要采购类似产品的时候可以第一时间想到我们的品牌,这就够了。千万不能抱着很急躁的心态,一定要记住一句话:"欲速则不达。"

第二节 社交网络营销

一、社交网络形成基础分析

(一)了解社交网络

社交网络即社交网络服务,源自英文SNS(Social Network Service)的翻译,中文直译为社交网络服务。社交网络服务含义包括硬件、软件、服务及应用,由于四字构成的词组更符合中国人的构词习惯,因此人们习惯上用社交网络来代指SNS。

(二)社交网络形成的基础

社交网络主要是根据人脉理论,帮助人们通过朋友介绍来认识新的朋友,并且这个关系网可以无限地扩展下去。社交网络营销是一种非常时髦并且高效的营销方式。

二、社交网络的作用

因为社交网络这个关系网是基于真实存在的人建立的,所以比起传统的广告渠道，社交网络可以帮我们找到更精准的客户，提高成交率，并且因为社交网络具有很强的互动性，可以使我们的广告很快得到反馈。社交网络营销可以帮我们推广品牌，让我们的潜在客户对我们的品牌有一个很强的认知度。在某些情况下，即便不能够直接快速带来询盘，社交网络也可以跟其他营销渠道结合带来很好的推广效果。很多时候我们的潜在客户会在社交平台反复看到我们的品牌，甚至跟我们进行过互动，但是当时这个潜在客户并未有采购需求，当他某一天有采购需要的时候可能会直接在搜索引擎中搜索我们的品牌从而直接带来询盘甚至订单。在这整个过程当中虽然 SEO 是询盘来源的直接渠道，但是我们不能够否认 SNS 在推广品牌方面有着不可替代的作用。

三、主要社交网络介绍

（一）Facebook

1. Facebook 简介

Facebook 是美国的一个社交网络服务网站，于 2004 年 2 月 4 日上线。主要创始人为美国人马克·扎克伯格。Facebook 是世界排名领先的照片分享站点。截至 2016 年 3 月，Facebook 拥有约 13.5 亿用户。

Facebook 的总部在门罗帕克的 1 Hacker Way。从 2006 年 9 月 11 日起，任何用户输入有效电子邮件地址和自己的年龄段，即可加入。

Facebook 是一种综合社交网络，创造性地将人与人之间的线下关系搬到线上，通过 Facebook 可以维持与朋友、客户之前的关系，也可以建立新的人际关系。通常用户在 Facebook 中上传的照片或者头像都是真实的，通过这种真实的与客户之间的互动，客户可以与我们建立一种可信任的良性交流，从而更容易基于信任而建立业务关系。Facebook 具有信息传播快、信息量大、客户精准、广告效果可量化等显著特点，是目前国内企业出海开展国际贸易的主要渠道之一。

2. Facebook 找客户的操作流程

（1）主动寻找客户

第一步：用邮箱、手机号注册 Facebook 账号，手机号具有唯一性，不可随意更换。尽量完善我们在 Facebook 的注册信息，使客户更容易信任我们。

第二步：登录 Facebook 账户。

第三步：输入产品关键词，打开链接。查看用户"详细资料""联系方式"等信息。如果判断该客户为潜在客户则可加为好友，那么该用户的相关信息中可能还有我们其他的潜在客户。如果我们搜索到的是一个企业的公共主页，我们则可以在该公共主页中找到该公司的相关联系方式，我们可以关注该主页，并且在该公共主页已关注的其他主页中找到我们其他的潜在客户。

(2)建立公司公共主页

除了主动寻找客户以外，利用 Facebook 我们也可以完善自己公司的公共主页，等待客户主动联系。专业的名称要与我们现在的品牌和业务地区相关。专业的地址要与品牌或者公司网站、网址一致。

主页的设置需要与公司网站大体保持风格一致，可以设置主页的名称和网址、联系方式并且创建 Facebook 短网址。如果已经在其他社交平台有过推广还可以在 Facebook 中添加其他应用，例如 Twitter、Pinterest、Google 等。当公共主页建立好之后，可以开始在主页中发布内容，内容要有独创性、有吸引力并且图片要抓人眼球。我们在正式开始建立内容之前，可以参考竞争对手或者其他行业公司的主页，看他们是如何撰写内容做到让更多的 Facebook 用户关注自己的。

当我们建立好 Facebook 主页之后，还要持续地发布对用户有帮助或者他们感兴趣的内容，才能吸引访问者成为我们的粉丝。主页上的粉丝浏览我们发布的高质量内容后，可能进行分享，让他更多的好友知道我们的品牌并且形成广泛传播，进而令我们的品牌得到更多用户的认同。所以说主页上发布的内容信息是至关重要的。在建立品牌主页之初如果我们不知道要发布哪些内容，可以研究竞争对手或者同行的 Facebook 粉丝主页，研究他们每天发布的文字、图片，甚至视频内容，可以仔细研究他们发布的每一篇帖子的评论数量、被点赞的数量，借此来分析这篇帖子的内容是不是被用户所喜欢，是否形成了广泛的传播。如果这篇帖子是一篇高质量的具有被广泛传播潜力的帖子，我们会看到这篇内容的浏览者主动分享到他自己的朋友圈，这就产生了极大的病毒式传播效应。而这种品牌效应的传播都是不需要额外付出成本的。

在编辑内容的过程中，我们要切记，图片是非常重要的。Facebook 是一个非常看重图片的社交平台。如果我们拥有丰富的产品图片，我们可以将这些高质量的产品图片制作成相册，并且带上网站链接，从中精选出一张图片作为 Facebook 分享相册的封面图片，吸引更多的浏览者点击我们的图片相册进而访问我们的网站。

因为 Facebook 主页没有好友概念只有粉丝。那么如果一个浏览者没有成为我们主页的粉丝是不是我们更新的内容他就没有办法看到了呢？理论上来说是这样的，那有没有什么好的解决方法呢？我们如果认为某个浏览者可能是我们的潜在客户并且我们希望让他持续看到我们内容上的更新，我们需要怎么做呢？我们可以在个人 Facebook 主页上添加这个人为好友，然后把我们每天在 Facebook 主页中更新的内容分享到个人页面的时间线上，这样我们个人页面上所有的好友都可以看到这些更新的内容，当他点击这些内容进入我们的粉丝主页的时候，就有可能成为我们主页的粉丝。Facebook 会对我们分享的像素超过要求的图片进行压缩，所以我们上传的图片尽量是正方形，保证我们的图片不会变形，不会影响用户体验。如果我们需要分享的链接过长，我们可以使用 Facebook 提供的短网址服务，将网址缩短，这样更容易吸引访问者点击链接。有些访问者会直接在 Facebook 搜索框中搜索他们需要的信息，我们可以在分享的内容中加上关键词"tag"，这样可以增加用户搜索到我们帖子的概率。切记，标签是一个词，中间不能有空格，可以在标签中添加数字但是不能添加 $ 或者 % 等特殊符号。

（二）LinkedIn

1. LinkedIn 简介

LinkeIn（领英）创建于 2002 年，致力于向全球职场人士提供沟通平台，并协助他们事半功倍、发挥所长。作为全球最大的职业社交网站，LinkedIn 会员人数在世界范围内已超过 3 亿，每个《财富》世界 500 强公司均有高管加入。

LinkedIn 有三大不同的用户产品，也体现了三种核心价值。

（1）职业身份

职业身份呈现为个人档案。LinkedIn 平台可以便捷地制作、管理、分享在线职业档案，全面展现职场中的自己。完善的个人档案是成功求职、开展职业社交的敲门砖。

（2）知识洞察

知识洞察可以帮助用户关注行业信息、汲取人物观点、学习专业知识、提升职业技能、分享商业洞察。在飞速变化的互联网时代，把握市场脉动，获取知识见解，是保持职业竞争力的基础。

（3）商业机会

在 LinkedIn 可以寻找同学、同事、合作伙伴，搜索职位、公司信息，挖掘无限机遇。在这里，用户将建立并拓展人脉网络，掌握行业资讯。

2. LinkeIn 找客户的操作流程

第一步：注册 LinkeIn 账号。

第二步：登录 LinkeIn。

第三步：搜索产品关键词，选择群组"Group"，如果群组是"View"模式的就点击查看，如果群组是"join"模式的就点击加入，等待审核通过后查看。

第四步：在"View"模式下，我们可以在个人页面当中看到"contact info"，通常我们点击"company website"会跳转到该用户的公司网址，这个时候我们可以把该公司的"E-mail address"找到并发邮件进行联系，也可以直接打电话过去。

第五步：如何判断该用户是否是你的潜在客户？查看该用户近期发布过的消息是否跟我们的产品相关，也可以根据用户的姓名或者所在公司去阿里巴巴买家栏目查看他是否发布过求购信息，如果符合以上两点，说明他有意向从中国采购并且是我们的潜在客户。

第六步：拿到客户的姓名、E-mail 地址之后我们再给客户写开发信就不会被轻易删除了，因为通过此前这一系列的沟通，彼此之间已经建立了基本的信任，这是成功吸引客户的第一步。

第三节 品牌营销与推广

一、品牌营销的概念

(一)概念

品牌营销简单地讲：就是把企业的产品特定形象通过某种手段深刻地映入消费者的心中。在品牌战略专家看来，品牌营销是指企业利用消费者对产品的需求，用产品的质量、文化及独特性的宣传来创造一个品牌在用户心中的价值认可，最终形成品牌效益的营销策略和过程，是通过市场营销运用各种营销策略使目标客户形成对企业品牌和产品、服务的认知—认识—认可的一个过程。从高层次上来讲，把企业的形象、知名度、良好的信誉等展示给消费者，从而在顾客和消费者的心目中形成企业的产品或者服务品牌形象，就是品牌营销。

品牌营销的关键点在于为品牌找到一个具有差异化个性、能够深刻感染消费者内心的品牌核心价值，它让消费者明确、清晰地识别并记住品牌的利益点与个性，是驱动消费者认同、喜欢乃至爱上一个品牌的主要力量。

品牌营销的前提是产品要有质量上的保证，这样才能得到消费者的认可。品牌建立在有形产品和无形服务的基础上。有形是指产品的新颖包装、独特设计以及富有象征吸引力的名称等。而服务是在销售过程当中或售后服务中给顾客满意的感觉，让顾客体验到真正做"上帝"的幸福感，让他们始终觉得选买这种产品的决策是对的，买得开心，用得放心。从消费者的立场看，他们往往看重的是商家能提供哪些服务及所提供服务的质量。从长期竞争来看，建立品牌营销是电商企业长期发展的必要途径。对电商企业而言，既要满足自己的利益，也要顾及顾客的满意度,注重双赢,赢得高忠诚度顾客。

(二)品牌营销的意义

一个品牌成功与否和品牌营销息息相关。甚至可以说,没有品牌营销的企业势必难以成功。当今社会的科学技术极大发展,物质极大丰富,产品逐渐进入同质化阶段。当琳琅满目的商品都可以满足消费者的使用时,消费者对产品的评价将主要取决于品牌和产品的品质。所以,今后的产品销售,不仅仅是在销售产品,更重要的是在向消费者寻求品牌内涵的认同。

品牌营销对电商企业的重要性主要体现在以下4个方面。

1. 培养消费者忠诚

一旦品牌形成了一定的知名度和美誉度,企业就可以利用品牌优势扩大市场,加速消费者品牌忠诚度的形成,在最短时间内拥有一批高忠诚度的品牌拥护者。在2017年的一场交流会中,雷军讲到动情之处,哽咽了几次,原话是:"万一哪天小米活不下去了,我们就发起募捐,我相信'米粉'朋友们一定会给我们捐款的,我相信他们会心甘情愿的。""因为我们是真正在全心全意为'米粉'服务,为了给他们提供最酷的产品,为了能以最厚道的价格让'米粉'们都买得起,七年来我每天都过得非常焦虑,我付出了全部的热情。"这反映出小米企业拥有黏性极高的粉丝群体,"米粉"们对企业也高度忠诚。

2. 稳定产品价格

强势品牌能够减少需求价格弹性,增强对动态市场的适应性,减少未来的经营风险。

3. 降低新产品投入市场风险

一个新产品进入市场的风险是相当大的,而且投入成本也相当高,但是企业可运用品牌延伸将新产品引入市场,采用现有的强势品牌,利用其知名度和美誉度,推出新产品。

4. 有助于抵御竞争者的攻击

品牌营销有助于保持竞争优势。新产品一经推出市场,受到消费者追捧,就很容易被竞争者模仿。但品牌是一个企业独有的无形资产,它可以通过注册等方式,得到法律保护,消费者对于品牌的忠诚是竞争者通过模仿无法达到的。

(三)品牌营销与跨境电商

中国的货物出口贸易,自2009年超越德国以来,就一直居于世界首位。然而,这仅能说明中国是一个贸易大国而非贸易强国。为什么这么说呢?有两点原因:第一,中国出口的货物技术含量低,很多机电及高新技术产品都属于加工贸易；第二，中国出口的货物品牌化程度低，大部分是 OEM 或 ODM 的贴牌产品。OEM（Original Entrusted Manufacture，原始设备制造商）的基本含义是定牌生产合作，俗称"代工"，基本含义为品牌生产者不直接生产产品，而是利用自己掌握的关键的核心技术负责设计和开发新产品，控制销售渠道。ODM（Original Design Manufacturer）的直译是"原始设计制造商"。ODM 是指某制造商设计出某产品后，在某些情况下可能会被另外一些企业看中，要求配上后者的品牌名称来进行生产，或者稍微修改一下设计来生产。其中，承接设计制造业务的制造商被称为 ODM 厂商，其生产出来的产品就是 ODM 产品。

中国要想成为贸易强国，必须提升出口产品的技术含量和品牌化水平。高端核心技术的提升并非一朝一夕就能实现，但一般工业生产的基础技术已经在过去几十年中累积成熟。品牌方面呢，虽然有少数大型企业的海外成功案例，但并不能掩盖中国大量中小企业品牌国际化艰难的现状，特别是跨境电商的品牌化道路更为艰难，而一旦跨境电商企业有了自己的国际化品牌，不仅能给电商企业带来不可限量的发展前途，也能提升中国企业的品牌化。

中国跨境电商发展势头正盛，出口仍占主导地位，通过"一带一路"倡议和全球经贸一体化的深度融合，跨境电商将呈现出巨大的发展潜力。区块链、大数据等新技术有望开辟数字经济下的跨境电商新道路，未来跨境电商通过对新技术的运用，能够进一步了解客户的购物习惯、兴趣爱好和购买意愿，进行有针对性的广告营销和推送，实现个性化服务。出口跨境电商是带动我国外贸发展不可或缺的主要力量之一，出口电商发展由成长型逐渐走向成熟，由"中国制造"向"中国质造"跨越。品牌营销能给跨境电商带来以下优势。

1. 品牌营销能给跨境电商带来价格优势

跨境电商实施自主品牌营销相较于传统外贸，显著提升了电商在价格与利润空间上的优势，为企业的长期发展注入了强劲动力。首先，跨境电商通过线上平台销售，大幅削减了实体广告、展会参展及促销活动的费用，直接降低了境外客户购买成本，提升了产品竞争力。其次，自主品牌产品因附带品牌价值与服务，售价通常比无牌产品高出30%—40%甚至更多，而代理销售知名品牌产品仅能获得有限的中间利润，相比之下，自主品牌营销的利润空间更为可观。再者，电商平台直面最终消费者，省去了多级分销的中间环节，使得产品售价显著高于传统外贸成交价，有时甚至能达到翻倍的效果，这一差价部分转化为跨境电商的额外利润，同时以优惠的价格回馈消费者，增强其品牌忠诚度。尤为关键的是，消费者对喜爱的品牌往往愿意支付溢价，品牌产品与非品牌产品间的价格差，直观地反映了品牌的市场价值，成为品牌影响力与消费者信任度的直接体现。

2. 品牌营销有利于跨境电商企业提高竞争力

跨境电商实施自主品牌营销，不仅显著提升了对最终用户的吸引力，还为培养忠实客户群体奠定了坚实基础。自主品牌产品通过优化成本结构，将节省的部分让利于消费者，从而增大了客户的让渡价值，即客户感受到的产品总价值与支付总成本之间的正向差额，增强了跨境电商的竞争优势。在信息过载的电商平台上，品牌产品凭借其独特的吸引力脱颖而出，相较于无牌商品，它们更易吸引境外消费者的注意，促成购买决策，累积优质口碑，彰显品牌营销的独特魅力。

同时，通过电商平台窗口实施的自主品牌营销，不仅传达了企业独特的品牌文化和情感价值，还结合了优质的客户服务与高性价比，进一步提升了消费者的品牌体验，深化了客户关系。品牌推广的积极效应，促使跨境电商企业持续壮大，推动其向更高层次和规模化发展。依托于知名电商平台，企业可以逐步基于单一品牌产品扩展系列化产品，甚至建立自主品牌旗舰店，最终目标是通过品牌营销的长期积累，脱离原有平台的依赖，构建独立的品牌电商平台，实现从寄生于他人平台到自主掌控销售渠道的飞跃，彰显品牌的力量与价值。

3. 品牌营销能促使出口企业经营方式转型

品牌营销对于出口企业而言，是推动其经营方式转型的关键力量。随着贸易信息、物流和资金流动模式从双边向多边乃至网状结构演变，越来越多的传统出口企业被吸引至跨境电商领域。直接面向最终消费者，令企业得以深入了解市场对产品及其品牌附加值的真实需求，促使企业提升专业服务水平，增强风险应对能力，从而在激烈的市场竞争中脱颖而出。

通过品牌营销，企业能够为顾客提供超越产品本身的附加价值，包括但不限于品牌故事、文化共鸣、优质服务等，这些额外的附加值能够显著提升顾客满意度，使他们愿意为品牌产品支付更高价格。对于跨境电商而言，品牌营销是打破 OEM（原始设备制造商）依赖，实现海外市场品牌化的有效途径，推动企业从单一的传统外贸模式向传统外贸与跨境电商品牌营销并重的复合型经营方式转型，开启更广阔的发展前景。

二、品牌定位与识别

(一)品牌定位

1. 品牌定位的含义

品牌定位作为定位理论的核心与基础，强调在消费者心智中构建独特的品牌形象，旨在市场中确立品牌的优势地位与差异化特征。它涉及对品牌进行全面的规划与设计，确定品牌的核心价值、目标市场及战略方向，通过精准配置企业资源与持续传播品牌理念，赢得消费者、竞争对手及社会公众的广泛认同。品牌定位的目标是塑造鲜明的品牌个性，形成持久的品牌竞争优势，确保企业在纷繁复杂的市场环境中脱颖而出，实现商业价值与品牌影响力的双重提升。

2. 品牌定位的策略

对品牌进行定位是为了使潜在的消费者能够对品牌产生有益的认知，从而形成对品牌的偏好和持续的购买行为。定位的基本原则并不是去塑造新而独特的东西，而是去操作原已在人们心目中的想法，打开联想之门，目的是在顾客心目中占据有利的位置。所以，掌握品牌定位的策略方法就十分必要。

跨境电商企业可以在以下方法中寻找最适合企业的定位方法，打造属于自己的独一无二的电商品牌，这有助于自身在跨境电商市场站稳脚跟。

（1）类别定位

通过将品牌与某一特定产品类别紧密关联，使消费者在有相关需求时，自然而然地联想到该品牌，力争成为该类别中的首选或该类别代名词。

（2）比附定位

借助知名竞争品牌作为参考点，通过建立与强势品牌的内在联系，提升自身品牌的市场认知度和价值，借势名牌效应，快速占领消费者心智。

（3）档次定位

基于消费者对品牌档次的心理认知进行定位，高档次品牌往往通过高品质与高价位彰显其价值，满足消费者对于身份象征与心理满足的需求。

（4）消费者定位

基于特定消费者群体的生活方式与需求，通过精准对接目标受众的兴趣与期望，提供符合其生活方式的产品与价值，建立品牌与消费者之间的情感纽带。

（5）比较定位

通过对标竞争对手，突出自身优势与对方弱点，向消费者清晰展示品牌差异，以争取市场份额与消费者认可。

（6）功能性定位

强调品牌产品在特定场景下的功能价值，让消费者在遇到相应情境时，自然地联想到该品牌，从而激发其购买欲望。

3. 品牌定位的步骤

跨境电商企业一定要切实地厘清自己的区隔，并按照这4个步骤来建立定位。

（1）分析行业环境

在构建品牌区隔的过程中，企业必须深入分析行业环境，以确保其定位策略能够精准切入市场，有效区别于竞争对手。首要步骤是对市场上的竞争者进行全面剖析，了解它们在消费者心目中的定位，识别各自的强项与短板。通过市场调研，邀请消费者根据产品属性对竞品进行评分，可以帮助企业绘制出行业内的品牌地图，明确自身品牌在市场中的相对位置。同时，密切关注市场动态，评估推出区隔概念的时机至关重要，如同冲浪般需精准把握波峰，过早或过晚会错失良机，甚至陷入被动。因此，企业应审时度势，选择市场接受度高、竞争压力小的时机，精心策划品牌区隔，以期在激烈竞争中脱颖而出，实现品牌价值的最大化。

（2）寻找区隔概念

分析行业环境之后，企业要寻找一个概念，使自己与竞争者区别开来。在数字经济时代，企业要在激烈的市场竞争中脱颖而出，寻找并塑造独特的区隔概念显得尤为重要。区隔概念，又称差异化策略，是指企业通过提供与众不同的产品、服务、品牌形象或客户体验，使自己在目标市场中明显区别于竞争对手，从而在消费者心中建立独特的价值地位。

（3）找到支持点

有了区隔概念，企业还要找到支持点，使它真实可信。任何一个区隔概念，都必须有据可依。比如可口可乐说"正宗的可乐"，是因为它就是可乐的发明者。可口可乐公司就提供了一些其他汽水公司所没有的服务。区隔不是空中楼阁，消费者需要企业证明给他看，企业就得提供一些其他企业所没有的服务，以便支撑起自己的概念。

（4）传播与应用

无论是广告宣传、公共关系活动，还是社交媒体互动，所有对外沟通渠道都必须一致且强有力地传达这一区隔信息，使其成为品牌叙事的基石。更重要的是，区隔概念不应止于表面的营销手段，而应深入影响产品开发、客户服务、销售策略乃至企业文化的每一层面，确保内外一致的品牌体验。唯有当这一概念被消费者广泛接受，并在企业日常运营中得到彻底贯彻，才能说品牌成功地建立了其市场定位，能为企业带来持久的竞争优势。

4. 品牌定位的意义

品牌定位对电商企业来说是至关重要的，它至少有以下五个意义。

（1）形成市场区隔

精准的品牌定位帮助电商企业与竞争对手区分开来，使品牌在消费者心中留下独特印记，从而在同质化市场中脱颖而出，吸引目标消费者的注意力。

（2）树立品牌形象

品牌定位是针对目标市场及目标消费者确定和建立起来的独特的品牌形象的

结果。它是人们在看到、听到某一品牌后所产生的印象,是消费者通过对品牌感觉、认知和理解在脑海中储存的品牌的信息。而品牌定位是对企业的品牌形象进行整体设计,从而在目标消费者的心中占据一个独特的有价值的地位。

(3)塑造品牌个性

品牌定位不仅满足了消费者个性化需求,更塑造了品牌的独特个性,如同赋予品牌以生命,使其在消费者心中形成鲜明的识别标志,如Zara的平价奢华与时尚多变。

(4)促进消费者沟通

品牌定位明确了品牌的身份与价值主张,有助于企业与消费者建立有效的沟通,清晰地传达品牌能够提供的价值,吸引与之共鸣的消费者群体。

(5)占领与开发市场

成功的品牌定位不仅能帮助企业稳固现有市场,更能指引市场拓展的方向。品牌定位所承载的情感诉求,成为消费者选择与忠诚的深层动因,超越了产品本身的吸引力。

(二)品牌识别

1. 概念与作用

品牌识别(Brand Identity)是一个较新的概念。它并非由营销和传播理论家凭空想出的新潮词语,而是对品牌有真正重要意义的新概念。

我们认为,品牌识别指从产品、企业、人、符号等层面定义出能打动消费者并区别于竞争者的品牌联想,与品牌核心价值共同构成丰满的品牌联想。品牌识别也可以称为品牌期待留在消费者心中的联想。一个强势品牌必然有丰满、鲜明的品牌识别。科学完整地规划品牌识别体系后,品牌核心价值就能有效落地,并与日常的营销传播活动(价值活动)有效对接,企业的营销传播活动就有了标准与方向。

那么品牌识别有什么作用呢?

第一,明确企业所设想的品牌理想状态的品牌识别,将成为策划、评价品牌有关方案的可靠依据,企业可以据此判断相关方案是否适应品牌战略发展,企业中的任何成员都能进行共同标准的判断,从而促进整个公司内部对品牌战略的共同认识。

第二,明确从消费者的立场出发的规定要素的品牌识别,将有利于实现基于品牌识别而形成的品牌战略,并唤起消费者的购买行为等效果。

第三,明确市场竞争中的规定要素的品牌识别,将揭示企业竞争优势的源泉是什么,从而更有效地突出消费者所能察觉的并且与其他竞争品牌相差别的核心要素。

2. 建立有效的品牌识别系统

了解如何建立有效的品牌识别系统，首先要弄清什么是产品，什么是品牌，什么是成功的品牌。

产品(Product)：产品是指可以满足消费者在功能方面需求的任何事物，它可以是一种有形的产品，也可以是某种形式的服务。

品牌(Brand)：品牌可以被定义为一些名称、符号和设计，通常这些元素组合在一起，用以区别特定的生产厂商的产品。

成功的品牌(Successful Brand)：成功的品牌应被定义为不仅仅在功能上满足消费者的需求，而且能够同时提供满足消费者某些心理需求的附加价值的品牌。

一个企业要想建立成功的品牌，首先是生产质量过硬的产品，其次是建立有效品牌的识别系统，最终为消费者带来除产品使用功能之外的附加价值。

目前，国外学术界有3种比较前沿的方法用以分析和规划品牌识别系统。

（1）品牌金字塔

凯普福乐(Kapferer)在其著作《战略品牌管理》中提出的品牌金字塔，经后续学者的补充和完善，成为品牌构建与管理的重要框架。该模型将品牌构成细分为四个关键层面：品牌根基(Brand Root)、品牌定位(Brand Position)、品牌主旨(Brand Theme)和品牌执行(Brand Execution)。品牌根基作为核心，是品牌持续发展与自我完善的基础；品牌定位则聚焦于品牌如何在消费者心中占据独特位置，区别于竞争对手；品牌主旨通过视觉与文字表达，具象化品牌定位，强化品牌识别；而品牌执行涉及广告、公关、社交媒体等传播手段，确保品牌信息的一致性和广泛触达。品牌金字塔为品牌策略与执行提供了系统性的分析与规划路径，是品牌管理者不可或缺的工具。如图6-1所示，由奔驰汽车的品牌金字塔，我们不难看出奔驰品牌从根基到执行的一致性及其品牌各要素之间的关系。

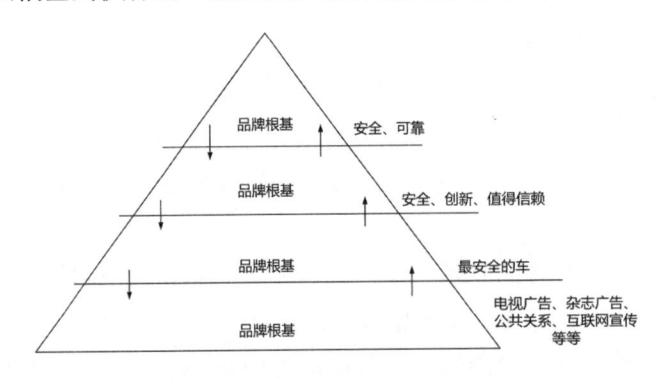

图6-1 奔驰汽车的品牌金字塔

(2)品牌菱形图

品牌菱形图(Brand Prism)同样是由凯普福乐提出的,利用品牌菱形图,如图6-2,我们可以对品牌及其消费者进行分析,从而为品牌的规划提供依据。

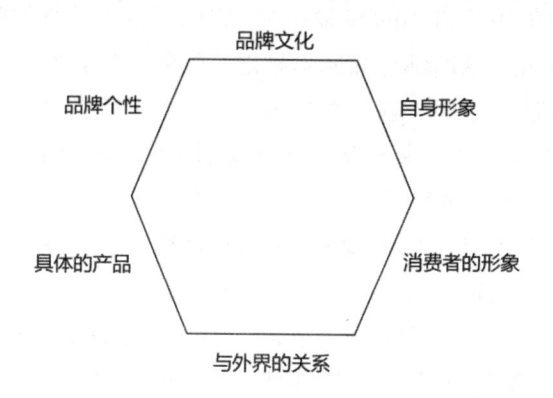

图 6-2 品牌菱形图

运用品牌金字塔与菱形图模型,企业能够进行深度的自我品牌分析,识别出品牌的核心优势与潜在的增长机会。通过对比分析竞争对手,这些工具不仅为新品牌的市场定位或既有品牌的再定位策略提供了数据支持,还确保了品牌传播的一致性和连贯性,避免信息杂乱无章。此外,品牌金字塔与菱形图揭示了品牌架构的层级关系,为品牌延伸策略的规划提供了清晰的导向,帮助企业谨慎评估品牌资产的扩展潜力,避免盲目多元化带来的风险,确保品牌家族的和谐共生与价值最大化。

(3)品牌环状图

戴维森(Davidson)在他的《攻势营销》一书中提出了品牌环状图(Brand Circle)。这个环状图由4个区域组成,它们由内向外依次是品牌的内部核心、品牌的外部核心、品牌可延伸的领域和品牌不可涉足的领域(见图6-3)。

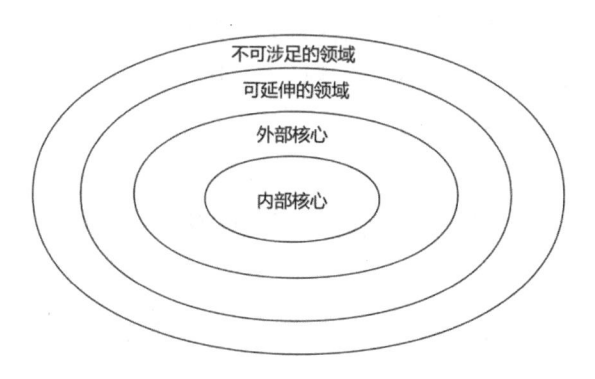

图 6-3 品牌环状图

品牌的核心可划分为内部核心与外部核心两大部分，其中内部核心囊括了品牌固有的、不可或缺的决定性要素，是品牌战略的灵魂所在，直接反映了品牌的本质与价值主张。相比之下，外部核心则由一系列可选元素构成。虽非品牌存在的必要条件，但作为内部核心的有益补充，它们丰富了品牌的形象与个性，增强了品牌的市场适应性。这两部分共同勾勒出品牌的现状与特色。

以上的3种方法可应用于新品牌的建立，有助于我们把握品牌的定位，并在品牌建立的初期就对品牌的未来发展进行规划。对于已有的品牌，运用这3种方法，可以对品牌的现有定位进行分析，同竞争对手进行比较，及时发现问题，并对品牌的发展和延伸进行有目的的规划，从而使品牌得到良性的发展。针对问题品牌，以上的3种方法同样可以应用于品牌的再定位。

但是目前，国内的一些企业在品牌的建设上急于求成，过分强调炒作，而并不重视品牌的内涵建设。这样的品牌即使一时声名鹊起，却难有长久稳定的发展。这也是许多中国品牌只能各领风骚三五年的真正原因。总之，品牌建设是漫长的过程，在这个过程中，需要我们不断运用科学的手段对其进行规划和维护，这样我们的品牌才可能经久不衰。

三、品牌传播与推广

（一）品牌传播概念

品牌传播旨在通过整合广告、公关、销售及人际传播等多种渠道，将品牌的核心价值与识别体系有效地传达给目标受众，以塑造鲜明的品牌形象，促进市场销售。它不仅是企业响应消费者需求、培育客户忠诚度的关键策略，也是企业家们普遍推崇的市场推广方式。

品牌传播的核心目标在于运用创意与智慧，调动各类传播资源，形成广泛的品牌影响力与市场声浪，从而在激烈的市场竞争中掌握话语权。作为一种超越传统营销手段的战略，品牌传播强调利用媒体新闻报道等软性推广方式，替代硬广或传统B2B平台宣传，以更自然、更易被公众接受的形式，潜移默化地影响潜在客户，提升品牌知名度与好感度。在网络信息爆炸的当下，消费者对新闻形式的宣传内容更具接受意愿，因此，将品牌信息融入新闻报道，正成为品牌传播的新趋势，可以助力企业在数字时代中高效传播品牌价值，赢得市场先机。

（二）品牌传播过程

品牌传播过程是一项系统工程，旨在通过精心策划与执行，塑造并强化品牌形象，提升市场竞争力。以下为品牌传播过程的十大关键步骤：

1. 明确品牌角色

分析品牌在企业战略中的定位，评估其对顾客、员工及关键股东的价值贡献，挑战并更新关于品牌价值的传统观念。

2. 理解品牌价值构成

为衡量品牌传播的投资回报率，识别并评估品牌价值的组成要素，无须追求精确数值，而是关注品牌价值变化对传播活动效果的影响。

3. 确定目标受众

界定品牌信息的核心受众，区分不同顾客群体对品牌成功的影响程度，优先考虑那些能够驱动企业成长的关键群体。

4. 形成大创意

创造独特且有说服力的品牌价值主张，基于对顾客需求、市场趋势和企业战略的深刻理解，确保创意与目标顾客群体的策略相吻合。

5. 认知调整

克服潜在顾客对品牌既定印象的障碍，通过增强信息曝光度或改变态度来传达大创意，突破认知壁垒。

6. 信息传播

设计穿透力强的信息，打破消费者对日常信息过载的防御，通过精心策划的内容引发注意，促进认知改变。

7. 媒介选择

依据顾客群体的特点，选取合适的传播媒介，如广告、公关、互动媒体等，以形成品牌认知和相关性，促进价值感知。

8. 媒介组合优化

在预算限制下，确定最佳媒介组合，以最大化传播效力，建立品牌忠诚度，实现最优投入产出比。

9. 效果评估

采用定量方法衡量信息与媒介策略的成效，证明品牌传播投入的回报，为后续优化提供依据。

10. 持续迭代

将整个传播过程视为一个循环，定期回顾与调整，从信息创意、媒介策略到预算分配，确保品牌传播活动持续进化，适应市场变化。

通过上述步骤，企业能够系统地构建与优化品牌传播策略，确保品牌信息精准触达目标受众，有效提升品牌影响力与市场地位。

(三)品牌传播特点

1. 传播元素的复杂性

品牌传播元素的复杂性源自品牌本身的多维构成,包括有形与无形两个层面。有形元素如品名、标志、标准色、标志音、代言人、产品设计、员工形象等,构成品牌的直观识别系统;而无形元素则深植于品牌的文化、价值观、历史传承之中,共同编织品牌独特的精神内核。在品牌传播中,这些元素相互交织,通过多种组合方式传达品牌信息,展现出无限的创造性和延展性,进而形成了品牌传播内容的丰富多样与复杂性。这种复杂性要求传播策略既要精准捕捉品牌精髓,又要灵活适应不同媒介与受众,确保品牌信息的一致性和感染力。

2. 传播手段的多样性

品牌传播手段的多样性,源于其信息编码特性、载体运用、流程组织等方面的多元性,涵盖了广告、公关、直销、事件营销、社交媒体、内容营销等多种形式。每种手段虽有交集,却各具特色,既可独立施展,亦能协同作战。在整合营销传播视角下,一切与品牌相关的活动皆是传播,从产品设计、客户服务到企业社会责任,每个触点都承载着品牌信息,构成传播网络的节点。这意味着,品牌传播不再局限于传统媒介,而是渗透至企业运营的方方面面,每一个细节都能成为品牌故事的讲述者,共同塑造品牌的公众形象。

3. 传播媒介的整合性

在当代传播生态中,任何能够承载与传递品牌信息的载体都被纳入品牌传播媒介的范畴,新旧媒介的共融共生正构建起一个多元化的传播格局。品牌传播媒介的整合,即在"大传播"理念指导下,将促销员、产品包装、购物袋等看似非传统媒介的元素,以及互联网衍生出的丰富新媒体形式,均视为传播链条上的关键节点。尤其在网络环境下,品牌接触点的边界不断拓展,为品牌信息的传播提供了无限可能,这要求企业在媒介策略上展现出灵活性与创新性,充分挖掘与整合新旧媒介资源,以实现品牌信息的广泛覆盖与深度触达。

4. 传播过程的系统性

品牌本质上是一个系统,兼具经济、社会、文化和心理多重属性,其影响贯穿于营销的每一个环节,呈现出显著的系统性特征。这一属性要求我们在理解品牌时,必须全面考量其多元化的表现与功能,以及在理论构建上的完整性。品牌体验是一个综合性的过程,涉及消费者对品牌的感受、认知与互动,这一过程随品牌运动的各个环节而不断深化与迭代。

品牌系统性体现在其动态传播与发展中,无论消费者对品牌的感知还是企业对品牌的塑造,都是一个持续交互与演进的过程。目标是在品牌、消费者与品牌所有者之间构建一种持久而稳固的关系，这种关系超越单纯的交易，转而形成深层次的精神连接，即所谓的"品牌关系"。品牌营销传播的核心就在于促进这种关系的形成与发展，通过不断地双向沟通与价值共创，实现品牌的长期繁荣与顾客忠诚的稳固。

(四)传播与推广方式

1. 广告传播

广告作为品牌传播的核心手段，是品牌所有者通过付费委托专业机构，利用多种媒介，以创意为核心，以策略为导向，向目标受众传达品牌名称、标志、定位及个性等关键信息的过程。对于品牌建设而言，广告扮演着举足轻重的角色，甚至有观点认为品牌的价值在很大程度上是由产品与广告共同塑造的，凸显了广告在品牌传播中的关键地位。它不仅是提升品牌知名度、建立消费者信任、培养品牌忠诚度的有效途径，更是塑造品牌形象与个性、强化品牌识别的重要工具，堪称品牌传播战略的重心。鉴于广告对于品牌传播的重要性，企业在做广告时一定要把握以下几项内容。

①在制作广告时，首先应该寻找并研究一个具有潜力的市场，深入了解新兴的消费心理和消费习惯。然后，利用广告等宣传工具来推广并提升产品形象，以吸引目标消费者。最终，关键是要确定一个有力的卖点。

②做广告时，要把握住时机。企业要根据不同的市场时期，对广告的制作和发布采取不同的策略应对。

③一定要连续进行，广告有滞后性。如果一个广告播放一段时间看到效果不明显就不播了，这是很不明智的选择。因为这样会使之前的广告投入全部打水漂。所以，广告投放一定要持续，千万不能随意停下来，否则就会引起消费者的很多臆测，从而给企业和品牌带来不利影响。

④在做广告时一定要注意广告媒介的选择和资源投入的比例。因为在广告传播活动中，媒介的传播价值往往是不均等的。

2. 公关传播

公关通过管理企业与公众之间的关系，有效提升品牌知名度与美誉度。它不仅利用新闻事件和第三方认证增强品牌形象，还通过建立信任感与公众认同，塑造正面的舆论环境。公关活动，如体验营销，能够将抽象的品牌价值具象化，促进消费文化的普及，同时，通过危机管理和标准营销策略，增强品牌的市场竞争力与社会责任感，全面提升品牌的"赢"销力。公关的多方位作用，使其成为品牌传播中不可或缺的利器，助力品牌在复杂多变的市场环境中稳健前行。

3. 促销传播

促销传播作为一种即时刺激销售和品牌试用的策略，通过设置赠券、赠品、抽奖等形式吸引消费者，尽管历史悠久，但直至近几十年才被品牌广泛采纳。它特别适用于短期内激发品牌转换，推动销量增长。然而，过度依赖促销手段可能带来短期效应，难以助力品牌形象的长期建设，甚至可能削弱品牌忠诚度，加剧顾客的价格敏感度，弱化品牌质量感知，促使企业聚焦短期利益。但对于资源有限的小品牌而言，促销传播不失为一种有效手段，能通过直接的销售刺激弥补广告投入不足，吸引消费者尝试，为品牌打开市场缺口。

4. 人际传播

人际传播是人与人直接沟通的桥梁，企业员工的亲身体验分享、专业演示与个性化服务，能够有效促进公众对品牌的了解与认知，令消费者形成深刻的品牌印象与评价。这种口碑式的传播方式对构建品牌美誉度至关重要，因其直接、真实，易于被消费者接纳与信任。然而，要充分发挥人际传播的正向效应，企业需注重提升员工的专业素养与沟通技巧，确保每一次互动都能传递正面的品牌信息，增强消费者信心，最终促进品牌形象的提升与市场拓展。

海底捞凭借其完善的管理模式、细致的服务模式和优秀的营销模式成为餐饮行业的标杆。海底捞的价格虽略高于其他的火锅店，但消费者往往能够心甘情愿地接受，因为他们对其服务十分满意，例如在排队等号时可以预约店内的免费美甲服务、品尝小食。海底捞提供的服务一直被称赞。海底捞始终秉承"顾客至上，服务至上"的宗旨，为顾客提供愉悦的消费体验。顾客认为它的消费有价值、值得去向别人推荐就形成了口碑，品牌就很容易被人津津乐道。

四、品牌利用与发展

（一）品牌战略

品牌作为目标消费者及公众对特定对象综合感受与评价的结晶，涵盖了产品、商标、企业家及企业本身的公众形象。在现代商业竞争中，品牌战略已成为企业获取竞争优势、实现持续发展的核心武器。面对科技的迅猛发展与信息的瞬息万变，产品、技术及管理模式虽易被复制，品牌价值却难以模仿，因其植根于消费者心智深处的认知与情感，是品牌个性与企业精神的综合体现。

品牌战略的核心在于精耕细作消费者心智，深入洞察其心理需求、购买动机、行业特性及竞品品牌联想，以此为基础构建以核心价值为轴心的品牌识别系统。这一系统需统领企业所有的价值创造活动，确保品牌信息的一致性与独特性，从而在消费者心中占据不可替代的位置，实现品牌价值的长期累积与市场地位的稳固提升。

1. 单一品牌战略

单一品牌战略,即企业旗下所有产品统一使用同一品牌标识,这种模式下,品牌资产实现了最大程度地共享与协同,形成了强大的品牌矩阵效应。其优势在于,企业可以集中资源与精力,打造统一且强烈的品牌形象,使每一款产品都能承袭品牌光环,共享品牌价值。例如,海尔作为单一品牌战略的成功典范,不仅在家电领域树立了卓越的市场地位,更实现了从产品名牌到企业社会名牌的跃升,品牌价值连年攀升,享誉国内外。消费者对海尔品牌的信任,自然延伸至其名下多样化的产品线,形成品牌忠诚度的良性循环。

单一品牌战略简化了品牌管理与市场推广的复杂度,降低了整体运营成本,同时,统一的品牌形象便于消费者识别与记忆,避免了品牌间的混淆,有利于构建清晰的品牌认知。然而,这种模式也潜藏着"一损俱损"的风险,即某一产品的问题可能波及整个品牌体系,影响消费者对品牌整体的信任。此外,单一品牌可能限制了产品特性的差异化表达,对追求细分市场的企业而言,引入副品牌或子品牌成为平衡品牌统一性与产品多样性的常见策略。

2. 副品牌战略

副品牌是指企业在生产多个产品的情况下,给其所有产品冠以统一品牌的同时,再根据每种产品的不同特征给其取一个符合该产品特点的名称。副品牌策略只要巧加运用,便能在不增加预算的前提下低成本推动新产品的成功。副品牌还能给主品牌注入新鲜感和兴奋点,提升主品牌的资产。

副品牌战略的基本特征和运用策略如下。

(1) 重心是主品牌,副品牌处于从属地位

企业必须最大限度地利用已有的成功品牌。相应地,消费者识别、记忆及产生品牌认可、信赖和忠诚的主体也是主品牌。这是由企业必须最大限度地利用已有成功品牌的形象资源所决定的,否则就相当于推出一个全新的品牌,成本高、难度大。

当然,副品牌经过不断的推广,在驱动消费者认同和喜欢的力量上与主品牌并驾齐驱的时候,主副品牌就演变成双品牌的关系。当在这种力量上超过主品牌的时候,副品牌就升级为主品牌,原先的主品牌就成为担保品牌和隐身品牌。如喜之郎的水晶之恋在刚刚上市的时候,定位是副品牌,随着其在市场上受到消费者很大的认同,它就成了消费者认同和企业推广的重心即主品牌,原来的主品牌喜之郎就降格为担保品牌了。

（2）副品牌分描述型和驱动型两种

对产品的品类和特点进行描述，但没有实际增进消费者对产品认同和喜欢的，一般称之为描述性副品牌。如海尔电熨斗的副品牌"小松鼠"，亲切、可爱，特别适用于小家电，但仅仅增加了消费者接触"小松鼠"的兴趣，对吸引消费者实质性认同和喜欢海尔电熨斗的作用十分有限。

能彰显产品的个性并有效驱动消费者认同的副品牌称为驱动型副品牌。如海尔洗衣机的副品牌"小小神童"能栩栩如生彰显出产品的卖点，消费者会因为副品牌的内涵而认同乃至购买该产品。

（3）副品牌具有口语化、通俗化的特点

采用口语化、通俗化的词汇，不仅能起到生动形象地表达产品特点的作用，而且传播快捷、范围广，易于较快地打响副品牌。

（4）副品牌一般不额外增加广告预算

在采用副品牌策略时，广告宣传的焦点依然集中在主品牌上，副品牌并不独立进行市场推广，而是与主品牌捆绑，共同出现在广告活动中。这样做，副品牌能够充分借助主品牌的市场影响力，快速提升自身的知名度与认可度。同时，副品牌凭借其独特的识别性和广泛的传播力，有效强化了产品的个性形象，为消费者提供了更加具体和生动的产品认知。

3. 多品牌战略

多品牌战略，即企业运营多个独立品牌，每个品牌针对不同的市场细分和消费者需求，旨在覆盖更广阔的市场领域。这一策略允许企业通过功能、价格或目标受众的差异化，占领更多市场份额，同时减少单一品牌可能面临的市场风险。例如，将不同类别的产品（如卫生用品与食品）置于独立品牌之下，可以避免消费者心理上的抵触，确保各品牌在特定领域内独立成长，且在某一品牌遭遇问题时，不会波及其他品牌，从而分散风险。然而，多品牌战略亦伴随着挑战。首先，打造多个知名品牌的成本高昂，包括市场推广、品牌建设和维护成本等，需大量财力与人力资源。其次，多个品牌间可能存在内部竞争，消耗企业资源，增加品牌管理的复杂度。最后，品牌过多可能导致消费者混淆，影响品牌识别与忠诚度的建立。因此，企业需谨慎规划，确保每个品牌有清晰的市场定位，同时维持品牌间的协同效应，以实现多品牌战略的长期成功。

（二）品牌组合中的管理

1. 品牌组合的增量管理

品牌组合的增量管理涉及企业通过增加品牌数量，适应新市场或区分现有市

场,从而优化品牌组合的效益和效率。企业可采取三种主要途径实现品牌增量:

自创新品牌:针对不同市场或产品类型,开发全新的品牌名称与形象,以满足特定市场的个性化需求和偏好,实现品牌细分。

购并品牌:收购或合并已存在于目标市场的品牌,以快速获得市场准入,缩短品牌建立时间,利用现成的市场基础。

联盟品牌:与合作伙伴共同创建混合品牌或联盟品牌,以借助双方资源与优势,合力开拓新市场,降低风险,共享收益。

每种途径在速度、控制力与投资成本上各有优劣。自创新品牌允许企业完全掌控品牌形象,但耗时较长,投资较大;购并品牌能快速扩大市场影响力,但可能面临整合挑战;联盟品牌则在资源共享与风险分担方面具有优势,但需协调多方利益,确保品牌一致性。

2. 品牌组合的减量管理

当一个品牌组合中的品牌成员已经多到影响企业资源利用、绩效产出,超出其管理能力时,适当的减量管理势在必行。

总之,品牌组合的增量管理着眼于企业如何利用市场机会的问题,而减量管理则着眼于如何提高盈利效率和资源利用效率的问题。无论是增还是减都着眼于企业整体资源的利用和竞争能力的提高上。

3. 品牌组合中质的管理

(1)母子品牌管理

母品牌代表企业形象与总体产品印象,享有较高声誉,而子品牌则体现产品特性与个性。管理要点在于维护母品牌优势形象,避免跨度过大,同时确保子品牌准确反映产品特性,实现"名实相符"。

(2)多品牌管理

在单一产品类别中引入多个品牌,以满足不同细分市场需求,增强品牌活力,抵御竞争对手。管理关键在于品牌间的合理定位与差异化,涵盖价格、目标市场、定位、设计、品质、渠道与服务等多个维度。

(3)外来与自有品牌管理

外来品牌可通过购并、租赁或联盟引入,与自有品牌间需明确关系(互补/竞争),并据此制定策略,挖掘品牌潜力或评估发展选择。

(4)受托与托权品牌管理

受托品牌经托权品牌认可,托权品牌常为企业品牌系列。管理中,受托品牌是购买主驱动力,托权品牌提供信誉支持,企业需重点突出受托品牌,加大宣传与投入。

(5)全球与区域品牌管理

全球品牌面向国际市场，区域品牌聚焦特定地域。两者可相互转化，搭配使用以扩大市场覆盖与影响力，提高品牌资源效率。

品牌组合的质的管理是一门动态艺术，需随市场环境变化调整，旨在实现品牌组合的均衡与效益，提升企业整体市场竞争力。

五、品牌维护

(一)品牌更新

1. 含义

随着社会经济的演进与消费者喜好的多元化，品牌必须与时俱进，通过创新表达与内涵重塑，贴合新时代的审美与价值观，从而保持市场竞争力。品牌更新不仅是对视觉形象、口号、产品线或市场定位的调整，更深层地，它是品牌核心价值与消费者沟通方式的革新，唯有不断创新，品牌方能在瞬息万变的市场中立于不败之地。

品牌老化，作为品牌发展过程中的自然现象，源于内外部因素的共同作用，如技术进步加速产品迭代、社会消费趋势的快速变化，以及市场竞争的日益激烈。为应对品牌老化，企业需实施品牌更新策略，这既包括对品牌定位的重新思考，也涉及对品牌形象的现代化改造。在推进品牌更新时，企业必须权衡更新成本与预期收益，评估市场对新形象的接受度，确保更新举措既能有效提振品牌活力，又能获得消费者的认同与支持，实现品牌价值的可持续增长。

2. 品牌更新策略

(1)形象更新

形象更新要求品牌根据消费者心理变化和社会趋势，适时调整自身形象，以在消费者心中构建新的认知。以下是两种典型的情景：

响应消费观念变化：随着公众对环境保护的重视日益加深，消费者倾向于选择绿色、环保的产品。企业应敏锐捕捉这一趋势，通过品牌策略调整，如强化环保形象或推出环保产品线，与消费者的价值观产生共鸣。例如，采用"避实击虚"策略，避开争议话题，聚焦环保主题，或采取"迎头而上"策略，直接将品牌定位为环保领导者，重塑品牌形象，吸引目标消费群体。

档次与市场定位调整：为了开拓新市场或适应市场升级需求，企业可能需要调整品牌档次，塑造更符合目标市场期待的新形象。例如，日本汽车制造商在美国市场上的品牌定位，从最初的小巧、经济型车辆，逐渐转型为强调高科技、高品质的高端车型，这一转变不仅提升了品牌形象，也为品牌赢得了更高层次消费者的青睐,推动了品牌在全球市场上的成长与成功。

(2)定位的修正

从企业视角出发,品牌并非一经创立便恒久不变的存在,而是需要根据竞争环境与社会文化变迁持续调整和优化的动态实体。品牌的核心价值与表现形式必须随时代发展而演变,以保持其相关性与吸引力。以下是品牌定位修正的两大驱动因素:

竞争环境的动态变化:在激烈的市场竞争中,企业必须时刻审视自身定位,识别优势与弱点,采取"避实击虚、扬长避短"的策略,对品牌定位进行适时调整。这意味着在竞争压力下,品牌可能需要重新定义目标市场、产品特性或营销策略,以巩固市场份额或开拓新兴市场,确保品牌在竞争中立于不败之地。

时代特征与社会文化的变迁:社会经济的快速发展、科技的进步、消费者价值观与生活方式的转变,都会对品牌定位产生深远影响。品牌必须紧跟时代脉搏,及时响应社会文化趋势,修正品牌定位,以契合新一代消费者的需求与期望。例如,随着环保意识的增强,品牌可能需要调整产品线,强调可持续性与绿色消费,以获得目标市场的认可。

(3)产品更新换代

现代社会科学技术作为第一生产力、第一竞争要素,也是品牌竞争的实力基础。企业的品牌想要在竞争中处于不败之地,就必须保持技术创新,不断地进行产品的更新换代。有这样一个例子:香雪海冰箱的合作厂家曾经错误地估计中国技术水平及市场消费能力,误认为中国无氟制剂技术近几年之内不会获得成功并投入使用。但中国很快便研制出了无氟环保冰箱并批量上市。此时,他们却仍守着旧冰箱生产线的投资,眼望着他人先行一步并尽占商机而懊悔不已。

(4)管理创新

"管理创新是企业生存与发展的灵魂"。企业与品牌是紧密结合在一起的,企业的兴盛发展必将推动品牌的成长与成熟。品牌的维系,从根本上说是企业管理的一项重要内容。管理创新是指从企业生存的核心内容来指导品牌的维系与培养,它含有多项内容,诸如与品牌有关的观念创新、技术创新、制度创新、管理过程创新等。

3. 品牌更新原则

品牌更新是拯救品牌的良方妙药,是品牌创建与发展过程中的必然要求和结果,是品牌自身、市场、消费者、宏观政策等方面变化带来的产物。在品牌更新中应遵循以下原则。

(1) 对症下药

品牌产生问题既有内部原因也有外部原因，既有可控原因也有不可控原因，既有宏观原因也有微观原因。归纳起来主要有如下几种原因：品牌的产品步入衰退期、品牌产生不正确联想、不适当定位、个性不突出、延伸不成功、竞争者挑战、市场和消费者的变化和更新。如果品牌已经变成"朽木"，不宜改造更新，品牌经营者应立即抛弃，节能型重新创建发展，不可感情用事、犹豫不决、错失良机。

(2) 严谨、系统、科学

品牌更新首先要进行科学系统的调查研究，找出问题的关键点和重点；然后，针对找到问题的关键点和重点进行研究论证，确立有效的方法；接着，进行严谨的调查、测试分析、评估决策，切不可勉强图之；最后，严谨、系统、科学地贯彻执行品牌更新工程。在品牌更新实施过程中，如出现一些突发状况，应立即上报，请求重新研究决定。

(3) 求实创新

实事求是是解决一切问题的出发点、根本点和落脚点。只有实事求是，问题才能得到解决和发展；只有创新，才能更好地求实。品牌更新必须求实创新，才能超越自己，超越历史，超越竞争对手，走向卓越。许多强势品牌不断地变换角度，不停地推出新产品，使别的品牌和企业根本无力模仿。

(4) 以市场为中心

以市场为中心的品牌更新策略，实质上是以消费者需求为导向，这一理念在现代营销实践中的重要性愈发凸显。传统4P营销理论（产品、价格、地点、促销）虽曾主导市场，但在消费者主权时代，4C理论（消费者、便利、成本、沟通）逐渐成为企业制胜市场的关键。品牌更新必须紧贴市场脉搏，倾听消费者声音，确保产品与服务能满足乃至超越消费者期待，如此方能在激烈的市场竞争中脱颖而出，实现品牌价值的飞跃。

(5) 效益整合原则

企业追求利润最大化的同时，亦应承担社会责任，致力于创造积极的社会影响。品牌更新过程中，需确保新策略与原有品牌元素相辅相成，形成协同效应，避免其与品牌历史和文化产生冲突，造成消费者认知混乱。通过精心策划与执行，品牌更新应达成经济效益与品牌价值的双重提升，实现品牌的可持续发展，成为引领行业潮流的标杆。

(6) 持续发展原则

品牌更新的目的是永葆品牌的活力和青春，不是为了更新而更新。更新还是"革命"，要看品牌发展到什么状态。如果品牌资产已经贬到负数的地步，最好扔掉，但有的品牌还没腐朽到负数，对于品牌本身来说只是一个重新定位、修正的问题。品牌更新应该珍惜已有的品牌资产的基础，应该继承品牌历史遗产来重塑或修正品牌，把品牌资产利用最大化。

(7) 符合法律原则

法律是一切行为的检验器，品牌更新也不例外。品牌更新，只有符合法律，才能得到法律的保护和人们的拥护，才能达到应有的效果和目的。否则，不仅前功尽弃，得不到法律的保护，还可能会受到法律的惩罚，这样不但与品牌更新原有目的和动机相悖，还会导致品牌走向灭亡。

4. 品牌更新步骤

(1) 调查分析阶段

品牌经营者在实施品牌更新之前，必须进行调查分析，以便了解该品牌自身、消费者和竞争对手及宏观政策等方面的情况，为准确的品牌更新打下有利的基础。

(2) 明确品牌的劣势和弊端

品牌经营者应在调查分析基础上，进行适当的研究，明确品牌的弊端和劣势，并要了解产生该劣势和弊端的根本原因。

(3) 寻找、验证措施

针对问题，需要不断地寻找对策以及对对策进行比较分析、验证，明确方法和措施存在哪些优势和劣势，实施会产生哪些正面影响和负面影响，在此基础上进行下一步操作。

(4) 执行实施阶段

实施阶段是最复杂最困难的一环，实施的好坏关系到品牌的命运和前程，因此计划的实施，除了需要及时高效外，还要灵活、认真、科学。

(二)品牌危机管理

1. 品牌危机定义

品牌危机是指由于企业内部和外部的诸多可变性因素，使得品牌产品在设计、生产、原料、配方等环节上出现有损消费者身心健康的隐患，甚至直接损害消费者的生命安全，从而造成品牌形象受损和品牌价值降低的意外情形，从而引发品牌被市场吞噬、毁掉直至销声匿迹，公众对该品牌的不信任感增加，销售量急剧下降，品牌美誉度遭受严重打击等现象。品牌危机的首要特征是突发性。

2. 品牌危机产生原因

品牌老化或遭遇危机，往往源自内外部因素的综合作用，以下是导致品牌衰落的内外部原因分析。

(1)内部原因

缺失整体发展战略：缺乏清晰、连贯的发展战略，尤其是在产品定位、价格策略、市场拓展等方面，未能根据不同市场和消费者需求制定差异化策略，导致品牌难以适应市场变化。

质量问题频发：产品质量问题，尤其是以次充好、缺斤少两等不诚信行为，会严重损害品牌信誉，根源在于企业管理层和员工质量意识淡薄。

产品创新乏力：市场和消费者需求不断变化，若产品缺乏创新，无法与时俱进，将逐渐失去竞争力，最终被市场淘汰。

危机意识薄弱：过分追求短期经济效益，忽视品牌长期建设，缺乏危机预警和监督机制，导致品牌在危机面前脆弱不堪。

(2)外部原因

假冒伪劣商品冲击：名牌产品因其市场影响力大、信誉度高，成为仿冒者的主要目标，假冒伪劣商品泛滥不仅损害了消费者权益，也严重损害了品牌和国家形象。

国外名牌竞争：随着全球化进程加快，国外品牌进入国内市场，凭借先进的技术和成熟的品牌运作经验，给本土品牌造成巨大竞争压力，挤压了本土品牌的生存空间。

面对这些内外部挑战，品牌必须加强内部管理，提升产品质量，注重产品创新，强化危机意识与预警机制；同时，积极应对外部竞争，通过差异化竞争策略，提升品牌核心竞争力，维护和拓展市场份额。在复杂多变的市场环境中，品牌只有不断创新，提升服务质量，增强消费者信任，才能在竞争中立于不败之地。

3. 品牌危机管理策略

品牌危机管理已成为品牌管理战略的一个重要课题。成功的危机管理可以使品牌化险为夷、渡过难关，甚至大大提高品牌的知名度、美誉度；相反，失败的危机管理则会使一个正在走俏的品牌一下子遭遇冷落，甚至就此销声匿迹。

(1)品牌危机预警系统

品牌危机预防着眼于未雨绸缪、策划应变，建立危机预警系统，及时捕捉企业危机征兆，并为各种危机提供切实有力的应对措施。其具体措施如下。

第一，建立信息监测系统。构建一个高度灵敏且精准的危机信息监测系统是预防与管理品牌危机的关键。这一系统需具备全面收集、分析与处理相关情报的能力，能够前瞻性地预测潜在危机，捕捉初期预警信号，为制定应对策略提供数据支持。系统设计上应注重内外部沟通的顺畅，确保信息的优质、传递的迅速及内容的准确性，实行紧急信息的再确认机制与快速上报流程，以便高层管理者能及时掌握危机苗头，迅速部署防御措施，最大限度地减少危机发生的可能性及其对品牌造成的负面影响。

第二，建立品牌自我诊断制度。品牌自我诊断制度是预防品牌危机的前瞻策略，它要求企业从多维度定期审视品牌运营的各个方面，主动识别潜在风险点，及时调整策略以消除隐患。这种自我审查并非事后补救，而是防患于未然的主动管理，旨在通过持续的监测与评估，确保品牌健康稳定发展。借鉴历史上的品牌危机案例，无论是自家经历还是行业教训，都能为企业提供宝贵的学习机会，帮助企业避免重蹈覆辙，同时提炼有效的危机应对策略，增强品牌韧性，确保在面对不确定性时能够迅速响应，保护品牌价值。

（2）品牌危机处理

第一，迅速组成处理危机的应变总部。面对品牌危机，要保持冷静，准确判断危机性质，制订周密的应对计划。为此，迅速组建危机应对指挥部至关重要，该指挥部通常由多个职能小组构成，包括但不限于调查组、联络组、处理组和报道组，各司其职，协同作战。调查组负责第一时间深入现场，收集详实资料，快速形成初步分析报告，为后续决策提供依据。联络组专注于内外部沟通，确保信息畅通无阻。处理组负责制定具体应对措施，化解危机。报道组负责对外发布信息，维护品牌形象。通过这一系列专业化分工，企业能够高效有序地应对危机，最大限度地减少损失，恢复公众信任。

第二，迅速启动"产品召回"制度。当产品质量问题引发品牌危机时，企业应立即激活产品召回程序，这是一项关键的危机管理措施。召回行动需迅速而彻底，即便付出高昂成本，也要确保从市场和消费者手中回收所有受影响的产品，以防止潜在危害的扩散。同时，企业应通过官方渠道和大众媒体，公开透明地通知消费者召回详情，包括召回原因、涉及产品批次、退货流程等关键信息，确保信息传达的广泛性和准确性。此举不仅有助于控制危机局势，还能够展现企业对消费者安全的高度负责，有助于维护或修复品牌形象，重建消费者信任。

第三，进行积极真诚的内、外部沟通。面对品牌危机，企业需迅速组建由CEO领导的危机管理团队，整合内部资源，必要时引入外部公关专家，制定统一的应对策略。企业应通过官方渠道，向消费者与公众诚恳道歉，明确公布问题处理方案与改正措施，勇于承担责任，同时展现人道关怀，对受害者提供必要援助，以平息公众情绪，防止危机升级。内部沟通同样关键，企业应确保信息透明，安抚员工情绪，维持团队稳定，共同应对挑战，从而逐步恢复公众信任，保护品牌形象。

（3）品牌危机善后

在平息品牌危机事件后，管理者就要着手进行品牌的恢复与重振工作。

第一，吸取教训，制订危机管理计划。危机对任何企业而言都是重大考验，它不仅会消耗大量的时间和资源，还会对品牌声誉造成深远影响。对于那些在危机中措手不及的电商品牌，事后反思与学习至关重要。品牌应将危机视为一次宝贵的学习机会，立即启动品牌危机管理计划的制订，必要时寻求行业专家与专业公关公司的指导，以构建一套全面、高效的危机应对机制。这包括但不限于加强内部培训、提升危机意识、完善监测预警系统，以及制定详尽的危机沟通策略。通过这些措施，品牌可以增强抗风险能力，确保未来在面对类似挑战时，能够更加从容不迫，有效控制局面，保护并恢复品牌形象，避免重复过去的错误。

第二，实事求是地兑现企业在危机过程中对公众作出的承诺。危机过后，企业兑现其在危机期间所作出的各项承诺，是坚守诚信原则的直接体现，也是企业致力于维护和完善其品牌形象与信誉的有力证明。承诺的履行不仅展现了企业面对挑战的决心与信心，更向消费者和社会公众传达了企业愿意通过加倍努力和真诚态度，重建信任的信息。这种承诺的实践，不仅仅是对外界的回应，更是企业内部责任意识的彰显。它提升了公众对品牌的期望值，增强了品牌的社会责任感，为品牌长期发展奠定了坚实的信誉基础。通过实际行动践行承诺，企业能够有效恢复品牌形象，巩固与消费者之间的信任纽带，为未来的市场挑战做好准备。

第三，要继续传播品牌信息，举办富有影响力的公关活动，提高品牌美誉度，营造良好公关氛围。通过积极主动的信息传播，企业不仅能够澄清事实，消除公众心中的疑虑和负面情绪，还能展示品牌的透明度与责任感，让顾客和社会公众感受到品牌的真诚与可靠性。这包括分享企业为解决问题所采取的措施、改进的成果以及对未来的承诺，通过多渠道、多层次的沟通策略，如在社交媒体发声、组织新闻发布会、发布官方声明等，与公众建立更为紧密的联系，传递正面的品牌信息，逐步恢复企业的美誉度和公众信任。有效的沟通能够加速品牌复苏，为企业赢得公众的理解和支持，为后续发展奠定良好的社会基础。

第七章 跨境电商运营分析

第一节 商业计划书的撰写

商业计划书以书面的形式全面描述企业所从事的业务，它详尽地介绍了一个企业的产品服务、生产工艺、市场和客户、营销策略、人力资源、组织架构、对基础设施和供给的需求、融资需求，以及资源和资金的利用，其主要意图是递交给投资商，以便于他们对企业或项目做出评判，从而使企业获得融资。通过撰写商业计划书，经营者会更了解生意的整体情况及业务模型，亦能让投资者判断该生意的可盈利性，因此，它是市场融资的一种关键工具。

商业计划书首先是一种吸引投资的工具，同时也是确定目标和制订计划的很好的参考资料，还是一个企业管理和操作的行为指南。商业计划书主要分为以下几个部分。

一、概要

概要作为商业计划的第一部分，是风险投资者首先看到的内容，是整个商业计划的核心所在。这部分应清楚介绍你的商业项目（产品或服务）的机会、商业价值、目标市场的描述和预测、竞争优势、核心的管理手段和资金需求、盈利能力预测等。好的概要能让风险投资者产生浓厚兴趣，并渴望得到更多的信息。

二、企业概述

简单展示企业的发展历史、现在的情况以及未来的规划。具体包括以下五项。

（一）企业宗旨

这部分阐述企业长期的战略意向，主要说明企业目前和未来要从事的经营业务范围，也称企业使命。

(二)企业结构

这部分主要介绍企业的名称、企业流程运转、部门设置及职能规划等最基本的结构。

(三)企业经营理念

这部分介绍企业在实现远景目标业绩时描述各有关团体和人事如何受益,并在此基础上形成企业基本设想与科技优势、发展方向、共同信念和企业追求的经营目标。一套经营理念包括三个部分:第一部分是对组织环境的基本认识,包括社会及其结构、市场、顾客及科技情况的预见。第二部分是对组织特殊使命的基本认识。第三部分是对完成组织使命的核心竞争力的基本认识。

(四)企业经营策略

在企业经营管理中,为了实现某一经营目标,在一定的市场环境条件下,所有为实现经营目标采取的行动及其行动方针、方案和竞争方式,均可称为经营策略。在商业计划书中要用最简洁的方式描述你的产品(服务),包括你的产品(服务)能为消费者提供什么新的价值;你准备解决什么样的困难;你准备如何解决这些困难;你们的企业是否是最合适的人选。

(五)企业硬件和软件

①企业的生产设备及厂房主要集中于某地;②企业预计到2024年12月止,为了达到三千万的产量和五千万销售额,我们需要两千万的投入资金;③回答为什么需要这笔钱;④建立开发/生产设备,并努力提高生产和研究能力以便满足日益提高的客户需求。通过大规模的促销攻势提高我企业产品(服务)的销量;⑤增加分销渠道/零销网点/区域销售/销售企业/采用电气/直邮式的分类等;⑥录用新的员工以便支持在新的市场计划下可持续发展;⑦提高研发能力,创造领导潮流的新型产品,提高竞争力。

三、产品与服务

此部分主要是对企业现有或者未来产品的性能、技术特点、典型客户、盈利能力等的陈述以及未来产品研发计划的介绍。商业计划中的产品或服务必须具有创新性,有必要对企业独立拥有的技术、技术发展的内外部环境和软硬件环境作出简要介绍,也可以对研究与开发的基础和方向以及将来的产品(服务)作出预测。但是计划书中一定要在某些细节上作出比较详细的解释,清楚地解释产品(服务)能实现的功能,可以向风险投资家介绍产品的优点、价值,与竞争对象进行比较,讨论产品的发展步骤,并列出初步开发所需要的条件。只有当一个新的产品(服务)

优于市场上已有的产品(服务)时,它才可能受到消费者的青睐。如果市场上存在替代性产品(服务),那么还应该解释它还具有哪些额外价值。在认真完成产品(服务)功能的描述之后,如果可以做出一个样品,对证明产品(服务)的可实现性无疑是更有意义的。产品与服务部分有但不仅限于以下内容:

(一)产品或服务的名称、特征及性能用途

这部分说明产品如何向消费者提供价值,以及你所提供的服务的方式有哪些,你的产品填补了那些急需补充的市场空白。可以加上你的产品或服务的照片。

(二)产品优势

创新性可做细节阐述,可与竞争对手进行比较;说明产品有独特的功能与价值,进行潜在竞争对手分析;介绍产品的额外价值增值,与竞品做比较。

(三)技术描述

这部分要避免过多细节描述,要用通俗的语言整理归纳产品与服务的功能、特点、竞争优势等信息。

(四)产品及服务的支持和保障

这部分可阐述你的下一代产品,同时说明为将来的消费者提供的更多的服务是什么。

四、市场分析

这部分介绍产品(服务)的市场情况,包括目标市场基本情况,未来市场的发展趋势、市场规模,目标客户的购买力等。有需求才有市场,有市场才有项目。商业计划书中,市场分析是项目产生的前提,是展示项目的切入点、竞争力、发展前景的重要部分。市场分析部分主要有以下内容:

(一)市场描述

介绍产品或服务针对的市场、商业价值和目标份额等。

市场定义:清晰界定产品或服务所在的市场领域。

市场容量:提供市场规模的估计,包括现有规模和预计增长。

市场趋势:分析当前市场的趋势,如消费者偏好的变化、技术创新、法规政策等。

市场细分:细分市场的具体领域,明确产品或服务的定位。

商业价值:阐述产品或服务在市场中的商业价值和潜在利润空间。

目标份额:设定实际和雄心勃勃的市场份额目标,并说明实现途径。

(二)目标消费群

介绍产品或服务的目标消费群、购买动力等。是什么因素促使人们购买你的产品？你的技术、产品对于用户的吸引力在何处？人们为什么选择你的产品（服务）/企业？

(三)销售战略

介绍实施销售计划的各种因素，包括产品、价格、广告、渠道、促销条件，是一种为了达成销售目标的各种手段的最适组合而非最佳组合。销售策略也是公司产品（服务）投放市场的理念。例如：产品选取特定的销售渠道是因为：①消费群特点；②地理优势；③季节变化引起的销售特点；④资金的有效运用；⑤可以利用市场上现有的产品的销售渠道；⑥针对每一个分销渠道，确定一个五年期的目标销售量以及其他假设条件。

五、竞争分析

竞争分析一般也称为竞争战略分析，它从"企业所在的行业""企业面临或者即将面对的竞争""企业实施或者即将实施战略"三个方面帮助企业了解竞争对手的经营状况和目标客户的未来需求，发现新的消费点和新的客户群，在未来市场竞争活动中占据主导位置。

(一)竞争描述

描述你的主要竞争对手类型，竞争对手所占的市场份额和目前的市场策略。

(二)竞争战略/市场进入障碍

这里研究进入细分市场的主要障碍及竞争对手模仿你的障碍，明晰我们的策略，竞争中产品的价格、性能在市场竞争中的优势，以及我们拥有的其他优势有哪些。

六、经营策略

这部分介绍企业在考量本身优劣后，为形成优势和创造生存与发展空间所采取的对策。

(一)营销计划

选择目标市场；制定产品决策（调整和计划合理的产品数量以适应各个市场的现实和潜在需求，调整和改进产品的样式、品质、功能、包装，开发新产品，优化产品组合，确定产品的品牌和商标、包装策略）；制定价格决策（确定企业的定价目标、定价方法、定价策略，制定产品的价格和价格调整方法）；制定销售渠道策略,选择适当的销售渠道;制定销售促进决策(人员推销、广告、宣传、公共关系、营业推广、组织售前售中售后服务等)。

(二)市场沟通

利用平台或者媒介加强、促进并支持产品能更好地满足消费者需求的热点。唯一的原则就是寻找一切可能的有利的途径进行沟通。①促销展出;②广告;③新闻发布会;④大型会议或研讨会;⑤网络促销;⑥捆绑促销;⑦媒体刊登;⑧邮件广告。

(三)规划和开发计划

介绍产品(服务)开发的规划目标、当前所处的状态以及开发计划,以及可能遇到的困难和风险预测。

(四)制造和操作计划

介绍产品(服务)使用寿命、生产周期和生产组织,设备条件、技改的必要性和可能性。

七、财务分析

财务分析是以会计核算和报表资料及其他相关资料为依据,采用专门的分析技术和方法,对企业过去和现在有关筹资活动、投资活动、经营活动、分配活动的盈利能力、营运能力、偿债能力和增长能力状况等进行分析与评价的经济管理活动。它是为企业的投资者、债权人、经营者及其他关心企业的组织或个人了解企业过去、评价企业现状、预测企业未来做出正确决策提供准确的信息或依据的经济应用学科。财务分析是对投资机会进行评估的基础,它需要体现你对财务需求的最好预估。

(一)营业收入预估表

利用销售量的预估和已产生的生产和营运的成本,准备至少3年的收入预估表。重点说明主要的几项风险,比如,导致销售锐减20%的风险,以及在当前的生产力情况下,为了达到曲线的增长,采取缩减的方式所带来的不利影响。这些风险都将影响销售目标和盈利的最终实现;还要说明收益随之变化的情况。收入状况是财务管理中可营利计划的一部分,它可以显示出新资金的潜在的投资可行性。我们建议前两年以月为单位进行统计,再往后以季度为单位进行统计。

(二)资产负债表

风险投资家也会对项目资产负债表感兴趣,因为他们想知道资产的预期增长情况。资产的类型和价值放在资产负债表的资产方,而负债和收入则放在另一边。

和收益表一样，要用标准的账户格式。资产负债表也应该以每年的实际交付为基础计算。如果缺乏财务预测方面的经验，可以向有关专业人士请教，也可以考虑将具有这种专业能力的人士引入团队。

(三)现金流量表

现金流量表对投资者来说比资产负债和收入报表更为重要，在阶段性时间节点你将会有多少现钱是投资者很关心的问题。第一年按月做一次统计，以后两年至少每季要做一次统计。现金流入流出的时间和数目的详细描述，决定着追加投资的时间，体现了对营运资本的微弱需求，能说明现金是如何得到的，比如获得净资产、银行贷款、银行短期信用或者其他，说明哪些项目需要偿还，以及如何偿还这笔钱。

(四)盈亏平衡图

准备盈亏平衡图可以直观展示何时将达到平衡点，以及出现后将如何逐步改变。讨论平衡点是很容易还是很困难才能达到，就是讨论与整个销售计划相关的平衡点处的销售量、毛利润的范围以及随之变化的价格。

第二节 运营成本与利润分析

一、跨境电商运营成本

跨境电商运营成本涉及多个方面，主要包括但不限于以下几个关键部分：

(一)商品成本

这是购买或制造商品本身的成本，包括原材料、生产、采购等费用。直接与供应商合作，尤其是与工厂对接，往往能争取到更低的价格。

设计与研发：对于创新型产品，前期的设计与研发投入也是商品成本的一部分。

质量控制：确保产品质量符合目标市场的标准，可能会产生额外的质量检测和认证费用。

样品制作：在大规模采购前，制作样品进行测试和展示，也是一笔成本。

(二)平台费用

如果你在第三方跨境电商平台上运营,需要支付平台入驻费、年费、月费或交易佣金(通常为销售额的5%至10%)。不同平台收费标准各异。

1. 平台基础费用

入驻费:部分平台要求新商家在开店时一次性支付的入门费用。

年费/月费:维持店铺运营的基本费用,按年或月收取,不同的平台和店铺类型(如普通店、旗舰店)收费标准不同。

交易佣金:基于每笔交易金额按比例收取的服务费,是平台的主要收入来源。佣金率因平台、商品类别甚至促销时段而异,通常在5%至10%,但有些特殊商品类别的佣金率可能更高。

2. 营销活动费用

参与促销活动的费用:如参加"黑色星期五""双11"等大型购物节或平台独有的促销活动,商家可能需要支付额外的活动报名费或保证金,以及可能的广告推广费用以获得更好的曝光位置。

广告费:使用平台内置广告系统,如关键词竞价、展示广告、定向推广等,来提升产品在搜索结果或推荐列表中的排名的费用。这些广告费用通常是按点击(CPC)、展现(CPM)或转化(CPA)计费。

3. 增值服务费

店铺装修:为了提升店铺形象和用户体验,商家选择购买平台提供的高级模板或定制设计服务产生的费用。

数据分析工具:为使用高级的数据分析功能,如消费者行为分析、竞争对手分析、销售趋势预测等,订阅平台的高级数据分析套餐产生的费用。

客户服务支持:使用平台提供的高级客服工具或外包客服团队服务,帮助处理消费者咨询和售后问题产生的费用。这类增值服务能够提升顾客满意度,但需支付额外费用。

物流服务:使用平台提供的一体化物流解决方案,如亚马逊FBA(Fulfillment by Amazon)产生的费用。商家将商品提前存入平台仓库,由平台负责后续的包装、发货和客户服务,享受更快的配送速度和更佳的买家体验,但需支付相应的存储费、打包费和配送费。

选择合适的平台和服务,合理规划营销预算,对于控制成本和提升产品在市场上的竞争力至关重要。商家应根据自身产品特性、目标市场和财务状况,精细计算和权衡各项费用支出,制定出最有利的运营策略。

(三)物流成本

物流成本包括国际运输、国内运输、仓储、包装、保险以及可能的关税和增值税。国际运输成本受货物重量、尺寸、运输方式和距离影响,是物流成本中较大的一部分。

1. 国际运输成本

海运成本:适用于体积大、重量重的商品,是最经济的运输方式,但速度较慢。成本受燃油价格、季节性需求、港口拥挤程度等因素影响。

空运成本:适合快速交付的小件、高价值商品,成本相对较高,受到航班频率、货物体积、紧急程度等因素影响。

快递与包裹服务:如 DHL、FedEx、UPS 等,提供门到门服务,速度快但成本高昂,适用于小批量、高时效要求的货物。

铁路运输:在某些地区,特别是亚洲到欧洲的贸易路线上,铁路运输成为成本与时间平衡的较好选择,尤其适合大型货物。

2. 国内运输成本

国内运输成本包括从制造商到仓库、仓库之间的转移,以及仓库到国内发货点的运输费用。这部分成本受国内物流网络效率、油价变动及国内运输政策调整的影响。

3. 仓储成本

长期仓储费:商品在仓库存储的固定费用,可能按月或按年计算。

临时仓储费:商品在特定时间段内的存储费用,如旺季临时增加的库存产生的存储费。

操作费:包括货物进出库、盘点、挑选、包装等操作的人工和设备成本。

4. 包装成本

包装成本包括包装材料费用、特殊保护措施(如防震、防潮包装)和包装人工费用。良好的包装不仅保护商品,还能提升客户体验,但成本需合理控制。

5. 保险成本

运输保险可覆盖货物在运输过程中的损失或损坏风险,保险费率由货物类型、价值、运输方式和目的地等因素决定。

6. 关税、增值税与清关费用

关税:根据商品种类、原产国和目的国的贸易协议确定。

增值税:进口到某些国家的商品需缴纳增值税,税率各国不一。

清关费用:包括报关费、检验检疫费、代理服务费等,确保货物合法进入目标市场。

7. 其他潜在成本

退货与换货成本：包括退回商品的国际运费、重新处理和再次发货的费用。

库存持有成本：长时间库存积压会占用资金，产生机会成本。

外汇汇率波动风险：支付国际物流费用时，汇率变动可能增加实际成本。

要管理好物流成本，不仅需要深入了解各类费用的具体组成，还需要结合供应链管理策略做决策，如采用多渠道物流解决方案、优化库存管理、利用技术提升物流效率等，以实现成本控制和效率提升。

(四)推广成本

推广成本是跨境电商运营中推动销售增长的关键投入，它覆盖了一系列线上营销策略和活动，旨在提高品牌可见度、吸引潜在顾客并促进转化。以下是推广成本中几个主要方面的详细阐述：

1. 线上广告

社交媒体广告：如 Facebook Ads、Instagram 广告、LinkedIn 广告等，这些平台允许高度定位目标受众，按点击、展示、转化等多种方式计费。

搜索引擎广告：如 Google Ads，通过竞价关键字让产品出现在搜索结果顶部，是一种快速吸引流量的方式。

电商平台内广告：如亚马逊 Sponsored Products、eBay Promoted Listings，直接在购物平台上推广商品，目标性强，转化率通常较高。

联盟营销：与博主、影响者或行业网站合作，按照销售额或引导的流量支付佣金。

2. 社交媒体营销

内容创作与发布：制作高质量图片、视频、故事等内容，增加用户互动和品牌忠诚度，虽然直接成本可能较低，但需投入创意和时间成本。

社群管理：维护品牌在社交媒体平台上的官方账号，定期发布更新，回应用户评论，建立社区氛围，可能需要专门的社交媒体经理或团队。

KOL/网红合作：与具有大量粉丝的网络名人合作推广，这种合作模式往往需要较高的预算，但能迅速扩大品牌影响力。

3. 搜索引擎优化(SEO)

关键词研究与优化：通过研究目标市场的搜索习惯，优化产品标题、描述和网站内容，提高自然搜索排名，虽然直接成本较低，但需长期投资和专业知识。

技术 SEO：确保网站结构、加载速度、移动友好性等方面符合搜索引擎标准，可能涉及网页开发者或 SEO 专家的费用。

内容营销：创建有价值的博客文章、指南、白皮书等，吸引自然流量并建立品牌权威性,内容创作和维护成本是主要成本。

4. 内容营销

博客与资讯站点:建立或在相关平台上发布行业相关内容,提升品牌形象和专业度。

视频营销:在 YouTube、TikTok 等平台制作产品演示、教程或品牌故事视频,视频制作成本包括脚本编写、拍摄、后期编辑成本等。

电子邮件营销:构建邮件列表,发送促销信息、新闻通讯、个性化推荐等,邮件营销软件和服务会产生一定费用。

推广成本的优化在于理解目标市场,选择最有效的渠道组合,并持续监测营销活动的效果,根据数据反馈调整策略,以达到最佳的投资回报率(ROI)。此外,长期的品牌建设和客户关系管理也是不可忽视的部分,虽然它们带来的效果可能不是立竿见影的,但对品牌的长远发展至关重要。

(五)技术成本

如果是运营独立站,可能需要支付网站搭建、维护、服务器托管、安全防护及各种技术支持的费用。

1. 网站搭建

域名购买:注册一个易于记忆且与品牌相关的域名,每年需要续费。

网站设计与开发:根据品牌特色定制网站界面和功能,可能需要雇佣设计师和开发者,或者购买现成的电子商务模板和主题。

电商平台软件:如 Shopify、Magento、WooCommerce 等,提供一站式建站解决方案,有的需要支付软件订阅费或购买许可。

2. 服务器托管与维护

云服务器租赁:AWS、阿里云、腾讯云等服务商提供服务器资源,按需付费,成本随访问量和数据存储需求变化。

CDN 服务:内容分发网络可加快全球访问速度,提升用户体验,尤其是对国际用户而言。

维护与更新:定期软件更新、安全补丁安装、性能优化等,可能需要维持内部 IT 团队或将其外包给专业公司。

3. 安全防护

SSL 证书:加密网站数据传输,保护用户信息安全,每年需要续费。

防火墙与 DDoS 防护:防止恶意攻击和数据泄露,通常是需要付费的安全服务。

数据备份与恢复:定期备份网站数据,以防意外丢失,部分云服务包含备份服务,也可能需要单独购买备份方案。

4. 技术支持与客户服务

在线客服系统：如 Zendesk、LiveChat 等，提供实时客户支持，按月或年订阅。

支付网关集成：确保网站能够安全接收多种支付方式，支付网关服务提供商可能收取交易费或年费。

数据分析与优化工具：如 Google Analytics、Hotjar 等，用于跟踪用户行为、分析网站性能，部分高级功能需要付费。

5. SEO 与市场营销工具

SEO 优化工具：如 SEMrush、Ahrefs 等，帮助优化网站排名，提高自然流量，通常需要订阅。

营销自动化软件：用于电子邮件营销、社交媒体管理、客户关系管理等，如 HubSpot、Mailchimp 等，有助于提高营销效率。

技术成本的控制与优化策略包括选择性价比高的服务提供商、合理配置资源、定期评估并优化技术架构，以及通过持续学习和采用最新技术来提高效率。此外，对于非核心的技术需求，可以考虑采用 SaaS 服务，以减少初期投资和运维负担。

（六）管理成本

管理成本是跨境电商企业日常运营中不可或缺的一部分，它直接关系到企业的组织效率和盈利能力。

1. 人力资源成本

薪资与奖金：员工的基本工资、绩效奖金、年终奖等直接薪酬支出。

福利：包括健康保险、退休金计划、员工培训与发展、带薪休假等非现金福利，这些是吸引和留住人才的重要手段。

招聘与培训：新员工招聘成本、岗前培训及在职培训的费用，这些有助于提升团队专业能力和整体工作效率。

2. 办公场所租金与设施维护

租金：办公室或营业场所的租赁费用，依据地理位置、面积大小等因素而定。

设施与维护：包括办公家具、设备采购、日常维护、网络通信费、水电费等办公环境的维护成本。

3. 行政管理费用

日常办公用品：文具、打印耗材、办公设备维修更换等消耗品费用。

法律与财务咨询：聘请律师、会计师或财务顾问的费用，涉及合同审核、税务规划、合规咨询等。

商务旅行与会议：差旅费、会议费、客户招待费等，用于拓展业务和维护客户关系。

4. 外币结汇费用

汇率差额：国际收支中，汇率波动会导致实际兑换金额与预期存在差异，这构成了隐性成本。

银行手续费：金融机构在外汇兑换过程中收取的手续费，以及可能的电汇费用。

5. 关税、增值税及海关代理费

关税：依据商品种类、价值和国际贸易协定征收，是商品进入他国市场的重要门槛。

增值税：进口商品在销售环节需缴纳的税款，税率因国而异。

海关代理费：委托第三方代理完成清关手续，包括文件准备、报关、检验检疫等，代理机构会收取相应服务费。

6. 库存成本

仓储租赁：商品储存的场地租金，可能还包括货架、温控等设施费用。

库存管理费：使用库存管理系统、条形码追踪、定期盘点等产生的软件、硬件及人工成本。

库存损耗：商品在存储或搬运过程中的破损、过期、失窃等造成的损失。

有效管理和优化这些成本项目，对于提高跨境电商企业的竞争力和盈利能力至关重要。企业可以通过提高库存周转率、优化供应链管理、采用成本效益分析方法、利用数字化工具自动化管理流程等方式，来实现成本的有效控制。同时，持续关注国际市场动态和政策变化，灵活应对，也是降低不确定性和风险的重要策略。

二、营运成本优化策略

（一）优化物流方案

选择高效物流服务：对比不同物流公司的价格和服务，选择性价比高的国际快递、海运或空运服务。考虑使用集运服务以合并包裹降低成本。

海外仓布局：在目标市场附近设立或租用海外仓，可以显著缩短配送时间，减少跨境运输成本，同时提高客户满意度。

智能路由选择：运用物流管理系统，根据商品重量、体积、目的地等因素自动选择最优物流路径，实现成本与效率的最佳平衡。

（二）精细化库存管理

实施先进的库存管理系统（如ERP、WMS），实时监控库存水平，避免过度库存导致的资金占用和潜在损失。

采用数据分析预测：利用历史销售数据、市场趋势和季节性因素，通过机器学习算法预测未来需求，指导补货决策。

灵活补货策略：采取小批量、高频次的补货策略，降低库存持有成本，同时保持库存新鲜度和响应市场变化的能力。

(三)成本效益分析

定期全面审计：对供应链各环节的成本进行定期审计，识别成本增加的源头，如运输、仓储、包装等。

供应商谈判：与供应商建立长期合作关系，通过谈判降低采购成本，或寻求更优惠的支付条件和折扣。

淘汰低效流程：识别并淘汰那些效率低下或成本过高的运营环节，简化流程，提升整体效率。

(四)市场精准投放

目标市场细分：深入研究目标市场，细分消费者群体，了解他们的偏好和购买行为。

精准营销策略：利用社交媒体、搜索引擎和大数据分析，实施精准广告投放，提高转化率，减少无效广告支出。

内容营销与品牌建设：通过高质量的内容营销建立品牌影响力，提升用户粘性，长远降低获客成本。

(五)自动化与技术升级

自动化工具应用：引入自动化订单处理、库存管理、客户服务软件，减少人工干预，提升处理速度和准确性。

云计算与SaaS服务：利用云计算和SaaS（Software as a Service）服务，减少硬件投资，按需付费，提高灵活性。

人工智能与机器学习：在预测分析、客户服务、个性化推荐等方面应用AI技术，提高效率，增强客户体验。

三、订单分析

(一)订单总收入表

订单总收入表提供了某一时间段内所有订单的总收入概览，是评估整体业务表现的核心指标。该表的内容应包括但不限于：

总收入：所有订单的总销售额，不扣除退款和退货。

净收入：扣除退款、退货和其他费用后的实际收入。

日/周/月收入趋势:分析收入随时间的变化,识别高峰期和低谷期。

收入来源:区分不同平台、店铺或产品的贡献度。

(二)地区订单收入

分析不同地区贡献的订单收入,可以帮助企业了解哪些市场最具潜力,进行市场细分和本地化策略调整。具体内容包括:

地区分布:按国家或区域划分的订单收入占比。

增长趋势:各地区的收入增长或下降趋势。

人均消费:不同地区用户的平均消费水平。

季节性变化:特定地区的节假日、气候等因素对收入的影响。

(三)店铺订单收入

针对多店铺运营,分析每个店铺的订单收入,可以发现表现优异或需要改进的店铺。分析内容涉及:

店铺对比:比较不同店铺的收入,找出最佳实践或问题所在。

收入构成:分析各店铺的主要收入来源,如热销商品或服务。

转化率分析:比较各店铺的转化率,优化低效店铺的营销和销售策略。

(四)商品订单量排名

通过商品订单量排名,可以识别哪些商品最受欢迎,哪些需要促销或淘汰。重点分析:

销量排行榜:按订单量排序的商品名单。

增长潜力商品:销量增长快但排名相对靠后的商品。

滞销商品:长时间销量低的商品,考虑库存调整或促销策略。

(五)商品流量和订单

了解商品页面的流量与实际订单的转化关系,优化商品详情页和营销策略:

流量分析:商品页面的访问量、独立访客数、页面停留时间等。

转化率:将流量转化为订单的能力,分析影响转化的因素。

流量—订单关联:探索流量来源与订单转化的关联性,优化流量质量。

(六)商品流量来源

明确商品流量的来源,有助于优化营销渠道和预算分配:

直接访问、搜索引擎:用户直接输入网址或通过搜索引擎找到商品。

社交媒体、广告:社交媒体推广、广告点击带来的流量。

外部链接、合作伙伴:来自博客、论坛、合作伙伴网站的推荐流量。

分析各渠道效果：评估各来源的转化效率，调整营销组合。

（七）商品广告业绩

商品广告业绩的分析是电商营销策略中的核心环节，它直接关系到营销预算的效率与广告活动的成效。

1. 广告花费与回报分析

ROI（投资回报率）计算：计算每项广告活动的具体花费与直接产生的销售额之间的比率，以此评估广告资金的使用效率。

公式为：（广告带来的销售额－广告花费）/广告花费*100%。

长尾效应考量：除了直接转化，还需考虑广告对品牌曝光、用户认知度提升等间接效果，这些虽不易量化，但也影响整体回报。

成本控制：定期回顾广告成本，确保广告预算没有超支，尤其是在节日促销或特殊营销活动期间。

2. 广告转化率优化

细分渠道分析：将转化率细化到不同广告渠道、广告系列乃至单个广告层级，找出转化率高的广告元素。

A/B测试：通过对比实验，测试不同广告创意、落地页设计、呼吁行动（CTA）等对转化率的影响。

用户旅程分析：追踪用户从点击广告到完成购买的全过程，识别转化漏斗中的瓶颈环节，进行针对性优化。

3. 广告渠道效果评估

多平台对比：详细记录并比较在Google Ads、Facebook Ads、Instagram、TikTok Ads等不同平台上的广告表现，包括成本、点击率、转化率等指标。

平台特性利用：深入理解各平台用户特征，定制化广告内容，例如利用Facebook的社交属性进行社群营销，或在Google上利用精准关键词搜索。

跨渠道协同：评估不同渠道广告间的相互作用，如是否通过多触点营销提升了整体效果，确保广告策略的一致性和互补性。

4. 关键词与创意效果分析

关键词优化：使用关键词分析工具，定期审查关键词的搜索量、竞争度和转化效果，剔除表现不佳的关键词，增加有潜力的新词。

创意测试与迭代：不断测试不同的广告创意，包括图像、视频、标题、描述等，基于用户反馈和数据分析优化创意内容，提高吸引力和相关性。

个性化营销：利用用户数据进行个性化广告定制，提高广告的相关性和转化率,如根据用户浏览历史、购买行为推送定制化广告。

通过持续深入地分析广告业绩,跨境电商企业可以更精确地调整广告策略,优化广告支出,实现更高的广告效率和投资回报。此外,结合市场趋势和用户行为变化,灵活调整策略,是提高广告业绩的关键。

四、利润分析

跨境电商运营利润分析是衡量企业盈利能力和健康状况的重要过程,涉及对收入、成本和费用的详细考察。

(一)毛利润计算

毛利润 = 总销售收入 − 成本(商品成本 + 直接物流成本)。这是最基本的利润指标,反映直接销售商品的盈利能力

毛利率 = 毛利润 / 总销售收入 *100%,用于衡量每一单位销售额中毛利所占的比例

(二)净利润分析

净利润 = 毛利润 − 营运费用(平台费用、推广成本、技术成本、管理成本等)。这是扣除所有运营费用后的真正盈利

净利率 = 净利润 / 总销售收入 *100%,反映企业综合盈利能力

(三)成本结构分析

对各项成本进行深入分析,如物流成本中的国际运输费、仓储费、包装费等,识别成本控制的关键点。

通过与历史数据对比或行业基准比较,找出成本上升的原因,制定降本增效措施。

(四)费用效率分析

营销费用率 = 推广成本 / 总销售收入 *100%,评估营销活动的效率

管理费用率 = 管理成本 / 总销售收入 *100%,检查企业管理效率

(五)边际贡献分析

分析增加一单位销量对利润的边际贡献,帮助决策是否增加库存或扩大营销规模。

(六)细分市场利润分析

对不同地区、不同商品类别或不同销售渠道的利润分别进行分析,识别最赚钱的市场和产品线。

(七)客户盈利能力分析

通过客户生命周期价值(CLV)和客户获取成本(CAC)的对比,分析客户群体的盈利性,优化客户关系管理。

(八)风险与机会分析

考虑汇率波动、国际贸易政策变化等外部因素对利润的影响,制定风险应对策略。

利用数据分析发现新的市场机会,如未充分开发的地域市场或新兴产品类别。

(九)趋势与预测

使用历史数据进行趋势分析,预测未来一段时间内的利润走势,为战略规划提供依据。

应用预测模型,如时间序列分析、机器学习算法,提高预测准确度。

(十)敏感性分析

测试关键变量(如售价、成本、销量)变动对利润的影响,识别利润敏感点,制定弹性策略。

通过对上述各方面的细致分析,跨境电商企业能够清晰掌握自身的盈利状况,识别利润增长的机会和成本控制的潜力,进而做出更加明智的经营决策,提升整体盈利能力。

五、库存分析

库存分析是跨境电商管理中的重要组成部分,它直接关系到资金使用效率、供应链响应速度以及顾客满意度。

(一)库存清单

库存清单是记录企业当前所有库存商品的详细目录,包括但不限于商品的以下信息。

基本信息:商品编码、名称、规格型号、供应商信息等。

数量与状态:实际库存数量、在途数量、已预订数量、残次品数量等。

存放位置:商品在仓库中的具体存放区域或货架号,便于快速拣货。

成本与价值:单品成本、总库存价值,有助于计算资金占用情况。

有效期与批次:对于有保质期的商品,记录生产日期、到期日期及批次号,避免过期。

通过定期更新和维护库存清单,企业可以即时掌握库存详情,为后续的库存决策提供基础数据支持。

(二)发货清单

发货清单是针对每次发货操作的详细记录,它不仅是物流执行的依据,也是库存变动和财务核对的重要文档,内容涵盖以下信息。

订单信息:订单编号、顾客信息、收货地址等。

商品列表:发货商品的名称、数量、单价、总价等。

物流信息:承运商、物流单号、预计到达时间等。

包装信息:包装方式、重量、体积等,影响物流成本。

发货状态:是否已打包、已发货,客户签收状态等。

发货清单的管理有助于监控发货进度,及时解决物流问题,同时为库存调整和销售数据分析提供数据支持。

(三)库存动销率

库存动销率是衡量库存商品销售效率的指标,计算公式为:动销率=某段时间内销售的商品品种数/库存商品总品种数。高动销率意味着库存商品周转快,销售效率高。分析库存动销率时,可以进一步细化:

分类动销率:按商品类别或品牌分析动销率,识别哪些类别或品牌的产品销售表现更好。

单品动销率:分析单品的销售情况,识别滞销品和畅销品,为商品结构调整提供依据。

趋势分析:比较不同时间段的动销率变化,评估促销活动、季节变化等因素对销售的影响。

库存优化:依据动销率调整库存策略,如对滞销品进行打折促销或减少采购,对畅销品则增加库存,确保供应稳定。

通过深入分析库存清单、发货清单和库存动销率,跨境电商企业能够优化库存管理,减少库存积压,提高资金周转速度,同时提升顾客满意度和市场响应能力。

第三节 跨境电商数据分析

数据分析是指用适当的统计分析方法对收集来的大量的第一手资料进行分析,以求最大化地开发数据资料的功能,发挥数据的作用,提取有用的信息和形成结论,从而对数据加以详细研究和概括总结的过程。

一、数据分析概述

跨境电商数据分析是指用适当的统计分析方法对收集来的大量的第一手资料进行分析，以求最大化地开发数据资料的功能，发挥数据的作用，提取有用的信息和形成结论，从而对数据加以详细研究和概括总结的过程。

例如速卖通的卖家通过数据分析，能将整个店铺的运营建立在科学分析的基础之上，将各种指标定性、定量地分析出来，从而为决策者提供最准确的参考依据。

（一）数据分析常用公式和名词解释

UV:Unique Visitor,网站独立访客,访问网站的一台电脑客户端为一个访客。

PV : Page View,即页面浏览量或点击量,用户每次刷新即被计算一次。

平均访问深度：等于PV/UV，数值越大，买家访问停留页面的时间越长，购买意向越大。

店铺成交转化率：指成交用户数占所有访客数的百分比，即店铺成交转化率 = 成交用户数 ÷ 总访客数。

单品转化率：等于单品下单用户数 ÷ 访客数。

PV 点击率：即浏览量（点击量）占曝光量（流量）的百分比。

（二）数据化引流

"流量为王"是所有网店运营的核心。通过数据化选品以后，接下来卖家需要做的就是为产品或者店铺引流。

流量整体上分为类目流量和普通搜索流量两类。类目流量也就是从左侧类目栏通过层层筛选最后到达产品展示页的流量。普通搜索流量是在首页搜索栏中填写关键词搜索后展示的页面的流量。这两个流量来源都非常关键。

从语言角度来划分，还有小语种流量。在后台的产品编辑页面，卖家可以看到有5种不同的编辑页面，也就是前台所展示的不同语言的速卖通站点。卖家可以通过数据分析工具找出相应的小语种词汇来优化小语种页面，从而最大化地获取小语种流量。

卖家还可以通过直通车的数据分析来选择匹配度最高的关键词进行推广，从而为产品精准引流。作为付费流量最大的入口，直通车的数据分析也是非常关键的。卖家可以通过简单的方法来分析直通车推广的投入产出比，只有投入产出比提高了，直通车推广的效果才能达到最好。

从流量的落地页面来看，流量还可以分为店内流量和站内其他流量两类。店内流量相对比较简单，也就是通过店铺内的搜索栏搜索本店产品的流量。而站内其他流量包括的范围比较广泛，但是其核心就是店铺产品与产品之间页面的跳转，也可以称之为流量的共享,主要工作就是关联营销以及店铺装修等环节。

(三)优化点击率和转化率

在店铺有了稳定的流量以后,为了更好地提升店铺的业绩,接下来就要开始分析产品的点击率和转化率。

影响点击率的要素相对比较简单,主要是产品的主图和标题。产品能否引起买家的点击,首先要看主图展示的是不是买家想要的产品。下面就通过数据分析,分析出搜索度高的产品属性来优化卖家的产品主图。在产品标题中卖家要尽量添加一些点击量高的词,这样才能更好地提高点击率。影响点击率的主要因素有商品的主图、标题、价格,卖家旺旺是否在线,曝光环境等。

主图:客户并不是经过长时间思考后决定点击哪个商品的,而是很快地做出决定,而这个决定是根据人的目光落在哪里而进行的。好的主图能在众多的商品中吸引客户的眼球,不仅能展示商品的外形,还能传达商品的卖点、透露商品促销信息甚至品牌文化。特别是"fashion"类商品,客户大多会通过商品主图判断商品的款式是否是自己需要的。

标题:对于目标比较明确的客户,他们习惯通过标题去判断商品的特点或者属性是否符合自己的需要,然后再决定是否点击。特别对于偏标准类的商品,图片都比较类似,这时候标题就显得尤为重要,一个有特色、有创意的标题能大大增加推广商品的点击率。

价格:价格是买家决定是否点击的硬性因素。很多"开"过直通车的卖家应该都有过这样的经历:有时候店铺的打折扣活动忘记设置或者没有及时跟上,商品使用原价在推广着,发现此时商品的点击率大大低于有折扣的时候。很多买家一看商品的价格不在自己的接受范围内,便不会去点击。当然,有时候影响点击率的不是价格本身,而是在客户眼中此刻商品的价格是相对优惠的。例如,客户会关注同一个页面中其他商品的价格、折扣率是多少。此外,99美元与100美元给客户的感觉肯定也是不一样的。在速卖通中,不必刻意调整价格制造这种效果,因为在不同的国家,买家会把价格单位设置成本土的货币单位。

点击率的优化没有绝对有效的方法,所有的优化方案都得通过后续的数据表现来检验。由于商品的点击率受主图影响最大,因此,美工在点击率的优化工作中起着非常重要的作用,而数据分析主要在标题优化、效果检验等环节发挥作用。

影响单品转化率的因素有很多,可以归纳为流量、商品本身以及客服跟进这三个方面。

流量方面:其中,宏观角度的影响因素为不同流量来源的占比,例如PC端/无线端流量的占比、不同国家流量的占比、搜索流量/活动流量的占比。微观角度的影响因素为流量的精准度。

商品本身方面：其中包括价格、物流方案、销量、评价、产品描述、售后服务等因素。

客服跟进方面：客服的服务会影响客户的咨询率、下单率和付款率，进而会影响单品的转化率。

除此之外，品牌影响力、老客户黏度、关联营销等也会影响转化率。

店铺的转化率更多取决于热销款商品的转化率，要从平均停留时间、热销款流量的去向以及老客户营销方面来提高店铺的整体转化率。

（四）店铺的整体数据分析

选好了产品，引来了流量，优化了点击率和转化率以后，接下来要做的就是分析店铺的整体数据。

进行店铺的整体数据分析时，首先要分析的是买家的行为。通过分析店铺的买家具体特征，可以为接下来的运营提供数据支持。

分析完买家行为以后，接下来就要分析运营人员在日常的数据化运营中，每个不同的时间节点都需要做哪些工作。工作细分了，效率才能提高。

利润永远是卖家最关注的问题，而店铺的利润在绝大多数情况下取决于仓库中的库存，也就是卖家最关心的仓库的动销率。所以，卖家要经常统计仓库中哪些产品是滞销的，从而将其淘汰；哪些产品是热销的，从而将其继续推广。仓库的动销率提高了，店铺的利润自然也会随之增加。

$$支付金额 = 访客数 \times 购买率 \times 客单价$$

访客数（UV，即 Unique Visitor）：指的是统计时间段内访问店铺页面或宝贝详情页的人数，为PC端（电脑端）访客数和App端访客数之和。同时访客数会进行去重计算，如一个买家在统计时间范围内访问店铺多次则只记为一个访客数。

$$购买率 = 下单买家数 \div 商品页访客数$$

客单价：指店铺每一个顾客平均购买商品的金额，也就是平均交易金额。

卖家要时常关注自己的店铺跟同行同层级卖家的对比分析，当数据有显著变化时，要及时分析背后的原因，从而有针对性地提升店铺运营。

（五）无线端数据分析

从2014年开始，店铺里来自无线端的订单越来越多，而且无线端的买家群体增长速度很快，这是因为随着手机智能化以及Wi-Fi信号的覆盖率增加，年轻的海外买家们更加喜欢相对简单的移动端购物。对店铺运营来说，无线端的数据分析也越来越重要。

无线端的优化和PC端稍微有所区别，受屏幕大小的限制，无线端更突出的是主图的重要性以及详情页的适配性。只有做好了无线端的数据分析，才能够更好地服务买家从而提高店铺的点击率和转化率。

如果店铺的客户一般是一个订单购买一件商品，那么就可以从客单价推算出店铺中比较受欢迎的产品价格是多少。店铺可以多上架这类价格的产品，而不要一会儿上架几百美元的产品，一会儿上架几美元的产品，这样客户群不精准，会出现客户的黏性不够，也就是店铺基本上没有什么老客户的情况。19世纪末，意大利经济学家巴莱多发明了"二八定律"。这个定律认为："在任何一组东西中，最重要的只占其中很小部分，约20%，其余的80%尽管是多数，却是次要的。"把这个定律运用到店铺运营中，就是说店铺80%的销量是由20%的客户带来的。"做一公里的深度，做一公里的宽度"，意思就是事情要做专，不要什么都做，否则到头来什么都做不好。因为一个人、一家企业的精力是有限的，如果什么都做，那么精力肯定会分配不过来的；就算是勉强分配过来，也竞争不过一门心思、勤勤恳恳专一做事的人。把这些道理运用到速卖通的店铺运营中，就是做自己的专长，做自己擅长的，不要看到什么赚钱就做什么，否则到头来什么都做不好。因此，卖家只要抓住了某一个客户群，就可以相对比较轻松地赚钱了。

店铺的数据化运营阶段包括选品，引流，优化点击率和转化率，店铺的整体数据分析四个阶段，每个阶段都非常关键。加强数据分析以及对消费者的消费习惯、消费心理进行调研，根据消费者的需求上架新的商品品种，做好店铺的数据化分析，能为店铺未来运营策略的优化和调整提供数据支持。

二、影响买家购买的因素

通过店铺运营数据分析，总结影响买家购买的因素有以下五个。

(一)店铺装修的因素

如果买家对店铺的整体认可度高，也会提高他们的下单意愿。就像人们进入一家实体店，如果感觉店铺装修很有档次，让人很舒心，那么第一印象就会比较好，接下来的交易就是顺理成章的。如果店铺整体让人感觉不舒服，有一种没档次的感觉，那么买家下单的意愿就会降低，除非是抱着捡便宜的心态，不然是不会有购买的冲动的。好的图片可能会带来销量，而差的图片绝对不会带来销量，除非速卖通上面只有你一家在卖，而且没有替代性，或者客户真的很需要，在其他平台上很难买到。但是现在还有这样的商品吗？即使有也很少了。

(二)商品的价格

消费者都不傻，他们买东西的时候肯定会进行比较，一家店铺要想长久地发展,一定不要有守株待兔的思想,觉得到时候逮到一个傻买家,一个订单就赚够了。不可否认,可能会有这样的买家,但是这只是偶然事件,不能以这个作为店铺的经营方式。我们要时刻想好怎么降低成本、提高利润空间,而不是总想着提高商品的价格。降低成本有很多种方式,如降低库存率,直接找生产厂家进货。这些都是有可操作性的,不要觉得很难,只要想办法,肯定能做成。最简单的例子就是去百度上搜索厂家的电话,然后打电话询问,多询问几次,多接触,他们就会接受你的。很多速卖通卖家都是这么操作的。

(三)店铺的服务水平

现在是花钱买服务的时代,一个服务很差,站内信24小时都不回复,就算回复话语也是很生硬的(一点都不友好)的店铺,买家肯定是不会再来的。总之,要把客户当上帝,把他们当朋友,因为他们是卖家的衣食父母,对于父母,卖家当然要真诚对待、认真对待。

(四)商品已被购买的订单数

中国人有羊群效应,外国人也有,所以一款产品如果被很多人买过了,其他买家也很容易下单。所以对于新上架的产品,可以采取设置超低折扣的方式,吸引第一批买家,也可以通过促销活动提高购买人群的基数。

(五)买家的反馈

一定要重视买家的反馈,新的买家是很看重这个的,如果一件商品有很多差评,买家对它的第一印象就会不好,就算商品图片再漂亮,价格再有优势,也很难促使买家下单。所以对于差评一定不要不闻不问。

当然,买家最关注的产品特征是产品的质量。中国古代第一个大商人范蠡在死之前,向自己的徒弟总结了他经商成功的两条经验,其中一条就是重视商品的质量。再好的营销,再低的价格,如果最终产品质量没有保证,任何商业行为都是昙花一现,是不会长久的。没有哪家企业、哪个速卖通卖家,靠高超的营销技巧及拙劣的商品,最终能够得到消费者认可的。所以,一定要把好质量这一关,不要觉得这么低的价格,产品质量能好到哪里去呢,买家也肯定是这么认为的。其实不然,再便宜的东西,买家也是对产品有要求的。产品质量是任何店铺的生存之道。

三、跨境电商数据分析的关键

(一)市场趋势分析

全球市场概览:分析不同国家和地区的市场潜力、消费者偏好、购买力及文化差异。

竞争对手分析：监控竞争对手的市场表现、定价策略、产品线变化及营销活动，以制定差异化竞争策略。

消费者行为研究：利用大数据分析消费者搜索、购买、评价等行为，洞察消费者需求和潜在市场机会。

(二)产品表现分析

销售数据：分析单品及类别销售数据，识别畅销产品和滞销产品，调整库存和销售策略。

评价分析：监控产品评价，了解顾客反馈，改进产品质量和客户服务。

定价策略：基于市场调研和成本分析，制定或调整产品定价，优化价格竞争力。

(三)供应链与物流分析

库存周转率：监控库存水平和周转速度，预防过度库存或库存短缺。

物流效率：分析物流成本、运输时间、丢包率等，优化物流路径和选择合作伙伴。

供应商绩效：评估供应商的交货准时率、质量稳定性，优化供应链管理。

(四)营销效果分析

广告和推广：跟踪广告投入与回报，分析各渠道广告的转化率，优化广告预算分配。

社交媒体影响力：监测社交媒体上的品牌提及、互动率、粉丝增长情况，评估品牌影响力。

促销活动分析：评估促销活动的参与度、转化率、ROI，为未来营销活动提供参考。

(五)客户关系管理分析

客户细分：根据购买行为、价值、忠诚度等对客户进行细分，实施个性化营销。

复购率和客户流失：分析客户复购行为，识别流失原因，采取措施提高客户留存率。

客户反馈：收集和分析客户服务数据，提升客户满意度和忠诚度。

(六)财务与风险分析

利润分析：结合成本、收入和费用数据，进行盈亏分析，优化成本结构。

汇率风险管理：监控汇率波动，评估其对利润的影响，采取套期保值等策略降低风险。

合规性检查：确保业务操作符合目的国的法律、税务和监管要求，避免潜在的法律风险。

四、跨境电商数据分析的工具与技术

（一）数据分析工具

数据分析工具如 Google Analytics、Tableau、Power BI 等，用于数据可视化和深度分析。

Google Analytics（谷歌分析）：作为全球广泛使用的网站分析工具，Google Analytics 不仅提供详细的网站流量报告，还能深入分析用户行为、来源、转化路径等，帮助跨境电商企业了解网站性能、优化营销渠道和提升用户体验。它支持多维度数据切片、用户细分、A/B 测试分析等高级功能，且与 Google Ads 等营销工具无缝集成，便于追踪广告效果。

Tableau：一款强大的数据可视化软件，它允许用户轻松连接到各种数据源，通过拖拽式操作快速创建交互式图表、仪表盘和报告。Tableau 的强项在于其直观的界面和丰富的数据可视化选项，适合跨境电商企业进行复杂数据分析，发现数据背后的故事，支持决策制定。

Power BI：微软提供的商业智能工具，同样擅长数据可视化和报告生成。Power BI 支持实时数据分析，可以集成多种数据源，包括 Excel、SQL 数据库、云端数据等。它提供的自助式分析能力使得非技术背景的用户也能轻松探索数据，创建专业级报告和仪表板，特别适用于跨部门分享和协作。

（二）跨境电商平台内建工具

跨境电商平台内建工具如 Amazon Seller Central、eBay 数据分析等，提供销售、库存、广告等数据。

Amazon Seller Central：亚马逊为卖家提供的管理平台，内含丰富的数据分析工具，如销售报告、库存管理、广告活动分析等。卖家可以通过这些工具监控产品销售表现、广告投放效果、库存状况，以及顾客反馈，进而调整销售策略和优化产品列表。

eBay 数据分析：eBay 也为卖家提供了数据分析功能，帮助卖家了解市场趋势、竞争情况、产品表现等。这些工具能够提供关于 Listing 表现、搜索排名、竞拍和一口价物品表现的见解，帮助卖家优化商品列表，提升曝光率和转化率。

（三）第三方数据服务

第三方数据服务如 Jungle Scout、Keepa、SurTime 工具箱等，提供市场研究、竞争对手分析、关键词优化等服务。

Jungle Scout：专注于亚马逊卖家的工具，提供市场调研、产品发现、关键词研究、竞争对手分析等功能。它通过大数据分析，帮助卖家识别热门产品趋势，优化产品列表，提升关键词排名，从而增加销售。

Keepa：这款工具主要聚焦于亚马逊商品的价格历史追踪，帮助卖家了解竞争对手的定价策略、监控价格波动，以及分析市场趋势。Keepa 的警报功能还能在商品价格达到预设条件时通知卖家，有利于制定价格策略和促销活动。

SurTime 工具箱：提供关键词拓展、关键词热度分析、竞争对手关键词研究等功能，适用于多平台跨境电商。它帮助卖家优化 SEO，提升产品在搜索引擎上的可见性，从而吸引更多潜在顾客。

这些工具与技术的应用，能够帮助跨境电商企业从海量数据中提取有价值的信息，洞察市场动态，优化运营策略，最终实现业务增长和利润最大化。选择合适的数据分析工具和平台，结合第三方服务，能够构建起一套全面的数据分析体系，为跨境电商企业在全球市场上的竞争提供坚实的数据支持。

参考文献

[1] 翟振林．Web3.0构建数字经济新未来[M]．成都：四川科学技术出版社，2024．

[2] 熊艾伦．数字化视角下创新创业的性别差异[M]．重庆：重庆大学出版社，2023．

[3] 邹益民．跨境电商数据分析[M]．杭州：浙江大学出版社，2024．

[4] 林逸，李霜，彭争．跨境电商英语实务[M]．北京：中国人民大学出版社，2024．

[5] 王晓凤，邹益民．跨境电商基础与实务[M]．北京：机械工业出版社，2020．

[6] 刘畅．跨境电商运营模拟沙盘实验教程[M]．北京：中国商务出版社，2024．

[7] 章雁峰，杨芬．跨境电子商务基础与实战[M]．北京：北京理工大学出版社，2024．

[8] 周民，王晓冬．走进数字经济[M]．北京：国家行政学院出版社，2023．

[9] 刘亚威．数字经济的发展研究[M]．延吉：延边大学出版社，2023．

[10] 宋爽．数字经济概论[M]．2版．天津：天津大学出版社，2023．

[11] 薄胜，贾康．元宇宙与数字经济[M]．北京：企业管理出版社，2023．

[12] 邵宇．身边的数字经济与福建实践[M]．福州：福建人民出版社，2023．

[13] 潘凯．数字经济与中国数字化转型发展[M]．北京：中国纺织出版社，2023．

[14] 刘刚，等．中国数字经济发展机制研究[M]．北京：中国商务出版社，2023．

[15] 徐璐．数字经济背景下的劳动关系治理研究[M]．北京：中国工人出版社，2023．

[16] 王红兵．电影3.0数字经济开启电影产业新未来[M]．北京：中国电影出版社，2023．

[17] 何春．数字经济促进共同富裕的机理分析与优化路径[M]．北京：中国经济出版社，2023．

[18] 祝坤艳，王莹，王震宇．数字化农业经济管理研究[M]．长春：吉林人民出版社，2023．

[19] 李健．经济高质量发展的数字金融驱动机制与路径研究[M]．武汉：武汉大学出版社，2023．

[20] 徐锦波，叶悦青．跨境电商B2C实务[M]．北京：中国商务出版社，2023．

[21] 丁滟湫，童宏祥．跨境电商实务[M]．上海：上海财经大学出版社，2023．

[22] 颜小英．跨境电商与跨文化营销[M]．长春：吉林科学技术出版社，2023．

[23] 贺宇涛，董莉．跨境电商产品描述英文写作[M]．北京：北京理工大学出版社，2023．

[24] 韦晓东．跨境电商零售进出口通关安全宝典[M]．北京：中国海关出版社，2023．

[25] 程书燕．高校跨境电商人才培养的理论与实践研究[M]．天津：天津科学技术出版社，2023．

[26] 胡建海．基于产教融合的高校跨境电商人才培养模式创新研究［M］．北京：中国原子能出版社，2023．

[27] 向红梅，肖凌云，陈家利．高职跨境电商产教联盟协同育人创新人才培养研究［M］．北京：北京邮电大学出版社，2023．

[28] 黄杰，徐琛，郭瑜．跨境电商实务［M］．成都：西南交通大学出版社，2021．

[29] 沈玉燕．跨境电商品牌管理［M］．北京：电子工业出版社，2023．

[30] 盛磊，余莉，杨燕红．跨境电商数据分析［M］．北京：电子工业出版社，2023．

[31] 张梅，吴月珍，曹广涛．跨境电商英语［M］．北京：中国人民大学出版社，2023．

[32] 倪莉莉．跨境电商视觉设计［M］．大连：大连理工大学出版社，2023．

[33] 姚大伟．跨境电商英语［M］．上海：立信会计出版社，2023．

[34] 陈璐，庞丽艳．跨境电商物流［M］．北京：中国财富出版社，2023．

[35] 喆儒．跨境电商英语沟通［M］．北京：中国经济出版社，2023．

[36] 刘永泉，李萍．跨境电商实务教程［M］．北京：中国商务出版社，2023．

[37] 刘丹．跨境电商创业［M］．武汉：华中科技大学出版社，2023．

[38] 贾芳芳，薛立刚．跨境电商实务［M］．昆明：云南大学出版社，2023．

[39] 周昔敏．跨境电商基础与实务［M］．北京：电子工业出版社，2023．